Richard Jecht

Wörterbuch der Mansfelder Mundart

Richard Jecht

Wörterbuch der Mansfelder Mundart

ISBN/EAN: 9783743699083

Hergestellt in Europa, USA, Kanada, Australien, Japan

Cover: Foto ©Andreas Hilbeck / pixelio.de

Weitere Bücher finden Sie auf **www.hansebooks.com**

Wörterbuch

der

Mansfelder Mundart

von

DR. RICHARD JECHT,

Gymnasiallehrer zu Görlitz.

Im Selbstverlag des Herausgebers.

Görlitz.
Druck der Görlitzer Nachrichten und Anzeiger.
1888.

Vorwort.

Das vorliegende Wörterbuch bildet einen Teil meiner Untersuchungen über die Mansfelder Mundart. Die Grenzen und innere Gliederung dieses meines heimatlichen Dialektes habe ich besprochen und durch eine Karte veranschaulicht in der Zeitschrift des Harzvereins im 20. Jahrgange, 1887, S. 96—115, die Laut- und Wortlehre desselben, welche ich zu gleicher Zeit mit dem Wörterbuche verfasste, will ich in späterer Zeit der Öffentlichkeit übergeben.

Das Wörterbuch soll Aufschluss geben über den Wortschatz des gesamten Sprachgebietes der Mansfelder Mundart. Dieses Gebiet deckt sich nicht vollständig mit den beiden Mansfelder Kreisen. Zwar spricht der Seekreis mit Absehung des nördlichsten Zipfels um Alsleben herum durchweg Mansfeldisch, der Gebirgskreis jedoch enthält auch andere Mundarten. Um die westliche und nördliche Grenze näher zu bestimmen, setze ich folgende Grenzortschaften, welche noch Mansfeldisch reden, her: Hornburg, Bischofrode, Bornstedt, Blankenheim, Annarode, Gorenzen, Piskaborn, Wimmelrode, Biesenrode, Greifenhagen, Ritterode, Meisberg, Walbeck, Arnstedt, Oberwiederstedt. Es ist nun an und für sich klar und wird auch durch meine Untersuchungen bestätigt, dass in einem so grossen Sprachgebiete sich sprachliche Verschiedenheiten zeigen. Es ist in der oben angeführten Schrift von mir erwiesen worden, dass das Mansfeldische sich in vier Teile zerteilt, welche vornehmlich in Hinsehung auf den Stand

der Vokale sich unterscheiden   Man kann nun in einem Wörterbuche, das den gesamten Mansfelder Dialekt umfassen soll, bei
Niederschreibung der Worte nicht jedem dieser Dialektabteilungen
gerecht werden.   Es ist vor allem Erfordernis, eine einheitliche
Schreibung festzusetzen.   Ich bemerke nun hinsichtlich der Wieder-
gabe des gesprochenen Lautes folgendes:

1. ad. ei (ai), das sich im Mansfeldischen als ei, ä und e zeigt,
   ist im Wörterbuche als ei geschrieben.

2. ad. au, welches man als au, ä^u, a und o hört, ist durch
   au wiedergegeben.

3. nhd. g, das der Mansfelder nicht kennt, ist im Inlaute
   nach a-, o-, u-Lauten mit ch, im Anlaute sowie im Inlaute
   nach e-, i-Lauten mit j, im Auslaute mit k (nur nach i
   mit j) gegeben.

4. Die Kürze eines Vokales ist durch Verdoppelung des
   folgenden Konsonanten ausgedrückt.   In zweifelhaften
   Fällen ist von den allgemein bekannten Kürze- und Dehnungs-
   zeichen Gebrauch gemacht.   Ich habe lieber in dieser Hin-
   sicht des Guten zu viel gethan, als dass ich eine Unklarheit
   hätte aufkommen lassen.

Über die genauere Geltung der einzelnen Zeichen hat die
Grammatik zu handeln.   Ich bin bei schriftlicher Festsetzung der
Lautkläuge davon ausgegangen, dass man sich, so lange jeder
Phonetiker noch sein eigenes System und seine eignen Zeichen
hat, solange überhaupt noch kein allgemein anerkanntes sicheres
phonetisches Gebäude besteht, mit dem begnügen muss, was am
leichtesten verständlich ist.   Wollte man sich der Lautbezeichnung
etlicher Lauttheoretiker, welche ohne Beschäftigung mit den
betreffenden Werken unverständlich ist, bedienen, so würde die
Benutzung eines mundartlichen Wörterbuches dem grössten Teile
des Publikums kaum möglich sein.   Und doch hat jeder, der für

Sitte und Art unseres Volkes ein offenes und liebevolles Auge hat, die Berechtigung, mit diesem, vielleicht wichtigsten Zweige des Volkslebens sich ohne zeitraubendes und schwieriges Studium bekannt zu machen.

Von dem Zustande der Mansfelder Mundart in früheren Zeiten habe ich nur etliches vergleichungsweise beigebracht. Vielleicht ist es mir in Zukunft noch einmal möglich, mit Benutzung der Mansfelder Klosterurkunden (herausgegeben von Krühne, Halle 1888), und etlicher Dramen von Rinkart, sowie einiger anderen Quellen diesen Gegenstand zu behandeln.

Und nun ein fröhliches Glückauf aus dem Mansfelder Bergmannslande dem Leser. Mag vermittelst dieser Arbeit auch unsere liebe Mansfeldische Mundart einen kleinen Baustein dazu beitragen, das gewaltig grosse Gebäude unserer deutschen Sprache, dass Jakob Grimm, Schmeller u. a. so herrlich zu bauen begonnen haben, mit fertig zu stellen.

Neuglück bei Eisleben, in den Hundstagen 1888.

Dr. Richard Jecht.

Abkürzungen und benutzte Litteratur.

a. = anno.

ad. = altdeutsch.

adj. = Adjektivum.

adv. = Adverbium.

ags. = angelsächsisch.

ahd. = althochdeutsch.

Albrecht s. Lpz.

alts. = altsächsisch.

Andr. Über deutsche Volksetymologie von Karl Gustav Andresen. Vierte
Auflage. Heilbronn 1883.

Anton s. oberl.

b. W. = bayerisches Wörterbuch von J. Andreas Schneller. Zweite Auflage,
bearbeitet von G. Karl Fromann. 1. Band, München 1872. 2. Band, München
1877. Mit b. W. ist der erste Band dieses Werkes, mit b. W. II. der
zweite bezeichnet.

bayr. = bayrisch.

Bech, Beiträge zu Vilmars Idiotikon von Kurhessen. Zeitz. progr. 1868.

Chr. Isl. = Chronicon Islebiense. Eislebener Stadtchronik aus den Jahren 1520
bis 1788 herausgegeben von Grössler und Sommer. Eisleben 1882.

compos. = compositum.

dem. = deminutivum.

Eisl. Ritter, siehe Rinkart.

extr. = zuletzt.

f. = femininum.

Firm., Germaniens Völkerstimmen. Sammlung der deutschen Mundarten, herausgegeben von Firmenich. 2 Bände. 2. Band Berlin 1846.

F. R. Fritz Reuter sämmtliche Werke, Wismar, Rostock und Ludwigslust.

Giebelh. Giebelhausen (und Tauer) schrieben in Mansfeldischer Mundart
a) Nischt wie lauter Hack un Mack, Alles Dorchenannerdorch. 2 Hefte.
Hettstädt 1865. — b) Der Berggeist. Ernste und heitere Mittheilungen
aus Mansfelds Vor- und Neuzeit. Halle 1868. — c) Mansfeldsche Sagen
und Erzählungen. 5. Auflage. Eisleben 1877. — d) Derr ohle Mansfäller
wie ä leibbt un läbet. 2. Auflage. Leipzig 1879. — e) Die Trichinen-
Gefahr. Ein frisches, ehrliches Wort in altmansfeldischer Weise. Halle 1869.

got. = gotisch.

Gr. W. Das deutsche Wörterbuch von Jakob Grimm und Wilhelm Grimm.

Grund. Der Grund umfasst die Mansfeldischen Dörfer: Ziegelrode, Ahlsdorf Hergisdorf, Kreisfeld, Wimmelburg.

hd. = hochdeutsch.

hess. = hessisch. Als Quelle für den hessischen Dialekt diente hauptsächlich das Idiotikon von Kurhessen. Zusammengestellt von Vilmar. Marburg und Leipzig. 1883.

ibidem — ebendort.

Ind. conf. siehe Rinkart.

init. = initio, zu Anfang.

intr. = intransitiv.

Jütting, Phonetische, etymologische und orthographische Essays über deutsche und fremde Wörter mit harten und weichen Verschlusslauten von Dr. W. Jütting. Wittenberg 1884.

Kleem. s. nth.

Kluge, Etymologisches Wörterbuch der deutschen Sprache. Strassburg 1884.

Kreid. Kreidner liess in Mansfeldischer Mundart erscheinen a) Schnaken un Schnurrn aus'n Läben derr oheln Mansfäller. Eisleben 1880. b) Schebbern un Wacken. Mansfelder Gedichte. Hettstedt 1886. Mit ,Kreidner' ist das erste Werk gemeint.

kurh. s. hessisch.

Lexer, mittelhochdeutsches Handwörterbuch von Lexer. Leipzig 1872—1878.

Lpz. Die Leipziger Mundart. Grammatik und Wörterbuch von Dr. Karl Albrecht. Leipzig 1881.

M. ist die Abkürzung für Mansfelder, Mansfeldisch u. s. w.

m. = Maskulinum.

md. = mitteldeutsch.

mhd. = mittelhochdeutsch.

mnd. = mittelniederdeutsch. Benutzt ist das mnd. W(örterbuch) von Schiller und Lübben. Bremen 1875 bis 1880. 5 Bände.

n. = Neutrum.

nd. = niederdeutsch.

nhd. = neuhochdeutsch.

nth. = nordthüringisch. nth. Dialekt ist der Dialekt des Helmegaues. Es ist benutzt Kleemann, Beiträge zu einem nord-thüringischen Idiotikon. Quedlinburg. progr. 1882. Ausserdem Idiotikon der nordthüringischen Mundart von Dr. Martin Schultze. Nordhausen 1874.

oberl. = oberlausitzisch. Benutzt wurde Anton, Alphabetisches Verzeichniss mehrerer in der Oberlausitz üblichen, ihr zum Teil eigentümlichen Wörter und Redensarten. Mit Nachträgen. Görlitz 1825—1848. Programme zur Gregorius-Feierlichkeit des Gymnasiums. 19 Stück.

p. = pagina, Seite.

Pl.   Vom verstorbenen Bergrate Plümicke befindet sich in der Bibliothek des
      Vereins für Geschichte und Altertümer der Grafschaft Mansfeld in Eisleben
      ein Manuscript, welches neben Bemerkungen über Mansfelder Altertümer
      auch solche über Mansfelder Mundart gibt. S. Mansfelder Blätter, 1. Jahr-
      gang, Eisleben 1887.

pl. = Plural.

Regel.   Die Ruhlaer Mundart, dargestellt von Karl Regel.   Weimar 1868.

Rinkart.   In etlichen Dramen Martin Rinkarts finden sich Rollen in Altmans-
      feldischer Mundart.   Die von mir benutzten Dramen sind: a) Der Eis-
      lebische christliche Ritter.   Ein Reformationsspiel von Martin Rinkart 1613,
      herausgeg. von Dr. C. Müller, Halle bei Niemeyer 1883.   b) Eislebisch-
      Mansfeldische Jubel-Comödie (Indulgentiarius confusus).   Eisleben 1618,
      herausgeg. von Heinrich Rembe.

Rückert, Schlesische Mundart im Mittelalter, herausgeg. von Pietsch.   Pader-
      born 1878.

Schade, Altdeutsches Wörterbuch.   2. Auflage.   Halle 1872—1882.   2 Bände.

sch. v. = schwaches Verbum.

schl. = schlesisch.   schl. W. = Beiträge zu einem schlesischen Wörterbuche
      von Weinhold.   Sitzungsberichte der Kaiserlichen Akademie der Wissen-
      schaften.   Phil. histor. Klasse.   14. Band, Wien 1854 und 16. Band,
      Wien 1855.   Benutzt wurde auch Weinhold: ‚Über deutsche Dialekt-
      forschung.‘   Die Laut- und Wortbildung und die Formen der schlesischen
      Mundart.   Wien 1853.   Angeführt unter D. D.

Schultze s. nth.

sing. = Singular.

st. v. = starkes Verbum.

sub — unter.

subst. = Substantivum.

thür. = thüringisch.

trans. = transitiv.

Vilmar s. hess.

W.   Deutsches Wörterbuch von Weigand.   3. Auflage.   2 Bände.   Giessen 1878.

Wander.   Deutsches Sprichwörterlexikon.   Ein Hausschatz für das deutsche
      Volk.   1.—5. Band.   Leipzig 1863—80.

Weinhold, D. D. s. schl.

westerw. = westerwäldisch.   Westerwäldisches Idiotikon von Ludwig Schmidt.
      Hadamar und Herborn 1800.

Z.   Die deutschen Mundarten.   Zeitschrift für Dichtung, Forschung und Kritik,
      herausgeg. 1. Band von Pangkofer, 2. bis 7. Band von Fromann.   1855 bis
      1859 und 1875.

A.

Die Worte, die der eine Teil des M. Landes mit **ä**, der andere mit **ei** beginnen lässt (ad == ei), siehe unter ei.

a als, bei Rinkart **as**, findet sich nie allein, sondern in Verbindungen: 1. **a wî**: dâr a wî ich (das heisst ich). Nach Komparativen setzt der M. **a wî** oder blos **wî** (so nd.), ä kimmet ier a wî iche. de Elle is lenker a wî dr Krâm; se kunnten nich anderschter a wi dassense sich freiten. 2. **a** wenn: du tist jeróde su a wenn dich de Hinnrer 's Brût wäckjefrässen hetten. — Als als Konjunktion (lateinisch cum) kennt der M. nicht, er sagt in dieser Bedeutung **wi**, su **wî**, weil.

ä, änne, ä (kurz zu sprechen) 1. unbestimmter Artikel ein. 2. **ä** == er (unbetont), sonst he. — vergl. ei(n).

ab, ob. abwûl obwohl.

Äbtischrôde, Vorwerk westlich vom salzigen See; == Rodung der Äbtissin, s. Grössler, Zeitschrift d. Harzvereins 1883 p. 121.

Accîse, 's jît wi uff äner Accise, so lebhaft und geräuschvoll.

Âche, f., Ährenstachel, sonst Achel, s. Grimm W. L. 162.

achen, sch, v. seufzen, klagen; auch hessisch. Grimm W. I 162.

ächtch, adj. echt.

achtchen jân Acht geben; auch Lpz.

ackelringelratso, akkurat so, genau so (Hettstedt).

Äcker f. Eichel (welches Wort der M. nicht kennt), **ä** is wî änne Äcker, ‚munter wie ein Fisch‘. Äckeringer Eichelunter.

Ackermännchen, n. Bachstelze. Interessante Bemerkungen über Bachstelze und gleichbedeutende Worte giebt Andr. 459 ff.

Äcksamen m. das Examen.

Addalleri für Artillerie. Fr. R. Lpz.

Adendorf, Ort südöstlich von Gerbstedt; == Dorf des Ado.

Ahlsdorf, Dorf westlich von Eisleben; a. 1400: Allersdorp == Dorf des Adalhari (Adler — Ahler): s. Heintze, deutsche Familiennamen 1882 p. 94. Nach Grössler == ‚Dorf des Alther.‘

aien sch. v. liebkosend streicheln; von der Interjektion ai; hessisch ist das Wort intransitiv.

âke, f. Unrat, Kot (Kindersprache). Altenburg.

äks Interjektion des Ekels.

Alberstedt (zu sprechen Alwerstedt) Dorf südwestlich vom salzigen See, == ‚Wohnstätte des Albero‘. s. Grössler, Zeitschr. d. Harzvereins 1883 p. 170.

allart und **allärt,** adj. flink, behende, schon Chr. Isl. a. 1642. Pl. führt an:
Immer allärt unn lustij,
Dö wärd das Jäld nich rustij (rostig).
b. W. 56.

allåwen, eben. Bayr. allebenst, b.
W. 14. 57.

alle, 1. schon; niedersächs. al; du wärst
mich alle vorstin; alle wedder = schon
wieder; alle rächt; ä war alle uff dr
Jasse; das junk alle besser. 2. Ausruf der Versicherung: hast änn was
uff dr Wêse jesån? — Alle! unn wî
Schines; do wôren Madamechens, alle!
unn wi hutten se sich geputzt. 4. alle
sinn = vorüber, fertig sein; zund is es
alle zu Ende; alle machen, vernichten,
schon Chr. Isl. a 1525 p. 4.

allehôpo, allesamt, alle mit einem Male.
he derklärte se allehôpe, wi se wôren,
in de Reichsacht, zu mnd. hôp
Haufe.

alle marsch und allo marsch, eilends,
flugs == allons! marsch! nû odder,
allemarsch zorr Têre raus!

alle mol, in jedem Falle, sicherlich.

alle pott, jedesmal, immer, zu nd.
pote, Tatze.

allerett, jedesmal, eigentl. jeden Ritt;
hess. allen Ritt.

allerwäjden, allerwäjt, allerwäjend(s)
allerwänd=überall.mnd.:allerwegene.
mhd.: alwegent. nth.: allerwägenst.
Im Chr. Isl. sehr häufig in diesem
Sinne alle wege.

Allerwälts-Krakél, -Spittåkel m. grosser
Lärm.

allerwånd, siehe allerwäjten.

allewelle, eben, jetzt, auch nth. in
mhd. u. mnd.: alle wile == allzeit, eine
Zeit lang.

Allmacht f. Ohnmacht. s. Ånmacht.

Alltåk, m. Wochentag. ntb. Das Wort
fehlt in Gr. W. s. I. 239 zuletzt.

Alsleben, Ort an der Saale; == ,Erbgut
des Alo',

Amen, 's is su jewisse wi Amen in där
Kärche. s. Wander, Sprichwörter-
lexikon I. 68.

åmen im Chr. Isl. a. 1651 p. 216 den körperlichen Raum messen. Ebendort 217
die Ahm-Messung. s. W. unter ahmen.

Ammer, für eine grosse, säuerliche
Kirsche, auch Amerke. Pl.: ich lowe
mich ä klûss var änne Ammer, aus
itali. amarasca.

Ammet, n. Amt; vornehmlich gebraucht
von Domänengehöften. Dieselbe Form
mhd.

amparte, besonders. amparte tûn, sich
merkwürdig. zurückhaltend benehmen.
Lpz. franz.: à part.

Amsdorf, Dorf am Südende des salzigen Sees. Im 8. Jahrhundert
Amalungesdorpf = Dorf des ,Ama-
lung'. s. Grössler, Zeitschr. d. Harzvereins 1883 p. 122.

an, an. Als eigentliche Präposition
bewahrt das Wort seine Kürze. Als
Präfix ist es lang (ånhölen == anhalten),
ufferån (herauf), innenån (hinauf).

anbei, herbei.

andersch(t), anderschter, anders. oberl.
schon Chr. Isl. a. 1549 p. 20: anderst.

Andreaståk. Wie allenthalben gilt
auch im M. dieser Tag (30. November)
für heiratsfähige Männer u. Mädchen
als bedeutungsvoll für die spätere
Verheiratung. Dieselben essen zu
Abend einen Hering, wie er aus der
Tonne kommt, und sagen dabei: Ach
liwer heilejer Andreas, jipp mich
åne (äneu), där (dî) nich bîse,
änen, där nich seift,
änen, där nich leift,
änen, där nich humpelt,
änen, där nich krumpelt(?)
Auf den Salzhering darf nicht ge-
trunken werden. In der Nacht stellt
sich nun der heilige Andreas ein mit
einem Glase voll von Wasser; in dem
man die (den) Zukünftige(n) er-
blickt. Pl.

ânfangen, st. u. sch. v., beachtenswert ist die Konstruktion: se fangen ân mett ze heilen (heulen), — mett ze feifen. s. Lpz. § 180.

ânfâren, st. v. 1. in den Schacht steigen, auch beim Haspele ânfâren. 2. schelten.

ânfechten, sch. v. Kein Krankt (Krankheit) ficht'n was Ân.

angeln, sch. v., etwas zu ergreifen suchen. Diese Übertragung auch sonst s. Gr. W. 1 346.

Ängeste s. Angst.

Angesthorn, n. ins Angesthorn blösen, ängstlich sein. Die Redensart scheint entweder aus der Zeit zu stammen, wo allenthalben noch Wachtposten aufgestellt waren, um das Heranrücken der Feinde zu melden oder sie hängt mit der bayr. Redensart (b. W. 106) zusammen: unseres Herrn Angst läuten. Nach Schmeller wurde nämlich ‚an den Donnerstagen nach dem gewöhnlichen Ave-Läuten den Gläubigen ein Zeichen gegeben, sich der Angst Christi am Ölberge zu erinnern, wo diese dann hie und da noch ein uraltes Angest-Gebetlein sprechen.' Z. V. 436 wird eine solche Glocke angstglogk genannt.

ânhauchen, sch. v., anfahren, schelten.

Ânhîje f. Anhöhe.

ânhosen, sch. v., ankleiden.

Ânjedenken, n., Andenken.

ânjrelfsch u. anjriffsch, adj., zum Angreifen, Stehlen verlockend, 's is ânjr. Wôre.

ankern, sch. v., nach etwas begierig sein, erstreben. Franken. s. Gr. W. I 380. Andere Bedeutung in mnd.

ânklaviren, sch. v., sich â. sich anputzen.

ânklotzen, auch ânjlotzen, gross ansehen. hess. Lpz.: glotzen s. klotzen.

Ânmacht, f. Ohnmacht, nd. s. Allmacht.

änn, denn in der Frage; was meinst änn? wurrum is änn (er denn) jekummen? wî jit änn das zu? Das nhd. (unbetonte) dann ist M. denn. Das begründende nhd. denn braucht der Volksmund sehr selten. Über die Abstammung dieses änn hat Regel 77 eine merkwürdige Ansicht (= ahd. ëno).

Annarode, Dorf westlich von Eisleben, a. 1400 Anenrode, ‚zur Rodung des Anno oder der Anna.'

ânranzen, sch. v., mit Geschrei anfahren, schelten; oberl.; bayr.: einen ranzen = übel mitspielen. s. schl. W. unter Ranze.

Anres, Andreas. Chr. Isl. a. 1547 p. 18: Andres.

Ânspenner, m., ein Bauer mit kleinerem Besitze. thür., Lpz.

Anstant, m., Waffenstillstaud im Chr. Isl. a. 1632 p. 135. Auch nhd., s. Lexer I, 79.

ânvettermicheln, sch. v., sich a. = sich einschmeicheln, s. Andr. 7.

ânvarwand, adj., verwandt.

ânwalzen, sch. v., ä kimmet ânjewalzt, kommt schwerfällig daher.

anzwei, entzwei; auch adj., ä anzweier Stûhl, dafür auch anzweijt. Lpz.

Appel m. Apfel. De Kärche wôr sû vull, dass kei Appel zorr Âre kunne.

Appelkôse, f. Aprikose. obersächsisch, holstein. Man hört:

Kristjân, stecke's Licht ân,
Steck es in de Hôsen,
Wären's Appelkôsen.

ärcht, ärchten, ärjen, ärjend, ärr(e)nd, bei Rinkart jhrn = irgend, etwa, vielleicht: ofte nich, ärcht dann u. wann; mer hann nich ärcht ä Haufen Jäld.

Ärde, in den Teilen nach thür. zu
åre f. Erde. bitten vun Himmele
zerr Ärden (schwache Form). Pl.
åren f. im Grunde Ärnt == Ernte; ahd.:
arn. ob rl.: Arne. ärnen == ernten.
åreufidder Erntefuder.
årenst m., Ernst. ärensthaftj, s.
westerw. Id. 230.
Ärkenår, m., Erker; schon a. 1532,
Chr. Isl. 10, auch nth., mnd., s. mnd.
W. I 126.
Ärkillunge, öfter Ärkellunge f. Er-
kältung.
Arm, m. Arm, pl. Ärme, got.: armeis.
Armedele f. Armut. bayr., hess., oberl.,
Lpz., auch bei Jean Paul.
Arnstedt, Dorf nördlich von Hettstedt ==
,zur Wohnstätte des Arno.'
Ärpel, m., Enterich; oberl. u. sonst.
arrefiren, sch. v., sich ereignen. franz.;
arriver.
ärrend s. ärcht.
Ärt f. Art, Schick, rechtes Benehmen.
das is keine Ärt niche. ä loff, dass
es nur sû änne Å. hutte == in rechter
(schneller) Weise.
ärtlich, adj., hübsch, artig. das is ä
ärtliches Haus — Kind. Anderswo
in der Bedeutung sonderbar.
Ärtolleri f. Artillerie, Z. VII, 138.
Artuffel f. gewöhnlicher Kartuffel, Kartoffel. vergl. die anderswo gebräuch-
liche Form Aerdäppel. Die Form
Ärtaffel hat Thondorf, Kartuffel
Wolferode und Helfta, Kartuffel,
Bornstedt.
Ås u. **Åst,** (so auch oberl. u. nth.) n.
Aas, sehr gebränchliches Schimpfwort.
Äsch, m., tiefes, topfartiges Gefäss.
Blumenasch, Mehlasch; Aschkuchen
(auch schl.) anderswo Napfkuchen.
Äschermittewoche f. -mittwoch, m.,
wird auch der krumme Mittwoch
genannt. Pl.

Aseleben, Dorf am süssen See == ,Erb-
gut des Aso'.
Asendorf, Dorf südöstlich voh Schraplau == ,Dorf des Aso,'
(Neu-)Asseburg, Schloss bei Möllendorf, nach dem Erbauer Ernst von
Asseburg benannt.
atträtt, adj., munter u. sauber ange-
zogen. ä atträttes Mächen.
au, äu, auch, so auch nth.
Aue, u., Auge.
Auge f. im Chr. Isl. für Aue.
Augsdorf, Dorf nördlich v. Eisleben ==
,Dorf des Audistag oder Osdag'.
Grössler, Zeitschr. des Harzvereins
1883 p. 123. Im Volksmunde Aus-
dorf oder Äusdorf.
aus aus. aus un aus, auch aus un
daus geschrieben == durchaus, durchweg: där Dukåten aus un aus
kost vir Jroschen unn drei Tåler.
s. b. W. 158. mnd. W. V 141.
ausflên, sch. v., ausflehen. se hann
mich bein Körtenspél reinewäck aus-
jeflét, alles Geld abgenommen.
ausherten sch. v., im Chr. Isl. a. 1639
p. 185. ausdauern, aushalten: weil
die Menschenfresser die Tortur nicht
wol aushertten können, s. Lexer I
1267.
ausklunkern, sch. v., ohne rechten
Grund ausgeben z. B. Geld.
auskratzen, sch. v.. s. kratzen.
ausleifen, sch. v., enthülsen, z. B. Erbsen,
Bohnen, auch nth.; fränkisch: Lauf ==
Schale, Hülse s. b. W. 1450. vergl.
poln.: lupina, äussere Schale; griech.:
λοπός (Schale).
ausliwern, jetzt meist auslifern, aus-
liefern. s. W.
auslösen, st. v., auslassen, sich aus-
nehmen, wî das sich auslesst.
ausmärjeln, sch. v., abnutzen, der Kraft
berauben, ausjemärjelt == ausgenutzt,

kraftlos. nhd. ist Mergel eine feste Dünger-Erde.

ausser für aus, ich binn janz ausser där Iwûnge (Übung).

austippeln, sch. v., durch Suchen herausfinden, ausfindig machen; zu Tüpfel. s. b. W. 615.

auswärts-ch, auswärtig. vun ausw. här kummen.

Auszôk m., sich änen A. ausmachen, sich bestimmte Lieferungen etc. ausmachen Wenn alte Leute ihr ‚Wâsen‘ (Haus, Feld etc.) an ihren Sohn etc. abgeben, bedingen sie sich Bestimmtes aus z. B. die Woche ein oder zwei Stück Butter, eine bestimmte Menge Brot u. dergl. Sie haben sich wohl auch den ‚Sitz in Hause‘ vorbehalten. Solche Lasten werden öfter auch gerichtlich auf den Grundbesitz eingetragen. s. kurhess Id. unter Auszug; schl. W. unter Ausgedinge.

aut, nur in Verbindung aut oder knaut = entweder — oder; ja oder nein! Ob diese Redensart M. ist, mag ich nicht behaupten, jedenfalls war sie anf dem Eisleber Gymnasium gänge. Wir Gymnasiasten dachten natürlich an das lateinische aut—aut. Nach Vilmars Erörterungen (in kurh. Id), dem Andr. 97 beistimmt, ist dieser Ausdruck aber deutsch und heisst eigentlich etwas oder nichts, ahd. éòwiht, mhd. iht, engl. ought, hessisch aut oder neut. Knaut für naut ist volksetymologisch gebildet.

âwen auch âwent. 1. eben. 2. genau. das sák ich janz âwen.

awwer, aber, häufig für oder, s. odder.

awwerscht, aber. nth., oberl., thür.

aytzuchten, im Chr. Isl. a. 1585 p. 12: man hatt vill gebauett an den aytzuchten, nach Grössler eine seltsame Entstellung aus ‚Aquädukt‘; Wasserleitung; in Görlitz noch heute Abzüchte, was von ziehen herkommt.

B.
(vergl. auch P.)

ba- be-. Dieses Präfix wird Verben vorgesetzt ‚zur Rüge falscher Anmassung‘: ich will dich bakaufen, bahorchen, baerzâlen etc. in dem Sinne: ich will Dich lehren (dirs anstreichen) kaufen etc. s. Grimm. W. I 1203.

baárten, sch. v., bearbeiten (die Äcker) mnd.: Art = das Pflügen.

Bach, m., f. ist das Wort in Heiligenthal und in den Orten nach der Saale hin.

baddj, adj., warm, lauwarm; zu Bad, baddjes Wasser, Wasser in dem man baden kaun.

bâden, sch. v., waten.

badint, adj., Giebelh.: das fàrd jit badint an jeder Ecke, ‚behutsam‘; märkisch: bedained (Z. IV, 272, 94) dienlich. Gr. W. I, 1231.

badûse, adj., bedächtig, langsam; s jedésche und dûse.

Bäffchen, n. Der weisse Stehkragen der Geistlichen, dann überhaupt Stehkragen, franz.: la bavette.

bahâdeln, sch. v., bekleiden. bayr. Hadern = Kleiderfetzen (b. W. 1050).

behalften, sch. v., mit Händen fassen, halten am Halfter.

bahalwen s. Halwe.

bahâmeln, sich b., einen Schmutzsaum an einen langen Rock bekommen.

b. W. 1106 Hammel = Schmutz-raud.

bahänge, adj., behend.

bahann, sch. v., sich b., sich behaben, benehmen: he flennte unn bahatte sich, als hetten s'en de Worscht wäckjenummen(Hettstedt);bahak dich nich, beginne dich nicht, klag nicht so.

bajängen, bajängisch == umgehen, umgänglich. Pl. s. b. W. 921.

Bajäwonheit, f.: Mache nich su änne B., soviel Aufhebens. Lpz.

bajinnen, st. v., sich b., klagen, weinen; eigentlich den Mund aufsperren. b. W. II 918.

bakârt, partic. zu bekehren, ä wusste jôr nich, wî ä bakârt wor, wie ihm war. s. Gr. W. 1 1415.

bakleiwen, sch. v., bekleben. mhd. kleiben.

balemmcrt, adj., nichts nütze, nichts wert, de Sache is balem. nth. s. Gr. W. I 1445.

balljen, sch. v. 1. hinein balljen, sch. v., mit Gewalt wohinein stecken, wohl zu Balg == Schlauch. 2. sich balljen, sich raufen. s. Gr. W. I, 1087. 3. s. bulljen.

Balsemann, m., Balsammann, ein Mann, der Arzneien und Pflaster im Hausierhandel verkauft. Früher kamen deren häufig von Königssee in Thüringen, jetzt wird nur noch versteckt solche Waare verkauft, da die Polizei den Leuten tüchtig auf die Hände sieht. s. Z. VII, 145.

balwern, sch. v., unnützes Zeug schwatzen (Wolferode).

Bämme s. Bumme.

bammeln, sch. v., baumeln und baumeln lassen. schl., F. R , Lpz. Gr. W. I, 1095.

bämmeln, sch. v., eindringlich bitten, flehen. nth.: beimele. Gr. W. I, 1096 hat bämmeln == streicheln.

Banämede, Banämije, Banämijunge, f., das Benehmen, Bildung: ü hat jôr käne Banâmijunge. Banämede auch == Pension, Erziehungsaustalt: si is in dr. B. jewäst.

Bangenett, n., Bajonett, allenthalben.

banimen, sch. v., benennen; allgemein verbreitet. s. W.

banzen s. panzen.

Bär, m., Bär. he is brummich wi ä Bär; he is uffen Bär zu bingen == ist zornig Pl. — Wird zur Verstärkung vorgesetzt: änne bärenmässche Kelle, auch Bärenkelle.

Barammlunk, f., selten Pl. Baweddelung == Aufsehen, Umstände. mache käne B. von Rammel, Rummel, Lärm. s. schl. W.

barappen u.

barawweln, sch. v., bezahlen; barappen leitet Albrecht Lpz. 87 von der Schweizermünze Rappen her, die zuerst in Freiburg i. B. geprägt ist und mit einem Vogelkopfe (Raben) versehen war.

bärbeissj, adj., bissig wie ein Bär finster. Gr. W. I 1125.

Bärk, m., Berg, sodann im pl. taube Schieferstücken: Bärje feddern == Schiefer zu Tage fördern; de Bärje han'n jeschmissen. s. Gr. W. I, 1504.

barmen, sch. v., über etwas wehklagen. nd. thür. schl. oberl. Lpz.

Bärne, f., Birne. Ein in den Grunddörfern sehr bekannter Text nach einer bestimmten Melodie lautet:

Haste Bärn in deiner Ficke,
Jipp mich dach man äne raus;
Wenn se au nich schine schmecken,
(Will se kosten wî se schmecken)
Sän se dach wî Zucker aus.

s. lecken.

Bärstenbinger,m.,Bürstenbinder,laufen wi ä B., sehr schnell. s. Andr. 175. Lpz.

bärzeln, sch. v., Giebelh.: das Färd bärzelt == streckt den Bauch, die Brust hervor. bayr.: bärzen, hervorstechen. b. W. 284. Gr. W. I, 1141.

barwes, adj., barfuss; du kannt bei dän Wättere barwes laufen == kaunst mir gestohlen bleiben. Das Wort wird auch in allgemeiuerer Bedeutung gebraucht: de Klisse* recken nich barwes (ohne Beilage, Zukost); ä läft in barweseu Pantoffelu (nur in P.), nd. barvet.

basâmen u. **basâmen,** sch. v., sich stark vermehren, dicht aufgehen (vom Getreide). b. W. II, 278.

baschicken, sch. v., besorgen. das Vi (Vieh) baschicken (füttern und abwarten).

baschlöfen, st. v., ,die Entscheidung einer Sache über die Nacht aussetzen'. Allenthalben.

baschnmmeln, sch. v., betrügen. nth., bayr. s. W.

Bäsenbinger, m., ä leift wi ä Bäsenbinger auch Fassbinger, s. Bärstenbinger.

batalljen, sch. v., angestrengt entgegenarbeiten, sich mit etwas herumschleppen; där batalljt sich mett dän Fässern rum. Lpz. schon mhd.: bataljen, kämpfen; franz.: bataille.

batappen, sch. v. 1. beschleichen, de Hâsen b. 2. anfassen.

batärjeln, sch. v., betrügen (Bornstedt). Das Wort kann ich sonst nicht nachweisen. In Tirol heisst derchen geschäftslos, als Karreuzieher, Bettler herumziehen. Z. IV, 342.

Batelfchen, in der Redensart: du armes B., ,du armer Kerl.'

batippeln, sch. v., betrügen. Anderswo habe ich diese Bedeutung nicht nachweisen können.

batippert u. **bateppert,** adj., eingeschüchtert, verblüfft. vergl. hess. bedôwert == gedankenlos, Gr. W. I, 1705, betöbern, opprimere; möglicherweise ist das Wort an Topf angelehnt.

Batistln, ,du jist wi änne Batistin == Baptistin.' Pl. Doch wohl Pietistin, s. Andr. 90.

batrappeln, sch. v. ertappen. s. Gr. W. I, 1709.

Bätteljunge, m., unn wenn's Bätteljungens schneit (rânt), ich kumme.

Bättelmann, m., ä setzt de Reden, wi dr B. den Stock, sagt man von jemand, der zierlich redet.

Bätteltanz, m., Streit, Hader und Prügelei, Unfug. nû kann der B. lûs jin, s. Gr. W. I, 1732. Wander, deutsches Sprichwörter-Lexikon I, 355.

bätteltrotzj, adj., bettelstolz, trotzig. Gr. W. I, 1733.

Bau, m., Wohnung, auch sonst. Gr. W. I, 1161.

Baude, f., die sonst im M. unbekannte Form für Bûde hörte ich in Friedeburg.

Bauerwetzel auch -wänzel, m, Drüsengeschwulst an Hals und Backe; eigentlich ein Schlag, wie ihn ein Bauer giebt, wetzel demin., zu wetze, watsche, Ohrfeige. Anders erklärt ist das Wort schl. W. 104.

Baum, m., pl. Beime u. Beimer. Wenn ein Baum nicht tragen will, so legt man ihm einen Stein auf einen Ast und spricht: Willst du nicht Frucht tragen, sollst du einen Stein tragen.

bawäjlich, adj., Mitleid erregend, s. Gr. W. I, 1774,

Bawärwechen, u., sich ä B. machen, sich ein Geschäft, eine Arbeit machen.

Bäwechen s. Hâwechen.

Baweddelunk s. Barammeluuk.

bazengen, sch. v., anfangen, mnd :
tengen, s. mnd. W. I, 299, IV. 532.
be s. ba.

Beesenstedt, Dorf im Osten von
Eisleben. ‚Wohnstätte des Bisino.‘
Grössler, Zeitschr. d. Harzvereins
1883 p. 108.

bei, praep. regiert im M. Dativ und
Akkusativ (wie auch im got., ahd.,
mhd.). Mit dem Akkusativ vertritt
es regelmässig das nhd. zu bei Verben
der Bewegung: ich kumme bei dich,
beis Haus. Doch auch in der Bedeutung in der Nähe hat es neben
dem Dativ auch den Akkusativ bei
sich: ich wôr bei se.

Belas, m., Bajazzo, Bojatz (nd.), Hanswurst. Lpz. s. Jütting 42.

Bele, Bole, Buie, f., Wiege, beien,
wiegen. Lpz , Dresden, oberl., Wittenberg. Z. VI, 130: Peia auch Heia
f. Kinderbettchen.

Belfall, m., das jå ich dich Beifall,
darin stimme ich dir bei. Fr. R.;
Schiller.

beilån, sch. v., beilegen; essen, (diese
Bedeutung fehlt in Gr. W.).

Bein, Bån, n., Bein. 1. Bein und Fuss
zusammen. 2. Fuss (welchen Ausdruck der M. nicht verwendet): Dr
Stäwwel drickt mich mei Bån korzsch
unn klåne.

Beist, n., pl. Beistersch, Tier, meist
Schimpfwort. mnd. bêst, von bestia.

Beitel, m., Börse. Pl. führt an:
’S klinget nich, ’s springet nich, ’s
klappert nich mi,
Dr Beitel hatts Fiwer, kein Dreier
hå ich mi.

beleuten, ein Feuer beleuten im 16.
Jahrhundert, der gewöhnliche Ausdruck für stürmen. s. die Mitteilungen
aus dem Kirchenbuche der St. Andreas-
kirche zu Eisleben im Chr. Isl. p. 33.

belken, sch. v., laute Töne von sich
geben, schreien, vornehmlich vom
Weinen der Kinder; in Niederhessen:
bölken. Z. VI, 53.

Belleben, Dorf nördlich von Gerbstedt.
Im Jahre 1305 Benleve = ‚Erbgut
des Benno‘.

bellern, sch. v. 1. laut schiessen.
2. wie knallern, in die Augen fallen,
prahlen. Pl.

běhmisch, adj., böhmisch; Jeduld unn
Wörten, das sinn bêmische Dörfer;
fremde unbekannte Dinge s. Gr. W.
II, 224.

beneben u. benebt im Chr. Isl. =
mit samt, auch bayr.

Benecker, m., Bienenvater, s. Sewecker.

Benkendorf, Dorf südwestlich von
Salzmünde, = ‚Dorf des Panico‘.

Benndorf, Dorf südlich von Mansfeld; = ‚Dorf des Benno‘.

Bennstedt, Dorf im Osten des salzigen Sees; ‚Wohnstätte der Nachkommen des Banno.‘ Im Volksmunde
Benschte.

Bêrschkul, m., Wirsingkohl, brassica
oleracea; in Thondorf für Bärschekul
auch Härrenkul.

besessen, im Chr. Isl. a. 1601 p. 61
angesessen; schon mhd.

bêt sinn, das Kartenspiel verloren
haben; aus franz. la bête (faire la
bête), einen dummen Streich machen,
das Spiel verlieren.

Bevehlich, im Chr. Isl. häufig der
Befehl.

bewwern, sch. v., vor Kälte oder Angst
zittern. Davon das Substantivum
Bewwer m. Fr. R., Gr. W. I, 1120.

Biesenrode, Dorf an der Wipper,
westlich von Mansfeld. Erinnert
nach Professor Grössler (die Einführung des Christenthums in die
nordthüringischen Gaue Friesenfeld

und Hassegau) an den in sagenhaftes Dunkel gehüllten thüringischen König Bisino s. Besenstedt. Im Volksmunde heisst die Ortschaft Bissenrode. Ein altes Gebet (,eine Marienklage'), das dort gehört wird, giebt Rembe, Daheim 1885 XXIV, S. 383. Es lautet:

Als unser lieber Herr Jesus im Garten
        ging,
Sein bitteres Leiden er anfing:
Da trauerte Laub und grünes Gras
Und alles was auf Erden war.
Da kamen die falschen Juden gegangen,
Sie nahmen unsern liebsten Herrn Jesum
        gefangen;
Sie führten ihn ins Richterhaus,
Mit blankem Schwerte wieder heraus.
Sie führten ihn an Kreuzesstamm,
Mit Nägeln ward er angeschlan;
Sein Leib und Arm wurden ausgestreckt,
Seine Augen waren mit Blut bedeckt.
Da kam die Mutter Maria gegangen,
Sie sah ihren liebsten Sohn vor Augen
        hangen.
„O weh' meines Herzens Kron'!" ....
„Johannes, nimm sie bei der Hand,
Und führ' sie weg von dannen,
Dass sie nicht sieht die Marter an."
Johannes spricht: „Ich will es thun,
Ich will sie pflegen als ein Sohn." ....
„Ich will ihn pflegen als ein Kind,
Wie's einer rechten Mutter zukimmt." ....
Die hohen Bäume neigen sich,
Die harten Steine knirschen sich,
Die Sonn' verlor ihren Schein,
Die Waldvöglein liessen ihr Singen
        sein, ...
Wer dies Gebet beten kann, der bete es
den Tag einmal oder zweimal; so wird
seine Seele ewiglich bei dem lieben
Gott bestehen. Amen.

Ferner wird in Biesenrode noch das sehr alte Weihnachtslied gehört, der Quempas benannt nach dem Anfange: Quem pastores laudavere, den die Hirten lobten sehre. — Neben Biesenrode liegt ein Biesenberg.

bijeln, sch. v., stark trinken. Z. IV, 217: pichen, zu Pech gestellt.

Bimmel, f., kleine Klingel, Schelle, bimmeln = eine solche ertönen lassen. Bimmeleie = Jebimmel. s. Gr. W. II, 30.

Bimse, pl., f. Schläge, Prügel, bimsen (selten) durchhauen. Nach Weinhold (schl. W.) eigentlich mit Bimsstein streichen.

Bischperöde, Bischofröle, Dorf südlich von Eisleben; im 8. Jahrhundert Bisgofesdorpf, 1250 Bischoprode, 1400 Bischopperode = zur Rodung des Bischofs. Das p, welches nd. ist, ist vom Volksmunde erhalten worden.

bise adj. böse; auch · = entzündet, krank: bise Hand, bise Auen.

Biss-chen, n., ein wenig: ä Biss-chen Brût; Giebelh. hat mei Biss'chen in der 'Bedeutung ,mein Mann' conjux.

bissen, sch. v., bissen, durch Besprechen, Segensformeln heilen. Diese Art der Heilung ist allenthalben noch gänge. got.: botjan, nd.: boten.

bitten, st. v., ich wulle se jebäten hann = ich möchte, wollte Sie bitten. — änen bittens anjin mit Bitten. vergl. Chr. Isl. a. 1601 p. 57: alss die Abgesandten Ihn umb Steuer bittlichen angelanget.

bitterbise, gewöhnlicher bitter unn bise, sehr aufgebracht. s. mnd. W. I, 346.

Blächschäddel, m., ich häe ä jehirigen Bl. = benommenen Kopf, besonders beim Katzenjammer. Lpz.

Bladder, f., Kuhfladen, Misthaufen der Kuh. In Passau pläderling, zu plodern = rauschen, sprudeln. s. Z. II 92, 52, IV, 332.

Bläk, n., Schaf, Ziege.

bläken, öfter fläken, sch. v., unruhig sich hin und herbewegen gesagt von allzu grossem Feuer. s. Gr. W. II. 62; verwandt ist das schl. blachen dern = wehen, φλέγειν.

bläken, sch. v., die Zunge herausstecken. änen ánbläken; wohl zu blecken = zeigen, entblössen. (Gr. W. II, 87.

Blankbärae, f., aus beurré blanc, ˙Butterbirne. s. Albrecht, Lpz.

Blankenheim (-häm), Dorf ˙westlich von Eisleben; scheint (Grössler Zeitschr. des Harzver. ,1875 S. 101) hessischen Ursprungs, Auch das Blankenheim in Hessen hat in nächster, Nähe ein Liedersdorf. Deine Ur jit nach dr Blankenhämer Sunue (ganz falsch). In Blankenheim waren früher theatralische ·Aufführungen gänge, welche teilweise plötzlich extemporiert wurden. Die Gegend von Blankenheim ˙heisst bei den Bergleuten im Grunde de dumme Halwe. ˙

blärren, sch. v., widerlich schreien, s. W. unter plärren.

Blāschof, n., Schaf (in der Kindersprache); dann eine Bezeichnung eines dummen Menschen.

Blāt, n., Blatt; das Bl. hatt sich jewänget (schon bei Rinkart Eisl. R. 28), die Sachlage ist verändert. ä Blát odder ä Scheit Holz, ruft man dem Spieler zu, der mit dem Ausspielen zögert. Lpz. — Kei Blāt var'sch Maul nâmen, s. Wander, Sprichwörter - Lexikon I, 395 — Blätchen, n., demin. — Blätterjebaokenes = Gebackenes in der Form von Blättern. Z. VII, 153.

blāten, sch. v., die Seitenblätter der Rüben, des Kohls zur Viehfütterung ablesen, sonst blatten, s. Gr. W. II,77.

blattern, sch. v., hat Giebelh. M. Sagen u. Erzählungen⁶ 31 = rauschen; sonst bloderen, Gr. W. II, 141. s. treischen.

blau, adj., blau machen, blauer Montak in der allenthalben gebräuchlichen

Bedeutung; s. Andr. 228. — blitzeblau, = sehr. blau. -- ä lijents Blaue von Himmele unu's Jriue von der Mistfitze, von masslosem Lügen gesagt.

Blaukūhl, m., Blaukohl; Bl. machen, beim Tanzen sitzen bleiben.

Blesse, f. 1. Pferd, Kuh etc. mit weissen Flecken. niedersächs. Blisse. 2. Stirn; ich jāe dch äne var de Bl. s. Gr. W. II, 67, 71.

blimerant, adv., 's kann knen bl. wâren, übel; eigentlich mattblau aus franz. bleu mourant, sterbendes Blau, blassblau entstanden.

blinzlings, blinzelnd mit geschlossenen Augen, blindlings; kurh.: blinzening, schl.: plinznig.

Blōse, f. 1. Blase. 2. ein zusammengelaufener Haufe Menschen (verächtlich); wohl erst neuerdings ins M. eingedrungen.

Blōsebalk, m., Lunge, Brust; mett dän ölen Blösebalje will's jór nich mi jin. s. Pumpe.

blōsen, st. v., blasen; den Marsch blösen = ausschelten; Lpz.

Blūmerode, Dorf südlich von Mansfeld, a. 1420 Blumenrode = zur Rodung des Pluomo oder ,der Pluoma.' Auf dieses Dorf scheint Bezug zu haben der Ausdruck, den ich in Örner hörte: du armes Blumerēdchen! = ,du armer Kerl!'

Blūt, n., Blut; ä worre su rūt wi ä Sticke Blūt (sehr rot); 's macht vēl bises Blūt (Erbitterung).

Bockfūll, n, Bockfell; Schimpfwort für Frauen, Z. VII, 154.

Bocksbeitelei, f., Possenspiel, so ist die Beschäftigung der Seiltänzer eine B.

Bodden, m., Boden. Das ältere Bodem ist jetzt nicht mehr im M. (wohl

aber iu nth.) zu hören. Chr. Isl.
a. 1601 p. 59: auf den Bödemeu.
Boie, f., s. Beie.
bôle, bôlichen, bald, dann = beinahe:
bôlichen hett ich'n jekricht; su bôle
und su bôlichen wî = sobald als.
eine beliebte Konjunktion; bei Rinkart: bal und bäl.
bolzen, sch. v., scharf seheu, stiereu.
s. Gr. W. II, 236.
bomâle, bomâlich = allmählich, aus
slavisch: pomalu. s. Audr. 264,
Jütting 74. s. pomadj.
Bôr, m., Bohrer.
Borke, f., rauhe äussere Baumriude.
nd. s. W.
Born, m., Born, Brunneu (dies Wort
kennt der M. nicht).
Bornstedt, Dorf südwestlich von Eisleben. Im Jahre 900: Brunistatt, 979:
Burnstediburg = Wohnstätte des
Bruno. s. Grössler, Zeitschr. des
Harzvereins 1883 pag. 109.
Bösenburg, Dorf südlich von Gerbstedt,
'Burg des Bisino', der nach Grössler,
Zeitschr. des Harzvereins 1883 p. 117,
identisch ist mit dem historisch nach-
weisbaren Könige der Thüringer
Bisino im 5. Jahrhundert.
boteu, sch. v., pfropfen. **Botreiss,**
Pfropfreis. hessisch: potten. mnd.
W. III, 366.
Botenleuffer im Chr. Isl. a. 1601: Er
wolte die Altstädter zu Botenleuffer
machen (Dienstboten).
Botter, f., bei Giebelh. einmal m. (wie
öfter im bayr. mhd.) Butter. 's fällt
mich de Botter vun Brûte (verliere
den Mut). — **Botterblume, f.,** Leon-
todon taraxacum. 'Das Volk wähnt,
davon, dass sie die Kühe fressen,
werde die Butter gelb.' — **bottern,**
sch. v., buttern. Aberglaube: Das
Buttern gelingt nicht, wenn gewisse

Leute ins Haus kommen oder um
das Buttern wissen. Die Frau, die
butteru will, muss sich, gleich nachdem sie in die Stube getreten ist,
möglichst schnell setzen. **Botter-
vochel, m.,** Buttervogel, der M.
Ausdruck für Schmetterling, ein Wort,
das der M. nicht kennt. vergl. engl.
bytterfly. Z. VI, 77: Der Schmetteth-
ling war nach der altdeutschen Mythe
ein verkappter Elbe oder Hexe, die
Milch und Butter stehlen. — **Botter-
häxe** f. Wasserjungfer. — Übrigens ist
im östlichen M. nur die Form Butter
gänge.
Botzemann, m., Vogelscheuche, Schreck-
gespenst für Kinder, auch hessisch;
sonst Butz, Butzemann. s. kurh. Id.
Lpz. s. Z. VI, 61.
bôwen dâl hat Giebelh. einmal =
von oben nach unten. Der Ausdruck
ist nd; ich kenne ihn als M.
nicht.
Bräch, m., das Brechen, de Kaule hatt
kein Bräch, schlägt nicht viel Kegel
um.
Bräche, f., gewöhnlicher Flacksbräche,
ein Werkzeug zum Flachsbrechen;
där hat ä Maul wî änne Flacksbräche, sei Maul jit wî änne Bräche =
er kann viel und schnell reden. oberl.
s. b. W. unter Brechen. Anderswo
sagt man: sein Maul geht wie eine
Dreckschleuder. **Bräme, f.** 1. Bremse, tabanus plu-
vialis. änen änrennen wi änne blinge
Bräme, blindlings, ohne sich anzusehen, s. Gr. W. II, 362. 2. Maulschelle. Diese Bedeutng kann ich
sonst nicht nachweisen. vergl. westerw.
Id. 36. das Vieh bremse = sehr
schlagen.
Brämen, m., in Heiligenthal: ich jâ dich
änne varr'n Brâmeu, Kopf.

bränzlich, adj., nach Brand riechend; 's richt br., auch übertragen: de Sache wärd bränzlich, gefährlich.

bräppeln auch **breppeln,** sch. v., brodeln, vom bratenden Fleisch etc.; auch trans. etwas zu rächte bräppeln (braten), in Frauken brippeln und bröpeln. ,

Brass, m., Lärm, Gepränge. nth.: pratsch. Lpz.: Brásch. s. mud. W.

Brasselkopf, m., ein Kopf voll krauser Haare, auch Bezeichnung der betreffenden Person. Sonst nicht nachweisbar. vergl. schweiz.: Braschel, wirrer Haufe.

Brátsch, m., Lärm, viel und lautes Reden, ä Brátsch machen. s. Brass, Lpz.

Brätt, n., Brett, Aus der Bedeutung von Brett, ,Sitz, Tisch' sind zu erklären: ans Brätt kummen, zu einer Ehrenstelle gelangen. farrsch Brätt némen, ,vor's Messer nehmen'; raus dermett farr'sch Brätt; — in de Brätter jin = sterben (Brett = Sarg); ä hatt ä Brätt farr'n Koppe (ist dumm). s. Gr. W. II, 374 ff. Wander, Deutsches Sprichwörter-Lexikon I, 463.

Braunkül, m., Braunkohl, auch oberl. sonst Grünkohl, Blaukohl. Derselbe wird namentlich zum Gänsebraten gegessen.

Bräunrode, Dorf westlich von Hettstedt, a. 1060: Bruniroht, Rodung des Bruno.

brawurisch, adj,, barbarisch.

bräzeln, sch. v. sich henn br., = sich breit und bequem hinsetzen, hergenommen von der Form der Brezel (aus brachiolum).

Brellawwe, m., eigentlich Breitmaul, Dummkopf.

Brelmämme, m., Dummkopf (an der Saale).

Breitchen, n., Bräutigam; Braut unn Breitchen.

Breite, (Bräte) f. Ackerstück von grösserer Fläche. Höwebreite das Ackerstück, das zum Hofe (gewöhnlich = Domäne) gehört.

bremmeln, sch. v., nörgeln; der bremmelt mich immer di Uren voll. hessisch: brommeln; zu brummen.

brenckeln in Chr. Isl. a 1642 p. 203: der Obriste hat die burger gebrenckelt, ,peinigen, quälen,' s. prenkeln.

Bröstchen, n., in Wolferode und im Grunde Bris-chen. du bist mich ä schines Br. (ironisch) = ein netter Gesell, ein Taugenichts; zu bayr. die Bross = Sprosse, Knospe (vgl. ,nettes Früchtchen'); vergl. auch Lpz.: sie ist eine rechte Prise, malitiöses Frauenzimmer.

Brib für die gewöhnlichere Form Brif, findet sich in den an den Harz angrenzenden Dörfern, dann taucht es plötzlich in Friedeburg und Trebitz wieder auf.

Briche, pl. m., Brüche, in de Briche kummen = in Verlegenheit, schlechte Lage kommen. Die Bruchrechnung galt und gilt dem Volke als etwas sehr schweres. In de Briche jin == Schaden erleiden, auch sterben. oberl. Andere Ableitung s. Z. VI, 169, 55.

Brie, f. Brühe. mache keine Brie, Umstände, Gerede. s. Wander, Deutsch. Sprichwörterl. I, 489.

Brije f. Kirchenempore; sonst Brüge, Brettergerüst, tabulatio, Bühne und Schauspiel; s. Gr. W. II, 422.

brisen, sch. v., zerbröckeln, gesagt von den totreifen Ähren, welche die Körner sehr leicht fallen lassen. nth.: présen, bayr.: brüseln. Desselben Stammes wie Brosam. — **Jebrise,** n., das Getreide, was ausgefallen ist. s. auch prîsen.

brisîdenheiss, adj., sehr heiss. Lpz.; auch brîwarm.

,**brîstlch sinn'**, nicht gut mit einem stehen, Pl.; von bresten, brechen, sich bekümmern, s. kurh. Id. Ich habe mich vergeblich bemüht, das Wort aus dem Volksmunde zu hören.

Brôten, m., Braten, den Brôten merken, etwas merken, vermuten, s. Wander, D. Sprichwörterlex. I, 448.

Brôtenrock, m., Staatsrock, den man des Sonntags anzieht. oberl., Lpz., Wittenberg; auch Brôtenweste.

Brott, m., in Wimmelburg Brotz. Aufsehen, Aufwand; ä Brott machen. — **jrussbrottch** wechselt mit **jrussbrûtch** (grossprahlerisch). In Fallersleben (Z. V, 159): Prötjer == Grossthuer, Prott hebben == gross Wort haben. s. protzen.

Bruddel, m., Schmutz; b. W. 348: Brot: zähes Gemenge von festen und flüssigen Substanzen.

bruddellch, adj., unsauber, bayr.: brodig.

,**Brummel, Brömmel, Bummler'**, Pl.; mir ist das Wort unbekannt, auch kann ich es sonst nicht nachweisen.

brnmmen, sch. v. 1. brummen 2. gefangen sitzen. — **Brummbär, m.**, ein mürrischer Mensch. **Brummkisel, m.**, Kreisel, vornehmlich der, den die Kinder auf der Strasse treiben.

Brût, n., Brot. das lîwe Brût. s. lîb; dich is dei letztes Brût jebacken — mit dir geht's zu Ende, du bist verloren. Lpz.; där Kanter isst ä saures Stickchen Brut == hat seine grösste Mühe; jrussbrûtch, hochmütig. s. rêsten.

Bucht f. Abteilung vom Stalle, auch schlechte Wohnung, Zimmer; hess.: Böcht, oberl., Lpz.: Bucht, s. Z. VI,12.

Buckel, m., Buckel, sich ä Buckel lachen, sich buckeldicke auch pudeldicke lachen == heftig lachen. Lpz.: sich bucklig lachen. **buckeln, sch v.**, auf dem Rücken tragen. trans. n. intrans.; s. b. W. 206.

Bulle f., bauchige Flasche; ,Flasche kennt der M. nicht; vom latein. ampulla. — In Höhnstedt: där kann aus dr Bulle frässen == hat ein schmales Gesicht.

bullern, sch. v., lärmen; 's bullert im Leiwe, s. Gr. W. II, 513. **bulljen** auch balljen (Thondorf), sch. v., tüchtig arbeiten; där bulljt nich schlecht derwedder. Auch nth., sonst habe ich das Wort nirgends verzeichnet gefunden.

Bumme, Bamme, Bemme f. Brotschnitte, **Klâwebumme f.** eine Bumme aus zwei zusammengeklappten Hälften (Höhnstedt, Thondorf, auch hallisch).

Bûne f. Bohne. Aberglaube: Wenn man Bohnen isst, wird man taub — Wenn der Kaffee absonderlich schmeckt, so sagt man: s'is äune hockje Bûne drinne. — **Bûnenstange**, ein langer dünner Mensch. Lpz. — ä is jrôb wi Bûnenstrû. Lpz.

Bargsdorf (Burjesdorf), Dorf nordöstlich von Eisleben == ,Dorf des Burga oder Buricho'.

burstch, adj., borstig, ärgerlich. s. b. W. 282.

buscheln, sch. v., betrügen (beim Kartenspiel), bayr.: pauschen. s. b. W. 412.

buschtewiren, sch. v., buchstabieren. Lpz.

Bûss-chen, Deminutiv von Busse; Buss-chen sän -- klein beigeben.

Bussel u. **Buttel**, m., Kosewort ‚mein Kindchen,‘ eigentlich mein Küsschen, vergl. bayr.: busseln, küssen. Busselchen n., demin; nth.: pusseltchen. — Bussel ist auch ein beliebter Name für Hunde.
busseln, seltner **butteln**, sch. v.. kleine geringfügige Arbeit thun. herum-

busseln. kurh.: bosseln. Gr. W. II, 265.
Busshand f. Kusshand (selten), s. Bussel.
Butte, f., auch nhd. ‚grösseres, oben offenes Stand und Tragegefäss ohne Handgriff.‘
Buttélje, f., s. Dippholz.
butteln s. busseln.

D.

(vergl. auch T.)

da (do, de): 1. beginnt den Nachsatz (dô), wenn ä kimmet, dô is es jut (statt dessen auch denn) 2. da als Verstärkung des Relativums. s. de. 3. do u. dä auch beide nebeneinander = hier hast du (voici): dä (do) hast de deine Briwe, dä nu rânt's (da nun regnet's).
dach, dacho, dachen, doch; schon Rinkart hat dach. — jô dachen, häufig in der Antwort = ja wohl, schon recht: he is runger jekummen. — Jô dachen, awwer zu späte. Im Zusammenhange nach Konsonanten fällt das d ab: kumm ach, jipp ach achtjen.
Dachtel f. Ohrfeige, allenthalben verbreitet, Dachtel = Dattel vergl. Ohrfeige.
Dåks, m., klebriger Schmutz, namentlich an Kleidern. nth.; nd.: dêg, nhd.: Teig, Lpz.: dest.
dålen, sch. v., kindlich spielen, ohne Ernst sein. Dälfride = eine Person, die dalt. schl.: tålen. Gr. W. II, 696.
Dällo f. Vertiefung, Scharte, Einbug an einer Fläche. hess , oberl., nth. Lpz.
dalmen, sch. v., herumbaljen, meist von Kindern, die sich neckend zupfen und anfassen; hess., nth., schweiz., s. dälen.

Dåmel s. Dämlack.
dämisch, adj., gewaltig, gross: ä dämischer Kärl, mich frirt dämisch. Anderswo hat dämisch die Bedeutung verdummt, albern' zu mhd. toum.
Dämlack, Dämelack auch **Dåmel**, m., Dummkopf. oberl., Fr. R.
dämlich, dämelich, adj., albern, beschränkt.
Damm, m., Damm; uffen Damme sinn, munter und wohlauf sein. uffen Damm brengen, = forthelfen, in die Höhe bringen. s. Wauder, Sprichwörterlexikon I, 550.
dämmern, sch. v., leise schlafen. Dämmerchen = leiser Schlaf.
Damp, m., 1. Dampf; wedder Damp noch Rauch kann'en schaden. 2. Engbrüstigkeit, Asthma; he hatt'n Damp; die Bergleute kriegen im Alter fast alle den Damp. 3. in Dampe sinn, betrunken sein. 4. einen Tôr(t) unn Damp antûn, alles mögliche Schlechte; schon Chr. Isl. 1626 p. 108: die Weymarischen haben den Wallensteiner zimblichen Dampf angethan. Die Redensart auch bayr. (b. W. 511), Lpz. Bei Lessing ‚den Dampf anthun.‘
dampen, sch. v., Taback rauchen.

Damphärnechen, n., hat Giebelh. für kurze Pfeife.

das, das, dafür vornehmlich am Ende eines Satzes dasse, auch öfter beide Formen in einem Satze: das is je änne saure Arbeit dasse, das is wille Art dasse. **dass,** dass. 1. ersetzt häufig alle anderen Konjunktionen, wenn dieselben wiederholt werden (vergl. das franz. que): indän ich sält henn junk unn dass'ch bamärkte; wî ä mich säk unn dass ä jlauwete. 2. dass wird häufig pleonastisch nach relativischen Ausdrücken gesetzt: he will wissen, wurum dass de jekummen bist; ich fräe dich, wasserhalwens dass de jesät hast; mir derfüren, wudränc dassense wôren; ich muss sân, wi vêl dass ä an mich jetân. Ähnlich nach Konjunktionen: wârend dass, indän dass; so wi de Strôsse dassese reine iss == sobald die Strasse rein ist. s. Z. VI, 38, 36. — bei alle dän dass == obwohl (abwûl wird der M. kaum sagen).

dassertwäjen, dessertwäjen, dessterwäjen, dasserthalwen, därentwegen == deswegen.

Daus, n., Daus, vorzügliches, tadelloses Wesen. Redensart: uffs Daus (ganz genau), di sit dach wärrlich uffs Daus wî ä Schlitter aus; ich binn wî's äckerne Daus == munter, lebendig, s. Deis-chen. Regel 180: ,Dieses in ganz Thüringen lebendige Wort hat mit Daus n., Zwei im Karten- oder Würfelspiel nichts zu thun, sondern scheint auf celtische Wurzel zu leiten.'

do, da wird zumeist Relativen zugesetzt: weisste was de passirt is? ä Bild was de jût is; 's kimmet käne Stunne, wû de nich äner stärwet.

Deckchen, n., s. Docke. **deckeln,** sch. v., die Mütze abnehmen, grüssen (Schülerausdruck). s. Z. VI, 370.

Dederstedt, Dorf im Norden des süssen Sees == ,zur Wohnstätte des Diether.' Im Volksmunde Dedderstedt, es liegt an der Lawéke und dem Sedebetsch. ,Dedit machen == Randbemerkung machen.' In Bornstedt gehört.

Deis-chen, n., in ,wî ä Deis-chen laufen'; entweder zu Deisel == Wiesel (Gr. W. II, 914) oder zu Daus wo s.

Deistel, f., für das gewöhnliche Distel, hat Kreidner, Schebbern unn Wacken S. 62.

Deite, f., Deute, Düte. s. auch Hunneteite.

Deiwel, m., Teufel. Die Aussprache dieses Wortes wird gern vermieden, entweder nimmt man ein ander Wort .(där Bise), oder giebt ihm eine andere Form (Deiker). — där lawännije Deiwel (leibhaftige Teufel), auch übertragen von einem bösen Menschen gesagt. — **Deiwelsei,** ein Ei oder sonst ein dem Ei ähnlicher Gegenstand, der Unglück bringt. -- **Deiwel reiss aus!** adverbiell == in aller Eile. — **Deiwelszwäru,** cuscuta epilinum, ein wucherndes Unkraut, das z. B. zu Eisleben in der Nähe der Neustädter Kirche und im Grunde der bösen Sieben wächst. — **Deiwelskanzel** oder -altar. Name eines hervorspringenden Felsens, in der Nähe von Neckendorf bei Eisleben, wahrscheinlich war dort früher eine Kultusstätte einer Gottheit. Der Name erscheint auch in Hessen. — Der jlauwet's, wenn mer sût där Deiwel is ä Eichhorn (das allerwidersinnigste Zeug), oberl., Lpz. — **Deiwelsbuch** == Spielkarten, Pl. —

Där Deiwel trau'n Aptéker sagt man,
wenn man Grund zu haben meint,
einer Sache zu misstrauen.
demelíren, sch. v., demolieren.
Dempse, Demmese f. Hitze, schwüle
Luft. Halle, Lpz., Altenburg.
Dengel, m. Schmutzrand an einem
Kleide. oberl., schles.: Tengel, b.
W. 517.
dengeln, sch. v., stossen, durchprügeln;
dasselbe Wort wie hd. dengeln == die
Sense durch Hämmern schärfen;
dänisch: dänge.
denn steht für dann und denn.
Deppentírter, m., Deputierter,
der-, Vorsatzsilbe. 1. == da, derwedder —
dawider. 2. für er-: derquicken, der-
haschen etc. Erdeborn. Daneben
hört man auch (im Grunde) Wolferode,
Bornstedt nach nhd. Art: erhaschen etc.;
dieses der- sehr weit verbreitet, s.
Rückert, schlesische Mundart im
Mittelalter S. 138, Regel 79.
derhaspeln, sch. v., mit Mühe und Not
erreichen.
derjattern s. jattern.
derkullen, sch. v., erkälten.
derquäre, adv., in die Quere, komm
mich nich derquäre; derquäre dorch ==
quer durch.
derweile, adv., inzwischen, mittlerweile; auch adversativ: mer wulltn
bein Härrn Paster, derweile wôr ä
varreist; auch als Konjunktion: derweile der Kanter kamp, junk ich
furt (während). oberl., thür. u. sonst.
desselât, adj., entzwei, zu franz :
désolé, latein.: desolare.
dessentiren, sch. v., desertieren; allenthalben.
dessertwäjen, s. dassertwäjen.
dewweln, sch. v., bezwingen; bayr.:
tobern, mhd.: touben, nhd.: (be)täuben.
dichtchen, adv., dicht.

dicke, adj. u. adv. 1. wie nhd. 2. auf-
geblasen, stolz; der tit dicke; oberl.
3. satt, überdrüssig, ich ha s'n dicke,
oberl., Lpz.
Dicks, m. Spitz- und Scheltname für
Hirte; auch Schöfdicks. Zunächst denkt
man an das latein. dux, doch scheint
die Form weiter nichts, als das ver-
kürzte Benedictus s. Heintze, Deutsche
Familiennamen', Halle 1882 p. 101.
In ‚der Kaiser und der Abt' von
Bürger (aus Molmerswende im Harz un-
fern des M. Gebietes) heisst der
Hirt Hans Benedikt. Der Ausdruck
ist auch nd.
dickschen, sch. v., trotzig thun,
mucksen; bayr. ducksen. s. b. W. 490.
Dill, in der Rdart: in Dill unn Tâk
auch in dillen Tâk, auch nur in Dill
z. B. reden == ins Blaue; in Dill nein-
schlöfen, ‚bis in die Puppen'. Pl.:
Dill unn Docht. Das Wort Dill,
das ich in dieser Bedeutung nirgends
angeführt gefunden habe, ist zu Dil-
mann == alberner Mensch, Gauch (s.
Gr. W. II, 1150) zu stellen.
Dimen, m., Schober, nth., nd., in der
Oberlausitz nicht verstanden (dafür
Feime); zu franz. dîme == decima,
der Zehnte vom Stroh etc.
Dink, n., für Stube, Haus in Redensarten wie, bist änn nach uich zum
Dinge raus. s. Z. VI, 279, 25.
Dinkerts steht Rinkart, Ind. conf. für
Ding.
dippeln, sch. v., untersuchen, überlegen,
anstippeln, ausfindig machen; diese
Bedeutung auch bayr. b. W. 615.
hd. tupfen.
Dippetât, n., Deputat.
Dippholz, n., der Pflock, der bei dem
aufgestellten Sprenkel den Faden
festhält. In Bornstedt und im Grunde
sagt man dafür Buttélje (vergl. bayr.

Buttelkue, Tannenzapfen, b. W. 312).
uff's Dippholz jîn, in die Falle gehn.
dischkerîren, sch v., erörtern. Lpz.
von discourir.
Dix s. Dicks.
do s. da.
Docke, f. 1. Puppe, das Färd jît wî
änne D.; vornehmlich wurden früher
die hölzernen Puppen Docken genannt. schl. Tocke. 2. Gebind Garn,
auch Deckchen. nth. s. G. W.
II, 1212.
Dolle f. eine hohe, wulstig gebaute
Haartour. Lpz. s. G. W. II, 1227.
domett, damit, sehr häufig: domett dass.
Dorchschlâk, m., blechernes Küchen-
gerät zum Durchseien. nth. bremisch.
s. Gr. W. II, 1668.
Dorf, n. uff de Därfer jîn, beim Kartenspiel nicht Trumpf ziehen, sondern
die Däuser spielen. bémische Därfer =
unbekannte Dinge. s. Wander, Sprichwörterl. I., 677.
Dorl, m., Kreisel, nth. Gr. W. II, 1286.
Dornstedt, Dorf südlich vom salzigen
See = ,Wohnstätte des Toro oder
Wohnstätte im Dornengebüsch.' s.
Grössler, Zeitschrift des Harzvereins
1883 p. 108. — Im Volksmunde:
Dornacht.
dôzemôl, damals, auch dozemölen, ze
dänmöle. s. Gr. W. II, 876.
Dräck, m. ,Kraftausdruck für Kot.'
den Dräck müssen = durchwaten,
Dräck in Uren hann = schlecht hören
'n Dräck varstîn = gar nichts; änen
aus'n Dräcke raus löwen (gar sehr),
sich umm-jeden Dräck kimmern. Zu
Altklugen sagt man in Thondorf: Du
varstîst'n Dräck, du sallt Tepper wâren.
Dräckerele f. Unsauberkeit.
drälle, fest, gedrungen, dann auch
schnell, nd. s. W.
Drâsch, m., Mühe, Plage, zu dreschen.

drengeln, sch. v., drängen. uff änen
lûs drengeln = jemand durch Bitten
zusetzen.
dreschen, st. v., prügeln. Dresche f.
Prügel, allenthalben.
Drewest, m., Dreifuss. nth.: Dräwwess,
mnd.: drevôt. s. Regel 178.
Dricke f. Druckerei. dricken = drucken.
Der Umlaut auch bei Schottel s.
Wilmanns Kommentar zur Preuss.
Schulorthographie 1880 p. 149.
drickeppj — pcht. = drehköpfig, verrückt.
drinink, drehend, ich schlô dich drînink,
s. lenink.
driste, adj., dreist. Diese Form mit
ad. Vokal hat Giebelhausen und
Kreidner mehreremale.
drîzen, sch. v., peinigen, allenthalben.
Drôt, n. Draht. â jît wi uff Drôte =
in gezierter Haltung.
drucksen, sch. v., ,zurückhaltend, langsam wozu sein.' zu drücken.
druffe, darauff.
druschlich, adj., kraus. Druschel-
kopf = Krauskopf, vergl. hessisch:
Druschel = dichtes Laubwerk.
westerw.: trauschelich.
duckneckj, adj., den Nacken geduckt,
vorgebeugt haltend.
dummîrlj, adj., dummehrig = einfältig,
naseweis. Eine glückliche Bildung;
das Wort fehlt in Gr. W.
dûne, bezecht. Wohl nicht M.; eigentlich aufgeschwollen, zu dehnen.
dunnern, sch. v., donnern; kucke nich
su dumm a wî de Jense, wenn's
dunnert; sich uffdunnern = sich sehr
putzen.
Dunschken lätschken und Dunschken
wätschkeu = Donnerwetter. vergl.
Fluchausdrücke.
Dunst, f., der Dunst.
durt, selten durten = dort.

dûse, langsam, sacht, s. lecken, zu badûse.

dûseln, sch. v., im Halbschlaf liegen, **eindûseln** == gemütlich einschlafen; in Dûsel sinn == gedankenlos sein. **dûselich** = halb besinnungslos. **Dûselkopp, -tir.** Der u-Vokal wird auch kurz gesprochen: dusseln etc. Nach Kleemann zu derselbenSippe auch

Thor; vergl. auch schl. tunzen == schlummern. **duster,** adj. dûster auch mhd. **dutteln,** sch. v., langsam gehen. **Duttel,** m., eine Person, die langsam geht, im weiteren Sinne Dummkopf. In Hannover Dutte == ein albernes Frauenzimmer. vergl. ahd. tûzen, sich still verhalten.

E.

(vergl. auch ä.)

Eckchen, n., eine kleine Entfernung. Auch in Göttingen Firm. I, 182. Gr. W. III, 22. **eckj.** 1. eckig, 2. ausser sich, ä is janz eckj.; wie scheint, in dieser Bedeutung erst neuerdings eingedrungen. **eckleppiren,** sch. v., equipieren. **Ehafft,** gesetzmässige Entschuldigung im Ohr. Isl. a. 1552 p. 21. s. mnd. W. I, 632. **ei** spricht ein Teil des M. Landes, sobald schon im ahd. an seiner Stelle ei stand, wie ä, ein dritter Teil spricht e. — keiner, kâner, kêner. Ich halte an der Schreibung ei fest. s. meine Abhandlung ‚Über Grenzen und innere Gliederung der M. Mundart‘, Zeitschr. des Harzvereins 20, 1887, S. 96 ff.

ei, â (äner) == ein ist das Zahlwort (unus) und pronomen indefinitum. Über die Deklination dieses Wortes und sein Verhältnis zum unbestimmten Artikel hat die Grammatik zu handeln. siehe auch unter ä. Das Wort wird im Dativ und Akkusativ für mirund michgebraucht: ä lesst ân nich jin, ä jinnt ân nich

ä Sticke Brût, s. Gr. W. III, 122, 165. — in âne wäck(en) == fortwährend. — ânen âne jân == hinter die Ohren schlagen. — Man hört: êne (wegen des folgenden Vokalklanges nicht äne), dêne (zwei), Tintenfass,

Jik inn de Schûle unn lärne was,
Wenn de was jelärnt hast,
Kumm heime unn sâk mich was.

El, Ä, n., Ei, sich umm unjeléte Äer bakimmern — um unnütze Dinge. **eien,** sch. v., auch ei machen — liebkosend schmeicheln. Schmalkalden. Fr. R., Gr. W. III, 85. **eljal,** adj.. auch âjal und éjal. 1. einerlei, das is mich äjal (gewöhnlich mit dem Ton auf der ersten Silbe). 2. gleichartig, de Händschken sinn äjál, (Der Ton auf der zweiten Silbe.) **eikel,** adj. eitel (doch nur in der Bedeutung ohne Zukost), ä Sticke eikel Brût, ä isst sei Brût eikel. Dieser seltene Wechsel des k mit t auch Lpz. **ellenfärtj,** eilend. **ein-** siehe -inn. **einbüllij** wird ein Paar Schuhe, Stiefeln etc. genannt, ‚deren jeder nur für den einen Fuss passt; kann man

sie beliebig an den rechten oder
linken Fuss ziehen, so sind sie zwei-
ballij'. Lpz., Erzgebirge.

einewäck, in einewäck, einesweck =
fortwährend, ununterbrochen.

einschenken, sch. v., den Ball dem,
der 'am Schlage ist', in die Höhe
werfen, damit er ihn mit dem 'Ball-
brette' trifft s. Gr. W. III, 268.

eintränken, sch. v. Vergeltung üben,
'drückt bildlich Vergeltung und Rache
aus'. s. Gr. W. III, 326.

Elsdorf, Dorf östlich vom salzigen
See. 'Dorf des Iso'. s. Eisleben.

Eise, Äse, Dachäse f. Raum unter dem
Dache bis zur Wand. Ich kann das
Wort sonst nicht nachweisen. vergl.
Deise = Holzgestell, in Lippe ôsse,
s. Z. VI. 360.

Eisleben (sprich Eislewwen) Hauptstadt
des M. Seekreises. Älteste Schreibung
Eslevo = 'Erbgut des Iso'. vergl.
Grössler, Zeitschr. des Harzvereins
1883, S. 112.

eiszackerlingenkolt auch eiszacken-
kôlt, adj., so kalt wie Eiszacken.

Eiwer, m., Eifer. **eiwrij** == eifrig, bei
Luther eiverig.

êklij, adj. 1. widerwärtig. ä êklijer
Mensch. 2. erzürnt, bös. ä wärd êklij.

El, n. u. m. Das Masculinum hörte ich
bei Mansfeld. — einêlen == betrunken
machen. Dieser Tropus scheint weit
verbreitet, in'Guben sagt man abölen ==
trinken.

Elbitz, Dorf westlich von Salzmünde,
slavischen Ursprungs, zu polnisch
ilovec (Kot) oder oberserbisch jëdla
(Tanne). Im Volksmunde Elewitz.

Eljetze, m., Ölgötze == unbehilflicher,
steifer Mensch: was ätist änn dô wi
ä Eljetze. Weit verbreitet, unsicheren
Ursprungs, s. schl. W., Andr. 176
Herrigs Archiv 1885 S. 422.

Elle, f., de Elle is lenker a wî dr
Kram == der Aufwand, die Kosten
sind grösser als die ganze Sache wert
ist; wemmer bein Jûden borjt, do is
au de Elle lenker a wi dr Kram.
Andere Bedeutung giebt Wander,
Sprichwörterlex. I, 808.

Emmer, m., Eimer.

enn s. änn.

endlich zu merken, endlich unn endlich = endlich nach langer Erwartung;
ähnlich: uun es kamp unn kamp
keine Ordnunge rein.

Enge, n. 1. Ende, am Enge == am
Ende, zuletzt, schliesslich, vielleicht,
am Enge basinnt ä sich nach; das
Enge von Lide wor == der schliess-
liche Ausgang; das weite Enge
suchen == reissaus nehmen. 2. Stück,
du musst noch ä Enge wacksen (dafür auch ä Eckchen).

Engel, m., Engel, de Engel in Himmele
feifen hiren sagt man, weun jem.
grossen körperlichen Schmerz em-
pfindet. s. Wander, Sprichwörterlex.
I, 821.

Ente, f., ä leift wi änne bleierne Ente
sagt man von jem., der allzu langsam geht. In Hildesheim: hei löppt
as eu bliern Vögel.

entgentzen i. Chr. Isl. 1569 p. 35:
ein grausams Wetter hat in der
Kirchen die Mauren etzlicher massen
entgentzt == beschädigt, von ganz.

eppern, Rinkart Ind. conf. 41: wenn
man sist eppern was begangn ==
irgend etwas; auch bayr. s. b. W. 174.

êr, ir = ehe s. ir.

er-, Vorsatzsilbe s. der.

erbärmecklich == erbärmlich. oberl.:
erbärmiglich, schl : derbarmeklich.
vergl. jewenecklich.

erbrömsen, Rinkart, Ind. conf. 135.
du hett jhr gsehn, wie he er-

brömmst = brummte, von bromese, Bremse.

Erdeborn, Dorf am Westende des salzigen Sees, ‚Brunnen im Walde‘ (um 900: Hardabrunno, hart = bewaldeter Höhenzug). Grössler, Zeitschr. des Harzvereins 1883 p. 105.

escherfiren, ⎰ abmüden, meist sich
eschern, ⎱ e. — eschern wird von
eschpern, ‚Asche‘ abgeleitet ‚sich in Staub und Asche abarbeiten.‘ W. Andr. 247. escherfiren gehört zu franz. échauffer, vielleicht auch eschpern (vergl. Bischperode und Bischofrode). — sich ereschern = sich erhitzen. Escher und Eschper, m., Abmüdung, Erhitzung. Bei Gleim findet sich espern. Z. VII, 138.

Esel, m. Wenn man jem. recht langsam handeln sieht, sagt man: derweile (ehe du fertig wirst) wärd ä Esel junk unn lürnt au kåken (tanzen).

Esperstedt, Dorf südlich vom salzigen See, Wohnsitz des ‚Ospero.‘

Essk, m., Essig.

essalnk = essend, in: essninge Wöre == Lebensmittel, nth, schl. (essende Wåre) Lpz. s. lenink.

Etzdorf, Vorwerk westlich von Schraplau; ‚im 8. Jahrhundert Erhardesdorpf. Dorf des Ehrhardt.‘ Jetzt im Volksmunde Ätzdorf.

ewij, adj., ewig, sehr lange, wú bleiwest änn sû ewij; ähnlich: di ewijen Kartuffeln kreit mer'n satt.

ewwel, adj., übel; far ewwel nåmen = übelnehmen, ewwelnåmerisch == übelnehmend, auch ewwelnåmisch.

ewwer = über. ewwer unn dewwer = über und über. Das d ist wohl ein Rest des vorhergehenden und. s. Z. VI. 79.

ewwerdrise, adj., überdrüssig. Lpz. Halle.

ewwerlei = überlei, auch adj. ä ewwerleier Rock (vergl. zu). Steier Ewwerlei, ein (Steiger) Mensch, der überflüssig ist.

F.

(vergleiche auch V.)

fackeln, sch. v., langsam zu Werke gehen, zaudern; weitverbreitet, auch schriftdeutsch, bei Göthe u. Grimm (Vorrede zum Lexikon).

Facksen, pl., Possen, ‚dunkler Herkunft‘.

Fädder f. Feder; nach Fädderhausen jin == ins Bett gehn, Lpz. Gr. W. III, 1401.

Faffe, m. Pfaffe. Faffenstickchen = das Brustschnittchen vom gebratenen Geflügel, auch Hasen etc., bayr. Pfaffenschnitz s. b. W. 421. — Pfaffengasse im Chr. [sl. a. 1631]

p. 129: (Gustaf Adolf hat) seine Marche ferner auf Erfurdt undt von dannen nach Würtzburgk nach der Pfaffengasse genommen (= der Rheinstrom; Grössler).

fäffern, sch. v., fortjagen (mit Gewalt); oberd.: pfeffern, nd. u. schl.: peffern.

fäjen, sch. v., fegen, intraus. schnell hinzu oder davongehen, stürmen, dr Wind fäjt herumm; der fäjet inn Quartire nich schlächt rumm; unn dömett dö fäjete aus dr Kärche. s. Gr. W. III, 1415.

-**fäjtch** = -faltig, -fach; **ä tausend-fäjtjes** Jelicke, **das iss ä tausendfäjtjer** Kéjel.

fäke, adj. = oft, bei Rinkart facken, sehr häufig mnd. **s.** mnd. Lex. V, 190, eigentlich: spatiis temporum in den Zeiträumen, zu **vak, ags. fäc,** Fach.

Fåke f. Maulschelle, anchLpz.; böhmisch **Facka.** vergl. nd.: **veeg** = Streich, Hieb.

fåken, sch. v., in der Zusammenstellung: 's donnert unn fåkt, auch: **ä schlett (schlägt) zu, dass 's nur su fåkt.** Die eigentliche Bedeutung ist wohl im Anschluss an **Fåke** = laut schlagen.

Fåle f. Fehl, Fehler, meist zur Bezeichnung einer Fehlkarte.

Fäll, n., Fell. 's **Fäll wård varsoffen,** von den Leidtragenden (zumeist sind es die, welche den Toten zu Grabe getragen haben) unmittelbar nach dem Begräbnis im Wirtshause auf Kosten des Erben; öfter hat der Verstorbene ausdrücklich dafür eine Summe ausgesetzt; hessisch: den Tröster trinken; die Redensart ist auch oberl. — uffs **Fäll** kummen, 's **Fäll** durchjärwen = durchprügeln.

Falle f. Bett, sich in de Falle lén; wohl erst eingedrungen.

falsch, adj., aufgebracht, zornig; schl., oberl., schweiz., österr., kärntn., fränk., Lpz., nd.

Fåme f. Feim, Fettauge auf der Suppe, obfåmen = die Fettaugen wegnehmen. Gr. W. III, 1450.

Fånster, m., Fenster, 's wårft än keine F. ein = ist von Nutzen.

fånstern, sch. v., ausschelten, nth., oberl.; meist nur in: ich will dich fånstern. In anderen Dialekten: abfenstern, nach Gr. W. I, 38. III,

1525 von Fenstern her schelten (auf die Burschen, die ,fenstern' = vor den Fenstern ihrer Geliebten stehen). **fanzig** (selten), adj., böse, zornig. bayr.. fänze, vergl. Firlefanz. **s.** Gr. W. III, 1321.

Fåpe, f., halbverhochdeutscht für Pfeife, vornehmlich die Art Pfeifen, welche sich die Jugend im Frühjahr aus der Schale von Weiden oder den Stempeln des Getreides macht. **fåpen, sch.** v.; **fipen** mit der spezielleren Bedeutung: vor Schmerz wehklagen, von dem seltenen Fipe für Fåpe. Die Kinder singen, wenn sie sich Fåpen fertigen (in Thondorf):

Häppe, häppe Wéde,
Witte nich jeróten,
Schmeiss'ch dich in Jórten.
Kimmet de Kû,
Frisst dich rû,
Kimmet de Katze,
Frisst dich ze Matze.

far = für, vor. Redensarten: far mich (mir) = meinetwegen, dasselbe bedeutet: får Mårtin uff dr Arke (in der Neustadt zu Eisleben), se fungen 'n (ihn) far tût, far änne Schanne rächen, he is bekannt far ä kluchen Menschen, far ewwel nåmen (verübeln, **s.** Andr. 248), far ordennår (für gewöhnlich), far passeltant (zum Zeitvertreib, pour passer le temps), far kuntrår (im Gegenteil), far sankfarson (sans façon = ohne Umstände); far Ånen sån (zu jem. sagen), far aller Jewalt (mit aller Gewalt), farér, farir (bevor, vorher), far erscht (zuerst), far quär (in die Quere). **s. var.**

fårchen, sch. v., praet. forchte = fürchten.

Fård, n., Pferd; des Fåres u. s. w. sich uffs huche (jrusse) **Fård** setzen

übermütig, prahlerisch sein; is änn ä
Färd hi lûs = ist denn was Ausserordentliches vorgefallen; mett Färd
unn Schwärt kummen = mit Sack
und Pack; mett dän kann mer ä
Fård mausen = alles Mögliche unternehmen; mache dach nich de Fåre
schei (suche nicht einzuschüchtern).
Färekûr, f., eine angreifende Kur,
wie sie kaum ein Pferd anshält.
fårij, adj., hastig, ä hatt ä fårijes
Wåsen.
Färken u. **Färkel** (s. W.), junges
Schwein, meist Schimpfwort.
Färlefanz, m., Tand, Possen, Gr. W.
III, 1672.
Färleficks, m., flinker, behender Mensch.
nth., Lpz., schl.: firl, in derselben
Bedeutung.
farleichtchen, adv., vielleicht.
fårmos u. **färmost** = famos; s.
Andr. 88.
Färnz, m.. Firnis.
farpasseltant, zum Zeitvertreib (= pour
passer le temps); dialektisch sehr
weit verbreitet, in Pommern per
pasterlatant.
Färsche gewöhnlicher **Fersche** f. junge
Kuh, vornehmlich im Osten unseres
Sprachbezirks bekannt, im Westen
sagt man dafür Stärke. nd.: färse. s. W.
Fårt f. 1. Leiter, vornehmlich die,
welche in den Schacht hineinführt.
2. Herumfahren, lustiges Erlebnis,
ä kunne vêl Jeschichten unn Fårten
derzålen, Hammesterfårt = lustige
Geschichte über Hamster.
Fûrzeik, n., Fahrzeug, Kleidung, in der
der Bergmann in den Schacht hinabfährt. Das Wort fehlt in dieser
Bedeutung in Gr. W.
Fåse f. Faser. dem. **Fås-chen.**
Fåsnachten = Fastnachten. (‚Schwarmfest‘ von fåsen, doch siehe Kluge).

Fassbinger s. **Båsenbinger.**
fast für fest, im Chr. Isl. a. 1611
p. 88: (wegen der Dürre hat man)
die fasten felder nicht alle pflügen
und bestellen können. s. mnd. W.
V. 209. Grössler merkt an: fast =
‚brach gelegen‘?
Fäst, n. Fest, de Fäste feiern wi se
fallen = jede Gelegenheit zum Vergnügen wahrnehmen; etwas anders
scheint die Redensart zu bedeuten in
Wander, Sprichwörterlex. I, 986.
Faste f. Fastenzeit.
fauchen, sch. v., stark blasen, de Maschine faucht; laut, schwer atmen,
vornehmlich von dem eigentümlichen
Schnauben der Katzen, Hamster etc.,
wenn dieselben in Zorn geraten.
Faulborn, m., fauler Mensch; diese
Zusammensetzung kann ich sonst
nicht nachweisen.
Fedder- = Vorder-, **Fedderbein,** auch
bayr. b. W. 847 extr.; schon im
Chr. Isl. a. 1605 S. 82.
feddern, sch. v., fördern, vornehmlich
gebraucht vom Herausschaffen der
Erze und Kohlen aus der Erde; das
r fehlt auch bei Lessing zu Anfang
des Nathan.
feddmen, einfeddmen, sch. v., einfädeln, nth.; mhd.: vedemen.
fei, adj., feig, schon Chr. Isl. a. 1664 p. 232.
Feiermêre f. Feuermauer, Schornstein;
ein ganz allgemein im M. verbreitetes
Wort, in Zappendorf Feiermeire;
schon Chr. Isl. a. 1554 p. 22; nth.
Wittenberg. Gr. W. III, 1597.
feiern, sch. v., feuern hat neben der
gewöhnlichen nhd. Bedeutung noch
den Sinn ‚hinwerfen, hinschleudern‘,
gewöhnlich hennfeiern. Die Bedeutung fehlt in Gr. W.
Feife f. kurzer, dünner Rock, s.
Fifchen.

feiferlinks = in Tropfen, Strömen.
dr Schwäss loff en f. ewwer de
Backen. Fr. R.: pipliugs.

felksen, sch. v., grinsend lachen; der
Ausdruck ist mehr thür. s. Gr. W.
III. 1473.

Felse, f., der kleine Wohnraum in
einer Mühle, dann kleine, dunstige
Stube. Lpz., obersäch. Gr. W.
III, 1465.

Felstel, n., Fäustel, Fansthammer der
Bergleute, anderswo ist das Wort m.

Felje f. Felge, das im Herbst gepflügte
und unbestellt gebliebene Land, danach ist die Vermutung Grimms W.
III. 1493 richtig. ahd. felgan =
pflügen.

Fellechen, n., dass iss ä Fellechen
wird gesagt, wenn man beim Kegelspiel eine besonders hohe Nummer
den Gegnern voraus hat.

Fenk oder **Fenek,** m., Pfennig. Do
hast de deinen Zerfenk, lós mich
mein Nårfenk, sagt man zur Leiche,
indem man ihr ein Stück Geld in die
Hand giebt. Reicht man ihr das
Geld nicht, so kommt Not ins Haus. Pl.

Fère f. Furche, vornehmlich Acker-
furche, nd.: fare, hess.: faere, altnord.: for.

Fett, n., Fett, Schweinefett, Worscht-
suppenfett (den Ausdruck Schmalz
kennt der M. nicht); sei Fett kreien
(bakummen), Verweis, Schelte, bayr.,
oberl., Lpz.; in's Fettnäppchen träten =
es mit jem. verderben.

Ficke f. Tasche, sofern sie an Kleidungs-
stücken fest angebracht ist. nd. s.
Weigand, Wörterbuch der deutschen
Synonymen No. 1854.

Fickfackerei f. Aufschneiderei, Possenspiel, weitverbreitet.

ficks = fix, sehr häufig: fix'n färtj =
vollständig fertig; man hört auch die

seltsame Zusammenstellung: 's dauert
ficks.

Fickuckjen, pl. = Fickfackerei.

Fiddeline f. Violine, mhd.: videle. Lpz.
Rinkart (Ind. conf. 20. Eisl.
Ritter 38) hat: O stille met der
Fiedel = ,Halt den Mund'.

Fienstedt, Dorf bei Salzmünde. ,Wohn-
stätte im Veen oder Moraste'. vergl.
die hohe Veen s. Grössler, Harz-
zeitschr. 1883 p. 109.

Fifchen auch **Fiffchen,** n., kurzer,
dünner Rock (vielleicht ein Rock,
durch den der Wind pfeift). Scheint
nur in den Grenzdistrikten nach
Thüringen hin gebräuchlich.

Fike, Abkürzung von Sophie, dann
Bezeichnung eines Frauenzimmers im
verächtlichen Sinne, auch dem. Fikchen.
Schmirfike, Märfike, s. Lise.

Fillmund, m., Füllmund, Fundament.
Chr. Isl. a. 1602 p. 78: fullmund.

Filunge f. Gefühl. ,'s is änne heidendunnerwätter Filunge uffen ölen Balje'.
Gr. W. IV, 423. Lpz.: Fühle.

Fimechen, n., ein Bisschen, nich ä
Fimechen märken = gar nichts; zu
nd : vime, oberl : Feime = Haufen,
Schober.

Fingestockse, m., Pfingstochse in der
Redensart: jeputzt wi ä F. Der
Ausdruck schreibt sich daher, dass
früher (jetzt noch in Bayern s. b.
W. 437) am Pfingsttage die Kühe,
durch die Hirten mit Blumen bekränzt,
von der Weide nach Hause kehrten.

Finke, m. u. f., Dräck-, Schmutz-,
Mistfinke. Bezeichnung für schmutzige
Menschen; auch schl. In Braun-
schweig: mes-finken. Firmenich
I, 181.

Finkenäppchen, n., Bezeichnung für
ein kleines Näpfchen, ä Finkenn. vull
Wasser. Lpz.

finnewe, fünf. ä kann nich f. zällen (ist sehr dumm), finnewe jeróde sinn lösen (nicht allzu genau nehmen, durch die Finger sehen); beide Redensarten weit verbreitet, s. Wander, Sprichwörterlex. I, 1268 ff. Über Land und Meer 1885, No. 44. — **Finnewe f.** Lohntag nach 5 Wochen, statt wie gewöhnlich nach 4 Wochen. In der Finnewe muss der Bergmann sich gehörig einrichten, damit sein Geld reicht.

Fipe, f., s. Fäpe.

Fipps, m., Sausewind, leichtfertiger Mensch, Berlin, Fr. R., Lpz., mnd. W. V, 259: fippern inquietum et superficiarium esse.

Fisematenten u. Fisematentchen, pl. Albernheiten, Possen. mnd.: visepetent, F. R.: fisematenten. Überall verbreitet und schon im 16. Jahrhundert. Hildebrand in der Vorrede zu Albrechts ‚der Leipziger Dialekt‘ p. VI, setzt es = visamentum. s. mnd. W. V, 261.

fisseln, sch. v., ganz fein und dünn regnen, bayr.: feiseln s. b. W. 767, Gr. W. III, 1465.

Fitschefeil, n., kleiner Bogen oder Armbrust. schl. Lpz., Halle, Wien, Henneberg; das sonst üblichere Flitzbogen ist im M. unbekannt.

fitscheln, sch. v., hin- und herbewegen, z. B. eine Gerte, dass ein feiner Ton entsteht s. Gr. W. III, 1693.

fitschelnass auch **fitschelfadennass —** sehr nass, vergl. hess.: fitzfaden, ein einzelner, in das Gewebe eingeschlagener Faden und mnd.: fitze. Andere Deutung giebt Andr. 271 u. Weinhold, schl. W. 69 in Anlehnung an Pfütze, wozu vergl. oberl.: pfitzefudelnass und nth.: fitschenpfüligennass.

Fläck, m. u. n., Fleck; uffen Fläcke == sofort, fläckerweise == stellenweise. Fläcke auch Fläcken sind die Lederstücke, die zum Flicken der Schuhe verwandt sind (vergl. Rister), Seitfläcke. Jäle Fläcken auf den Fingerspitzen sind Zankflecken.

flackern, sch. v,, bezeichnet in Eisleben ein Kinderspiel mit Steinchen. ‚Mehrere Steine werden in bestimmter Ordnung in die Luft geworfen und aufgefangen, wobei zugleich die liegenbleibenden Steine aufgerafft werden; dafür in Thondorf: pickern. nth.: fipsele.

Flacks, m., Flachs. **Flacksbräche** s. Bräche. Wû mann es ewwrij hatt, dô heizt mer mett Flackse unn stoppt mett Wärje noch.

Fläden, m. 1. das mit Butter, Matz, Mus bestrichene Brot, dann überhaupt die breite Fläche (ähnlich Flarren). 2. jróber Fláden == grober Mensch.

fläddern, sch. v., trans. werfen, jagen, prügeln; ich will dich naus fläddern, auch bayr., b. W. 788. Dasselbe Wort wie flattern.

fláken, sch. v. 1. durchprügeln. Fláke f. Hiebe. nth. vergl. österreich. flachln == schlagen Z. IV, 44. 2. allzu grosse Flamme geben, vom Lichte gesagt, sonst gewöhnlicher bláken was im M. selten; (zum Wechsel von b u. f vergleiche blach in Blachfeld und flach). s. Gr. W. II, 62. vergl. schl. blachendern == wehen.

flämisch, flämisch, flandrisch, dann gross, plump; ä flämischer Kärl; sich flämisch tummeln (abwechselnd und identisch mit dämisch w. s.); in der Schweiz heisst das Wort ‚fein, zart‘; s. Jänicke: ‚über die niederdeutschen Elemente in unserer Schriftsprache‘

Wriezen 1869 p. 8 ff.; anderswo heisst das Wort verdriesslich, in der Oberlausitz: trotzig.

Flanzkamm, m., auch Flanzjörten == eingehegtes, ausgerodetes Stück Wald gewöhnlich inmitten des Waldes, in dem junge Bäumchen für die Auspflanzung gezogen werden; kamm ist nd. kamp == ein eingezäuntes Feld, s. mnd., W. II. 423.

Flapps, m., Laffe. s. Gr. W. III. 1724.

Flarre f. breite Wunde oder Narbe einer Wunde.

Flarren, m., grosses, breites Stück, anderwo f. s. Gr. W. III, 1724.

Flätz, m., ungeschliffener Mensch: **flätzj** == ungeschliffen; sich flätzen auch flätschen == sich breit, unanständig hinsetzen, Lpz.; nach Andr. 13 zu flat == Schmutz; s. Regel 184; s. flétschen.

Flaumenschmeisser, m. ein starker, kräftiger Mensch, nth., Lpz.

Flêjel, m. und f., Flegel, Dreschflegel, sodann als m. grober Mensch.

Fleischerjank, m., vergeblicher Gang, auch bei Lichtner, Lessing, Thümmel.

flennen, sch. v. 1. weinen, vornehmlich gebraucht von dem Weinen, bei dem der Mund verzogen wird, allenthalben verbreitet. 2. mit verzogenem Munde lachen.

flétschen, sch. v., sich hennfl. == sich breit hinsetzen s. Flätz.

flichtjes Element, volkstümlich für linimentum volatile. Andr. 93.

flikke, adj. flügge.

Flittj, m., Fittig, der gewöhnliche Ausdruck für Flügel. Dafür auch Flettj, Rockflettj == Rockschösse, Têrflettj == Thürflügel. s. Gr. W. III, 1804.

flitzen, sch. v., laufen, eilen; bayr.: flitschen. s. schl. W. 22. Z. VI, 14, 207.

Flock, m., der letzte in der Klasse, Schülerausdruck.

Floss, m., Fluss, die Bedeutung von flumen == Strom hat das Wort im M. nicht, wohl aber ist es sehr häufig == Rheuma, Gicht, s. Gr. W. III, 1856. **flössen,** sch. v., Faktitivum zu fliessen im Chr. Isl. p. 16 a. 1537: uff das das Wasser die Schlacken nicht also soll in die stadtt und graben flössen. s. Gr. W. III, 1820.

Fluchausdrücke, Ausdrücke der Verwunderung und dergl. Unsere Mundart hat deren die Hülle und Fülle; meist klingen dieselben für den Fremden allerdings graulich genug;[1] wer jedoch das Volk näher kennt, weiss, dass der M. zumeist mit ihnen gar nicht so Schlimmes zum Ausdruck bringen will, als es den Anschein hat. Etliche dieser Ausdrücke mögen hier folgen: Alle Stären (Stern), alle Ståren Dunnerwätter, alle Heiden Ståren, alle Stichståren, HeidenStårenwetter, Himmel Dunnerståren etc. — Dunnerwätter, alle Dunnerw., Himmelstårendunnerw.. heilij Dunnerw., alle nein Dunnerw., heilij Stårendunnerw., Dunnerwinterwätter, Dunner jó, alle Wätter, alle Heidenwätter, Stärenwätter, Himmelmurddunnerw. etc. — Für Dunner u. wätter. die man aus Scheu nicht gern ausspricht,[2] setzt man ähnlich

---

[1] vergl. Gr. W. II, 280: „Was uns heute an der alten Ausdrucksweise grob und roh erscheint, ging gerade aus einem wohlmeinenden oder abergläubischen Bestreben hervor, die Härte und Nacktheit kräftiger Namen zu mässigen oder zu verhüllen'.

[2] „Der rohe Mensch sucht der Sündenschuld des Fluchens auszuweichen, indem er die Fluchformel in einen ähnlich lautenden, jedoch sinnlosen Ausdruck verwandelt'. v. Schmid, schwäbisches Wörterbuch 79.

klingende Worte. So hört man: Dunnerlädder (Was konnte dem Berg- manne, der täglich sein Arschlädder trägt, näher liegen?), Dunnerwickchen, (in Lpz. Dunnerwetzchen); Dunners- tåk, Mûrenwätter, Mûrenlädder, Dunschkenlätschken auch Dunschken- wätschken. Ausgelassen scheint Dunnerw. in: alle neinunneinzijstes; alle Štärenkikerijtes Dunnerw., alle nein Dunnerw., Kreitzdunnerwätter- millijon, hûls ä Dunnerlädder. — Eine Reihe solcher Ausdrücke ist mit heiden gebildet, was weiter nichts scheint als ein umgewandeltes heilig, zumal die beiden Worte in den Aus- drücken öfter unterschiedslos neben- einander vorkommen; heidenjô, alle heidenwätter, daneben Heiligdunner- wätter, heidenverfluchtjes Mensche, Dunnerheilijwätter, heiligstären Dun- nerw. — Hûls alle Hackštock, hûls der Bock, hûls ä Dunnerlädder; in Štock und Bock scheint Gott zu stecken. — Jott auch Kotz Štram- bock, auch Štrambach (Lpz.: Štram- pach), Štrabock, Štrobock, Strále- beckchen; Štram und Štra führen auf straf in Jott strôf mich, Jott strôf kein Mensche. — Das Wort Jesus liegt zu Grunde in: Herre Jeses, Herre Jeises, Jesus Jottes Sönes, Herre Jéme Jêne etc. — Kreitz Hachel (ähnlich schl.), alle Kreitz, (Kreitz) Sackerment (sacramentum), sappermacht, sackermacht, sû ä sacker- mentscher Mensche dår; sapperlôt, sackerlot (aus sacre nom); Schock- schwire Nût, 's is de Schockschwire- nût zu kreien (die schwire Nût be- zeichnet eigentlich die Krämpfe).

Flucht f. einen inn dr Flucht hann = in Furcht vor sich erhalten, auch bei Göthe, s. Gr. W. III. 1833.

flacksch fri == flîugs früh, in aller Frühe.

Flûk, m., Floh. einem ä Flûk in's Ure setzen = Argwohn erregen; der schettelts ob, wi ä Hund vull Flie == er macht sich aus einer Sache nicht das Geringste.

Flunsch, m., verzogenes Gesicht. s. Schippe, mhd.: vlaus, schl.: flunsch.

foddern, sch. v., fordern, so auch bei Luther, Schiller etc.

folgen, sch. v., im Chr. Isl. a. 1559 p. 26: man hat inen solchen todten volgen lassen == verabfolgen. s. Gr. W. III, 1878, mnd. W. V, 301.

Follen, n., Fohlen, pl. Fellen.

Forsche f. Kraft, eins der beliebtesten Fremdworte (la force).

Forscht, m. 1. Waldung (anderswo f). 2. First, mittelrhein.: Forst. s. W. unter First.

Franje, f. Franse. neuniederländ.: franje, franz.: frange, ital.: frangia, spanisch: franja.

Franzbrût, n., kleines rundes Gebäck aus Weizenmehl. Lpz. Gr. W. IV₁, 59.

Fränze, Abkürzung von Franziska.

Frässe, f., grober Ausdruck für Mund, ich jå dich äne in de Frässe. hess., bayr., schl., thür., Berlin, Lpz.; nd.: fräte.

frässen, st. v., grober Ausdruck für essen, auch das Frässen, das is ä jefungenes Frässen farr dich, sagt man, wenn jem. etwas Angenehmes zufällig erlangt hat.

Frässjevatter, m. Gast bei der Kind- taufe, der nicht Pate ist.

Frässkåle, m., sehr starker Esser, eigentlich der durch seine Gefrässig- keit bekannte Gärtner Jakob Kahle, gestorben 1750 in Wittenberg. —

Fråwalter == Verwalter.

frei hat Rinkart lnd. conf. 136: seht sin mehr das nich freye Schnacken,

Franzbrût: IV_1, 59

in der Bedeutung ‚lauter, nur'. s. b. W. 813.

freilichen = freilich.

Freindschaft f. Verwandtschaftskreis, Lpz., schwäbisch, Erzgebirge.

Freist, Dorf südöstlich von Gerbstedt, slavischen Ursprungs zu poln.: brêza = Birke oder bťešće = Rüster.

Freite, f. Das Freien um ein Mädchen, uff de Freite jin. oberl., Lpz., Gr. W. IV₁, 122.

Frêlen, n. 1. Fräulein. 2. ein Eigenname in einem Kinderreime; derselbe lautet in Stedten:

Ich will dich was derzâlen,
Vun der Mûme (Mutter) Frêlen,
Vun der Mûme (Mutter) Läwwer-
worscht,
Wu der Zippel ä Tâler kost;

In Wolferode (in nhd. Fassung):

Ich will dich was erzählen,
Vun der Mime Frelen,
Die hat ä schönen Garten.
In dem Garten stand ein Baum.
Hier ein Baum, dort ein Baum,
Und das war ein schöner Baum.
Unter dem Baume stand ein Tisch,
Hier ein Tisch, dort ein Tisch.
Und das war ein schöner Tisch.
Auf dem Tische lag ein Buch,
Hier ein Buch und dort ein Buch.
In dem Buche stand geschrieben:
Die Jungens sollen die Mädchens
lieben,
Die Mädchens sollen die Jungens
lieben.

In Heiligenthal und Wimmelburg:

Ich will dich was derzâlen,
Von der Mutter Frêlen.
Von der Mutter Kickeritzen,
Di hatt ä Flôk in Hemme sitzen.

In Heiligenthal auch:

Ich will dich was erzählen,
Von der Mutter Frêlen,

Die hat einen schönen Garten,
Liess die Gäste lange warten.
In dem Garten stand ein Baum,
Auf dem Baume war ein Ast,
Auf dem Aste war ein Nest,
In dem Neste lag ein Ei,
Prautz, da war es mit der Mutter
Frêlen vorbei.

(Die Worte werden zu einem kleinen Kinde, das man auf den Knien hat und schaukelt, gesprochen; bei dem letzten Verse giebt man sich den Anschein. als wolle man das Kind zu Boden fallen lassen). —

In anderer Fassung in Bornstedt:

Ich will dich was erzâlen,
Vun der Mûme Frêlen,
Vun hunnerttausend Mêlen,
Vun hunnerttausend Katzen,
Di machen lauter Fratzen.

Die Person Frêlen gehört unbedingt der Mythologie an. Das beweist schon die Thatsache, dass dieser Name in ähnlichen Reimen fast in allen Gegenden Deutschlands sich vorfindet. Es verdient diese mythische Person einmal der näheren Untersuchung. Es ist hier nicht der Ort, Deutungen anzustellen. Nur bemerke ich, dass sicherlich der zuletzt angeführte Reim auf Freyja geht. Denn erstens ist die Katze dieser Göttin heilig — Freyja fuhr auf einem mit Katzen bespannten Wagen — ferner erklärt sich das Vorkommen von Mûme daraus, dass auch sonst die Katze in Beziehung darauf, dass sie der Freyja heilig war, Mühmlein genannt wird und endlich heisst diese Göttin auch sonst frouwa, Freke (Frauchen, Fräulein), Grimms Mythologie[3] p. 281 ff. In Weimar, wie überhaupt in Thüringen, heisst die Muhme Rêlen.

fremmchen, adv., fremd, fremmchen tûn.

Fride, Abkürzung für Gottfried, dann ist es zum Gattungsnamen geworden, so **Mârfride** etc.; ähnlich gebraucht der M.: Toffel (Christoph), Hanne, Trine, Lise, Sûse.

Friedeburg, Ortschaft an der Saale == ‚befestigter, eingefriedigter, zum Schutze bestimmter Berg‘. Grössler, Zeitschr. des Harzver. 1882 p. 118.

Frischmälke f. erste Milch einer Kuh nach dem Kalben; auch änne frisch mälkene Kû, Lpz.: Neimelke.

Fropps, m., Pfropfen. nth.

Frosterkatze, f., Bezeichnung für einen Menschen, der leicht friert.

fucheln, sch. v., gelinder Ausdruck für stehlen. Das Wort ist behandelt Z. VI, 262, 10.

fuchtj, adj., aufgebracht, zornig. s. Gr. W. IV₁, 360.

Fuchsdräck, m., Kleinigkeit, das is kä F. niche. Das Wort fehlt in Gr. W.

fucksen, sch. v., empfindlich ärgern. nth., schl., s. Gr, W. IV₁, 344.

fucksfeierrût auch **fucksfeierllngenrût, fuckszunnerrût** == sehr roth.

fuffzän, fuffzlj == fünfzehn, fünfzig; där soll er schûne farr fuffzän Fennije krein (Prügel).

Fumpe, f., verächtlich f. Nase, Lpz.: Fumpnase; Gr. W. IV₁, 527: fump == kurz und dick. Der Ausdruck ist im Grunde und Erdeborn unbekannt. Er scheint thür.

Fumpe f. schmutzige Weibsperson (Erdeborn).

funkelnachelnel, adj., ganz neu. s. Gr. W. IV₁, 605. s. spannnei.

funken, sch. v., tunken. dô jungen se derwedder, dass es funkte.

Funzel f. schlecht brennende Lampe, sonst auch (schl.) funze. s. Gr. W. IV₁, 614.

Furke f. Nase (Erdeborn), latein.: furca == Gabel.

furt == fort, in âne furt == fortwährend. Lpz.

furwärken, sch. v., tr. mit Mühe etwas betreiben, mer wulln den Štän furtfurw'iken, intr. där furwärkt nich schlächt in Quartire herumm == läuft hin und her, macht sich zu schaffen.

Fûte f. Pfote, Hand.

futschen, sch, v. 1. heimlich vor sich hin lachen (thür.: feixen), nth. 2. sich trotzig und mucksend gebaren. In Gr. W. fehlt die Bedeutung.

Futtch auch **Kuttch,** m., ein schlechtes stumpfes Messer. Lpz.: Futtch == schlechtes Instrument. In Gr. W. fehlt das Wort, auch sonst habe ich es nicht nachweisen können. 2. schlechter Mensch.

futteln, sch. v.. an einem Gegenstande hin- und herfahren; futt'e nich sû an Talklichte rumm. — **Futtelele,** subst.

futtern, sch. v., fluchen, schelten. Nach einigen vom franz.: fondre == Blitz, nach anderen gleichen Stammes mit dem zweiten Teile von Hundsfott. s. Gr. W. IV₁, 1086. Z. VI, 415, 96.

Futterschwinge, f. geflochtener Korb, worin den Pferden das Futter gebracht wird. laus.: Futterschwinge. bayr: Rosschwingel.

fûzen, sch v., grob nähen, auch spöttisch für nähen; zu fitzen, fitz (verwirrte Fäden).

G

giebt es im M. nicht, die nhd. mit g anfangenden Worte siehe unter J.

H.

hä (= wie) sagt derjenige, der die Worte
des zu ihm Sprechenden nicht gehört
hat, s. wä.
hä, Fragewort = wie? was meinst du
dazu? Wûrumm kunn änn nöchtert
ä jeder rei Kind imfen lösen? hä?
Hächen, m., jröwer Hächen = grober
Mensch'. Pl. s. Gr. W. IV₂, 96.
Huck nur in der Zusammenstellung
üblich: Hack unn Mac'c, was man erklären kann durch ‚Alles durcheinin-
ander durch.' (Nischt wie lauter
Hack unn Mack, Allesdorcheinander-
dorch, ist der Titel von 2 Heftchen,
die Giebelhausen 1867 erscheinen
liess. s. Gr. W. 1V₂ 98). nd., Lpz.,
s. Jütling, 228. — Pl. führt an:
‚Hacke, Macke, halb Schneider, halb
Racker = schlechter Vertrag zwischen
Eheleuten (hallensisch)'?
hacken, sch. v. de Melch hackt sich
= gerinnt, wird sauer. Gr. W. IV₂,
104.
Hackenjåld, n., H. nåmen = eiligst
sich entfernen, auch H. in acht nåmen.
Das Wort fehlt in Gr. W.
Hackerchen, n., Zahn (Kindersprache).
Hacksch, m., unverschnittener Eber,
auch zur Bezeichnnng für einen
obscönen Menschen.
hackschen, sch. v., unflätig reden.
Häckschlêe, f., Frucht des Schwarz-
dornes; Häck wohl zu Hecke, obwohl
das ä in Häck recht breit, dagegen
das e in Hecke gedrückt gesprochen
wird. In Erdeborn: Heckschlinge.
Häckse f. Hexe. In M. Lande ist der
Glaube an Hexen noch jetzt verbreitet.
Es giebt bestimmte Formeln, durch

die man sich vor den Hexen schützen
kann. — Pl. berichtet: In Blankenheim prügelte einmal ein Bergmann
mit gewisser Förmlichkeit einen Sack,
gleich als ob er die Hexe selbst
prügelte, die seine Kuh behext hatte.
Die Hexe hat am andern Morgen
blau und braun geschlagen im Bette
gelegen.
Håkelmann, m., in der Redensart: ä
hat 'n Håkelmann = ist schmutzig,
genauer die Ritzen und Vertiefungen
seiner Haut sind voll Schmutz;
oberlaus.: du wirst den Håkel rein
bekommen in derselben Bedeutung.
Das Wort fehlt bei Grimm, es gehört
zu Ekel (heikel).
håkeln, sch. v., beim Schieben der
Kugel im Kegelspiel den Arm sehr
krümmen, statt ihn möglichst senkrecht zu halten, zu Haken.
hålIj = halt' ich, derselben Bedeutung
wie jällte und hännij, nur bekannt
in den Thaldörfern östlich von Gerb-
stadt.
hälle, adj., hell; in der ursprünglichen
Bedeutung hallend, laut: wi das odder
immer noch unger den Fäuster hälle
wäcken junk=fortwährend laut gerufen
wurde; hälle wäck lachen ; sodann rein,
offenbar, nichts als: du bist der hälle
Deiwel, der hälle Neid redt aus diche,
sehr häufig an hällen lichten Tåche,
schon Chr. Isl. a. 1583.
Hallowwenbrût, n. ‚Brot, was zum
halben Abend genossen wird'; Vesper-
brot. s. Gr. W. 1V₂, 194.
hallwåje, halbwegs, leidlich, einiger-
massen. nd.

Hallwe f. Seite, sehr häufig uff seine Hallwe brengen. s. Gr. W. IV₂, 196. — bahallwen braucht Giebelhausen (Berggeist 25) in der Bedeutung ‚treffen, antreffen': ä Ri (Reh) bahallwen. Im mnd. W. steht behalven mit der Bedeutung von allen Seiten umgeben. — De dumme Hallwe heisst bei den Bergleuten die Gegend von Blankenheim.

hälslinks, hälselinks, hälsninges, auch helzerlinks, hänflinks, härferlinks — herauskummen = grob. Pl.

Hammesterbacken, pl., Hamsterbacken = sehr dicke Backen.

Hân, m. Viele Walddistrikte heissen Hân, so bei Blankenheim, = Hâgen = Wald.

Hand f. Haud; 's jit mich jût vun Hängen = ich werde schnell fertig. — nich vun obhängen jin = nicht von der Seite weichen. **varhändchen** = vorhin. **bahänge** = behend. Mannes List bahänge, Weiwes List ôn (ohne) Enge. Pl. handhaben im Chr. Isl. 1611 p. 87 schützen: er möchte geschützet und gehandhabet werden; so auch mhd. und mnd.

Händschk, auch Händschken, m., 1. Handschuh, schl.: Handschke, Lpz.: Hänschchen. Das Suffix-ke ist nd. 2. kleiner Kerl.

Hânebalken, m. ‚Der oberste Querbalken unter dem Dachfirst, wo der Haushahn seinen nächtlichen Sitz zu nehmen pflegt'. Dann überhaupt die Balken unter dem Dache.

Hânebänner, pl., ‚die obersten schrägen Bänder des inneren Dachwerks'.

hânebuchen, adj., eigentlich weissbuchen (bân = hagen) fest, derb, grob, ä hânebuchener Kärl, där sût's enn h.

Hânebutte f. Hânebuttchen, n., Frucht der Hagerose, gekürzt aus Hagenbutte. Man sagt auch Hânewipchen und -wippchen. bayr.: Hainbuzel.

Hânemann. Wie überall in Deutschland, kennt man auch in M. die Worte: Hânemann, jik du voran, Du hast ja jrûsse Stewweln ann, Dass dich keiner beissen kann. Grimm (W. IV₂) denkt an die Bedeutung Hânemann = Hahnrei.

Hânewipchen, s. Hânebutte.

hânij, adj., übermütig, zu Hahn, bekannt in den Ortschaften östlich von Gerbstedt.

Hannefriede, -märten, -teffel = Johann Gottfried, -Martin, -Christoph.

hännij, Fragewort ‚nicht wahr?' zusammenfallend in der Bedeutung mit jällte w. s. In etlichen Ortschaften (Gerbstedt, Örner, Kloster Mansfeld. Steuden), viel im Gebrauch, etwas seltener im Grunde, in anderen kaum verstanden (Wolferode, Bischofrode, Schmalzerode, Bornstedt, Blankenheim, Esperstedt, Stedten); Kucke, was 'ch hi hâe! hännij nischt kleines? — Mich hungert sû; hännij? du jiwwest mich an ä rächtes jrusses Sticke Brût. Iu Ruhla häin (Regel 200). Der erste Bestandteil ist sicher das fragende ha, der zweite ich? hessisch heisst hä wie, vergl. franz. heiu wie? vergl. b. W. 1091, Z. II. 109.

häuseln, sch. v., zum besten haben, necken. Z. VI, 328, 157.

hâpeln, sch. v., mit Mühe sich fortbewegen, vornehmlich auf allen Vieren. nd. habelen, zu hapern. s. hûpeln.

hâpern auch **hâpeln,** sch. v., stocken, auch schriftdeutsch.

Häppchen, n., Verkleinerung zu Happen.

Häppe f., auch Häppchen = kosend für Ziege, vergl. auch Hippe.

happj, · adj., begierig, auch ,heppj, hawwij', Pl., zu happen = zuschnappen.

Happen, m., ein Stück (Brot etc.), dass man mit einem Male verschlingen kann.

Härde, f., Herde, häufig für Menge, ä machte änne Härde Winkelhelzer.

Harken, m., die Harke, s W.

harrschen, meist varharrschen, sch. v., fest werden, zuheilen. Dr Biss iss varharrscht. s. Gr. W. IV, 2, 497. harsch = hart, rauh. mhd.: harsten.

Härsch, m. = Hirsch. Das Wort findet sich auch als n. (Wolferode).

härzer Mann, auch härzer liwer Mann, auch härzeliwer Mann = lieber Manu; schon bei Rinkart Ind. conf. 49: Mein hertzer güldner Himmels Herr. In Schelimuffsky Reisebeschreibung Hertzer-Sohn. Z. V, 98; III, 7: harz = herzig, lieb.

Härzjeblite, n., Herzjeblüt, Herzblut. Wenn jemand sich heftig übergiebt, so kimmet 's janze bischen H. heraus.

härzlieb, von Herzen lieb, härzliwer Freind. s. Gr. W. IV₂, 1254; s. härzer.

Hâs-chen, n., Häschen· Baschèrt Jott das Hâs-chen — Baschèrt he auch das Jrâs-chen.

Häsenbrôt, n., heisst das Brot, das zur Zehrung eingesteckt ist, doch nicht verzehrt wurde und sodann bei der Heimkehr den Kindern gegeben wird. Es gilt als wohlschmeckender, auch Hasenworscht; auch hessisch. s.Vilmar Id. 152, Gr. W. IV₂, 536.

hâtscheln, sch. v., varhätscheln = erziehen, liebkosen. s. Gr. W. IV₂, 559.

hâtschen, sch. v., schleppend gehen. Hâtschen, pl., abgetretene Schuhe. oberlaus., schl.

hâtschen, sch. v., verspotten, närren. Bei Grimm und auch sonst fehlt diese Bedeutung.

Haufe, m., Haufe, ä sitzt do, wi ä Haufe (meist Heifchen) Unjelicke, auch schl., nd. s. Gr. W. IV₂, 582.

haulen, sch. v., heulen.

Haupt, n., Hauptsache; feste hôlen is es Haupt.

Haupter, m., eigentl. Hauptherr, Oberanführer, der Tüchtigste: der Haupter vun dän Schitzen; Meister Zowwel där Fleischer wôr immer der Haupter, wenn de Berkleite ir Schweinechen wullten schlachten lossen; ä is der Haupter mett Schwatzen.

Haus, n., Haus; aus eu H. sinn, öfter Heis-chen = ausser sich vor Freude, Aufregung sein. s. Wander, Sprichwörterl. II, 426.

Hausgenossen sind im Chr. Isl. a. 1601 p. 75 die zur Miete Wohnenden.

Hausmuff, m., Füllbier, Dünnbier. Wo findet sich der Ausdruck noch?

hausschlachtene Worscht, Wurscht, die nicht vom Fleischer gekauft ist, sondern im Hause selbst gefertigt ist.

Hâwechen, n., fast nur in der Zusammenstellung Hâwechen unn Bâwechen, Hab und Gut, mein Ein und Alles; oberlaus.: Hap und Pap, Lpz.: Habchen und Babchen. Hâwechen ist natürlich dem. zu Hab, Babchen fasst Heine (Gr. W. IV₂ 42) als Verkleinerungswort zu schweizer. babi = Kind, Puppe, vergl. engl. baby, sodass Hâwechen unn Bâwechen das gesamte Eigen an Gut und Nachkommenschaft ausdrücke. s. Hopphechen.

Hâwedauk, m., Dank, å sât mich nich H.

hawwrij, adj., begierig nach Habe. Lpz.: habberig. s. habbj.

Hĕchelmann, Redensart: uffpassen wî ä. H.

Hechstedt, s. Hettstedt.

Hedersleben, Dorf nördlich vom süssen See = ‚Erbgut des Hederich oder Haduger'.

Heftelmacher, m., Verfertiger von Hefteln, Häkchen am Kleide, uffpassen wî ä H. = genau acht geben, weitverbreitet.

Hêhe, f. Höhe, das is de rechte Hêhe, ironisch, das ist die rechte Art, Sorte, der rechte Punkt. s. Gr. W. IV₂, 1708. b. W. 1046.

Heidelârche f. Heidelerche; singen wî änne Heid., ironisch: herzlich schlecht.

Heidenjåld, n., viel Geld, das kost å H.

Heidenwâtter und alle H., Ausruf der Verwunderung, Heidendunnerwätter, das is änne Heidenvarwäckselunge dasse u. s. w. s. Fluchausdrücke.

heiderlei, eine Interjektion. Pl. führt als Liedchen der Kindermädchen in Hettstett an:
Heiderlei Ducks (Erdeborn: Dicks),
Prinzeln sei Fucks (Fuchs),
Kärwern (Körbern) sei Sattelfård,
Is keinen Heller wärt.
Auch in Erdeborn ist das Verschen bekannt. In Wolferode hört man: Heiderlä! kocht Herschenbrei! Hederle ist auch Interjektion in einem Fuhrmannsliede bei Uhland (Volkslieder). s. Gr. W. IV₂, 751. Z. VI, 115, 31.

heidnsch, wî heid. teier sinn dise Kärschen ‚verteufelt'. Ähnlich heidenmüss-ch, das is ä heidenmäss-cher Kärl, du jist h. wedder de Arbeit.

heier = dies Jahr. ahd.: hiû järû,

Heifchen, s. Haufen.

heilij, adj., heilijen Respäckt hann (grossen).

Heiligenthal, Dorf südöstlich von Gerbstedt = ‚zum heiligen Thale'. Möglicherweise befand sich in H. eine alte heidnische Kultusstätte, der Name weist ja schon darauf hin, zudem soll früher die Ortschaft Giebichenthal geheissen haben, was auf Wodan ginge. (Gibicho ist ein Beiname des Wodan s. Gr. Mythologie² 344). s. Grössler, Zeitschrift des Harzvereins 1883 p. 104. — Pl. hat die Worte:
Du bist wiJuditt(e) vun Heiligenthal,
Uwene breit, unn ungene schmal.
s. Jodutte.

heilink, gewöhnlicher heil (hâl), adj., = heil, ganz. den heiligen Tâk (diem integrum), hess.: heillang, westerwäld.: heilig, schon bei Otfried heilag. s. Andr. 107.

Heimbürger, jetzt ungebräuchlich, früher Vorsteher einer Gemeinde, so in einer geschriebenen Chronik von Bornstedt. s. kurh. Idiot. Gr. W. IV₂, 867.

Helmede f. Heimat, hessisch, oberlaus.

heimwärtzj = heimwärts, ebenso gebildet sind rickwärtzj, vorwärtzj. hennwärtzj.

heiraten, h. is änne Kunst, wår's trifft. is Meister.

helsch = heiser. ahd.: heis.

Helt, s. Kölheit.

Hêjewîsch, m., ein Wisch Stroh, der an eine Stange gesteckt oder an einen Baum gebunden ist, zum Zeichen dafür, dass der Acker, Wald etc. gehegtes Gebiet ist.

Hêken, f., Hökerin, Hockenfrau. s. Gr. W. IV₂, 1648.

Helbra, Dorf zwischen Eisleben und Mansfeld a. 1230 Helbere. Nach

Grössler, Zeitsch. d. Harzv. 1886, S. 360 = ‚zum Gehege der Hell‘ oder ‚zum Höllenwalde‘.

Hêle f., Wagen mit kastenartigem Aufsatze, Schieferwagen. Chr. Isl. a. 1608 p. 84: höhlwagen = Schieferwagen, zu hohl. s. Gr. W. IV², 1717.

Helfta, Dorf bei Eisleben, a. 900: Helpide, um dieselbe Zeit wird auch erwähnt die Helphideburg, die wohl auf dem Hausberge bei Bischofrode lag. In Helfta befand sich von 1258—1346 ein Cisterzienser Nonnenkloster. Nach Grössler, Zeitschr. des Harzv. 1886, Seite 361, bedeutet der Name Helfta ‚zur Gerichtsstätte‘, oder er ist zusammengesetzt mit dem Flussnamen Helpe (Helbe) und der Ableitungsendung — ithi, — ede.

hellällätsch, auch (in Wolferode und im Grunde) hellälä = Zuruf der Schadenfreude; ‚man macht wohl dabei auch noch die Gebärde des Rübchenschabens und spricht: schab, schab, Mirichen‘. Das Rübleinschaben d i. das Hinstreichen des einen Zeigefingers über den andern, auch in Bayern. s. b. W. 177 extr. In Franken, Schwaben, Bayern u. s. w. sagt man nur êtsch. Die M. Form habe ich sonst nirgends verzeichnet gefunden. In Wolferode ist folgender Spruch gänge:

Hellälä! De Spillinge sinn jäl,
De Äppel sinn jrîne,
De Mäjens sipn schiue,
De Jungens sinn ŝtolz,
Di fûren inn's Holz,
Do kippte där Karrn,
Do lachten de Narren,
Do tiff die Maus,
Do tanzte die Laus,
Do huppte der Flûk,
Zum Tôre naus.

Helle f., der enge Raum, den an einem Winkel der Stube der Ofen mit der Wand bildet, schon Chr. Isl. a. 1637 p. 171. bayr., oberlaus. u. sonst.: Hölle. Die Bank in der Helle ist de Hellenbank.

hellisch, verstärkend mit dem Nebensinn des Abstossenden = verteufelt. där ŝpricht hellisch klûk; das is änne hellische Hitze. s. Gr. W. unter höllisch.

Helmsdorf, Örtchen südlich von Gerbstedt, im 12. Jahrhundert Helmerikesdorf = Dorf des Helmerichs. s. Grössler, Zeitschr. des Harzv. 1883, p. 123.

Hemme, n. Hemd. oberpfälz.: Hemm.
— Hemmelecker = Spottname für Kinder, die im Hemde überrascht werden. schl., oberl.: Hemdelemper, bayr.: Hemedlenzel, b. W. 1110. Das M. Hemmelecker heisst wörtlich Hemdespringer, der im Hemde herumspringt (lecken = springen, s. lecken.)

hennwärtzj, hinnwärts, s. heimwärtsj, Giebelhausen hat Berggeist 10: nach Hälmesdorf hennwärtersch. Es scheint hier das Lokalsuffix e r, das die Richtung wohin ausdrückt (Westerwald etc.) eingeschoben zu sein.

hêr, adj. u. adv., = hehr, mer hûwen de Kâwerte rächt hêr uff (sorgfältig), ä ŝtakte's rächt hêr in seine Briftafel.

herbrige, im Chr. Isl. a. 1551 p. 20 = hospes, der jemand beherbergt, sonst herberger. Ebendort herbrigen = Herberge nehmen.

Hergisdorf, Dorf westlich von Eisleben. a. 1252 Herrichsdorf. Wahrscheinlich — da ältere Namensformen anscheinend nicht vorliegen, lässt sich das bestimmt nicht sagen — gleich Dorf des Haricho, nach Grössler Dorf des Haririh.

Herre Jême, -Jêne, -Jeises für Herr
Jesus **s.** Fluchausdrücke.

Hettstedt, Städtchen an der Wipper,
im Volksmunde: Hechstedt, auch
Heckstedt. **s.** 1046 Heiczstrte =
‚Stätte des Hecco‘.

Hetze f. Menge, eigentlich das Getier,
das gehetzt wird; änne janze Hetze
Meise ha’ch jefaugen. Lpz., thür.,
in Gr. W. fehlt die Bedeutung.

hî. 1. hier. 2. Zuruf an die Pferde,
wenn sie links gehen sollen.

Hichte f. Höhe. mnd.: hochte.

Hickel, m. auch **Huckel** = Hügel,
Erhöhung. vergl. hessisch: Huck.

hicken, sch. v., anschlagen den Stahl
an den Feuerstein, mnd. heisst
hicken = mit dem Schnabel hacken,
s. Z. V, 147; mnd. W. II, 264.

hiderbei = hierbei.

Hiffe f. Hüfte. mhd.: hüffe.

Himmelhund s. Hund.

Himmelschlüsslichen, n., Primula veris,
rûte H. = Lungenkraut, Pulmonaria
officinalis.

Hinebork f. Hüneburg, ein Berg bei
Wimmelburg. In der älteren Form
Chr. Isl. a. 1569 p. 280 Heineburk,
zusammengezogen aus Haganeburg
(wie Maid aus maget) = die Burg
voll Wald. **s.** Hân.

hingerân = hinterher. Giebelhausen,
Berggeist 10: he vornewäcken unn
seine Leite hingerân.

Hingerleift auch **Hingerlauf,** m.
Hinterbein.

Hinkchen, n., Hündchen, (Wimmelburg,
Schmalzerode). Rinkart, Ind. conf.
134: Hungd = Hunde.

Hinne f. Henne. Lpz.

hinte = heute Abend; ahd.: hia naht.

hinterstellig im Chr. Isl. a. 1601 pag.
58: das hinterstellige (Getreide) =
was bei Seite gestellt, aufbewahrt

wird, übrig bleibt. mhd.: hinter-
stellec **s.** Lexer I, 1297.

Hippe auch **Häppe,** f. 1. ein Messer,
dessen Klinge kurz und von sichel-
artiger Gestalt ist. ahd.: happa. **s.**
Gr. W. IV₂, 471. 2. Ziege.

hiren, sch. v., hören; dann gehören,
eigen sein, wän hirt’n das Jût. **s.**
Gr. W. IV₂, 1811.

Hitsche f. kleine Fussbank. md., nd.:
Hütsche. schl.: Rütsche von rutschen,
wie das M. Hitsche von hutschen,
s. W. unter Rutsche. Gr W. IV₂,
1993.

Hochzj f. Hochzeit, bekannt in Bornstedt, Thondorf, im Grunde, Erdeborn,
Amsdorf, andere Ortschaften haben
durchaus nur Hochzeit. nth.: Hochzt,
allemanisch: Hochzig. Z. VI, 120, 45.

Hoff, m., Hof. (Genetiv: Höwes. pl.
de Höwe Eigenname eines Feld-
stückes unmittelbar bei Bornstedt. —
der Hoff heisst gewöhnlich die Domäne
oder sonst ein grösseres Gut.

Höhnstedt, Dorf nördlich vom salzigen
See, = die auf der Höhe gelegene
Wohnstätte. Im Volksmunde Hîn
stedt.

Hökenfrau f. Hökerin, **s.** Heken.

Holdung, Erbholdung f. Erbhuldigung
im Chr. Isl. a. 1533 p. 11. holden =
huldigen, ebendort a. 1552.

Hôle f. Halde, Schla:kenhôle, Schewwer-
hôle etc. Schon die Form Hohle im
Chr. Isl. a. 1597 p. 92, Anmerkung 2.
sodann pp. 212, 284. mhd.: halde.

Hôle f. Hohlweg, Schlucht. Gr. W.
IV₂, 1715.

Holle, f. Wenn es schneit, sagt man:
Frau Holle schettelt’s Bette (machts
Bette). Frau Holle (Hulda) ist bekanntlich eine mythische Göttin aus
der Heidenzeit. **s.** Gr. Mythogloie³
246.

Holler, m., sambucus nigra. Aus ihm fertigen die Knaben Knallbüchsen, aus seinen Doldentrauben gewinnt man Thee: seine Früchte heissen: Ziwwecken (wo s.). — Mit Hollunder (nicht Holler) bezeichnet man die syringa vulgaris, das Wort Flieder kennt der M. nicht.

Holz, n., Holz; der regelrechte Ausdruck für Wald, welches Wort dem M. fremd ist. Vergl. hierzu die Bemerkung Grösslers in der ‚Erklärung der Ortsnamen des Mansfelder Gebirgskreises‘, Zeitschr. d, Harzver. 1880 S. 343: ‚Merkwürdiger Weise findet sich im ganzen Gebirgskreise kein einziger Ortsname mit dem Grundworte Wald.‘ — varholzen = durchprügeln. —· Ä kimmet vun Helzchen uffs Stckchen = von Hundersten ins Tausendste. s. Wander, Sprichwörter lex. II, 763. —

Holzebock, m. 1. eine im Gesträuch lebende, blutsaugende Milbe, die den Tieren lästig wird. 2. unbehilflicher, steifer Mensch.

Holzzelle, Vorwerk westlich vom salzigen See; ursprünglich ein Kloster, das die ‚Zelle‘ — Gotteshaus im Walde, ehedem hiess.

Hommelse, Hommåse f. Ameise. (Grund). nth.: Hommeissel, thür.: Homése, schweiz.: Humbeise. Siehe die verschiedenen Ausdrücke Z. V, 454 ff.

hoemesse f. Hochmsese, im Chr. Isl. a. 1547 p. 19, mnd : homisse.

hôncpîpeln, · sch. v., mit Sticheleien verhöhnen, in gleicher Bedeutung: varbonepîpeln, auch varhonipeln; auch nth. Es scheint dasselbe, was schl, oberl., bayr., schwäb. holhippen, hallipern ist, was Weinhold zu hippen, (schweiz.: hüppen — auszischen) stellt.

Hopphêchen, n., Habseligkeit, Hab und Gut. nth.: Hoppdehêchen, Erfurt: Hoptehåk, Lpz.: Hopphee, Fr. R.: Hopphei. In Gr. W. IV₂, 1798 Hophe = verächtliche Bezeichnung eines geringen Hab und Gutes. ‚Das Wort ist nichts anderes als die Interjektion hopphei in der substantivischen Bedeutung lustige Gesellschaft, Lärm‘. s. Z. VI, 212.

Hopp unn Sprunk, soviel wie mei Håwechen und Båwechen (w. s.) mein ganzes Besitztum. Kreidner: Rutsch wôr se raus mett Hopp unn Sprunk. Das erste scheint dasselbe, wie der erste Bestandteil in Hopphéchen (wo siehe), vergl. Gr. W. IV², 1798: hopp sein = mit seinem Vermögen zu Ende sein. Sprunk scheint in ähnlicher Weise erklärt werden zu müssen. springen heisst verschwinden, er liess einen Thaler nach dem anderen springen. s. Z. II, 287.

hoppen und **huppen,** sch. v., hüpfen.

Hoppensprunk, Junkfer H. Bezeichnung für ein lustiges leichtlebiges Mädchen. Der Ausdruck scheint in ähnlicher Weise sich zu erklären ‚wie Hopp unn Sprunk (w. s.); freilich sagen M., die sich mehr zieren, Hopfensprunk; vergl. auch bayr. Höppia, verächtliche Benennung einer Weibsperson.

Hoppser, m., Sprung, Tanz. Stoppelhoppser = Spitzname der Bauern.

Hôre, f., das Haar; uff de Hôre = ganz genau, bei einziger Hôre = beinahe. — Wer sich in der Christnacht zwischen 12 und 1 Uhr, wenn die Glocken läuten, die Haare auskämmt, bleibt das ‚ganze Jahr frei von Kopfweh. dorewwer lôs dich keine jrauen Hôre wacksen = mach dir keine Sorgen.

Horkel und Hurkel, f., Unebenheit
des festen Erdreichs (z. B. wenn dasselbe gefroren ist), nth., Lpz.; **horkllj**
== uneben. In Lpz. und oberlaus.
auch holkrig (Wechsel von r und l).
s. Archiv für slavische Philologie
V, 346.

Horn, n., ins dumme Horn blasen =
sich der verkehrten Meinung mit
anschliessen.

Hornburg, Dorf westlich vom salzigen
See == Burg, Dorf im Sumpfe ge-
legen, zu horo == Sumpf, vergl.
Pfeiffers Germania XXIX, p. 314.
Grössler, Zeitschrift des Harzvereins
1883, p. 118 erklärt es als ,eine auf
hervorragender Bergspitze angelegte
Befestigung'. vergl. auch dieselbe
Zeitschrift 1880, p. 271.

Hornske, f, Hornis. nth.: Hernske,
Lpz.: Hornsche, mnd.: Hornke.

Horwel, f., Schlag an den Kopf. nth.,
fränkisch. s. Gr. W. IV₂, 1802;

horwellj, hurwellj == eilfertig, aber
ungeschickt Pl.; das Wort ist mir
unbekannt, auch sonst habe ich es
nicht belegen können. s. mnd. W. II,
305. •

Höse, f., 'sis Jacke wi Hose == einerlei.

hotte, Zurufe an die Pferde, wenn sie
rechts gehen sollen, wenn links **hi**
(s. schwüte). **Hottchen,** n., Pferdchen.
Hottefärd in der Kindersprache.

Hotzel, f. Hutzel, gedörrte Pflaume;
ä varhotzeltes Männechen == dürr,
zusammengetrocknet.

Hübltz, Dorf nördlich von Eisleben,
slavischen Ursprungs, zu altslovenisch:
gubiti (perdere).

Hucke, f., ein Haufen, änne Hucke
Schni; vornehmlich der Haufen, die
Last, die auf dem Rücken getragen
wird: änne Hucke Holz, Jras etc.;
sodann wird scherzhaft das Rücken-

bündel für den Rücken selbst ge-
gebraucht: ich haue dich die Hucke
voll, sogar ä frisst sich die Hucke
voll, ich lije (lüge) dich de Hucke
voll. s. Gr. W. IV₂, 1858 ff. —
hucken, sch. v.., auf dem Rücken
tragen, dasselbe bedeutet huckepacke
trân. — hucken heisst auch hocken,
kauern. — **obhucken** == die Last abnehmen, dann allgemeiner z. B. das
Jäld obhucken.

Huckel, m., kleine Anhöhe, dann kleines
Geschwür, auch Hickel. hessisch:
Huck.

hüdeln, sch. v., sich aufhalten, ver-
weilen, de Sache hüdelt gewaltij;
hüdele nich sû lange. Sonst hat
hüdeln s. Gr. W. IV₃, 1862 andere
Bedeutungen.

hûe, Interjektion zum Ausdruck dafür,
dass man friert.

hui, Interjektion der Ueberraschung.
hui, dö hast de Decke baschnêrt.
s. Gr. W. IV₂, 1883.

hulderte pulderte auch **hold. pold.**
== über Hals und Kopf; ebenso
bremisch, nd.: hulter de pulter. In
Tirol heisst holdern hohl tönen.
Z. VI, 153. s. W. holter die polter.
Z. II, 228. nth.: Holterjepolter =
ein wirres Durcheinanderstürzen.

hûle, Ruf, mit dem man die Gänse
lockt; Lpz.: Hûlejanz Kosewort
für Gans. nth. und hessisch: wulle,
oberlaus.: Huschel (Anton 8, 25).

Hullane, m., Ulan.

hullen, innhullen, sch. v., hüllen, ein-
hüllen.

Hullerball, m., Ball, den die Kinder
hin- und herrollen.

Hüls alle Hackstock, Ausdruck der
Verwunderung. s. Fluchausdrücke.

Hummel, f., Hummel. he hat Hummeln ==
kann nicht ruhig sitzen, s. Wander,

Sprichw.-Lex. 11, 817; wille Hummel = wildes Mädchen, schl. — Wâr weiss, was farr Hummeln dâr haschen will, Pl., wobei die Alliteration bemerkenswert ist.

Hund, m. Hnnd. Redensarten: farr die Hunne jin = zu Grunde gehen, Giebelhausen, Berggeist 9: dorch su vêle Krijesvölker wärre seine Jrafschaft vulldjens farr de Hunne jin, auch schl., nd. — Es krât kei Hund noch Hân .dânoch, nach Andr. 253 ist Hund aus Hün verderbt.

Hunne flên (flöhen) = langweilige unerträgliche Arbeit thun, das kimmet jleich nach'n Huneflên. — **ä** is bakannt wi ä bunter Hund (sehr bekannt). — ä schliche wäcken wi ä bajossener Hund. **ä** jit druff a wi ä blinger Hund. Wie Hund sehr häufig als Schimpfwort dient, so zeigt sich ähnliche Bedeutung auch in: hunnelauk (verflucht lang), Hunnekiwwel (verfl. Kübel), varfluckter Hunnekopp (ziemlich starker Schinopfausdruck); mich is os hunneschlächt, ich binn hunnemide, sû ä hunnevarfluchtjer Wäckworf, schlöt dach den Himmelhund (zu beachten die Alliteration, s. Wäckworf) tût, — Hund heisst sodann bei den Bergleuten ein länglich viereckiger, oben offener Kasten, mit dem die Schiefern vom Orte weggeschafft werden, eine Beschäftigung, welcher sich der Junge als erste Arbeit unterziehen muss; den Hund trecken. Später wird der Junge Heier (von hauen). — Das demin. von Hund heisst Hinckchen (w. s.).

Hüneburg, s. Hinebork.

Hunk, n., der Honig.

hunkeln, sch. v., hinken.

Hunnekopp, s. Hund.

Hunnestall, m., Hundestall, Brüt im Hundestall suchen = etwas am verkehrten Orte suchen. s. Wander, Sprichwörterl. 11, 903.

Hunneteiten, pl., Zitzen der Hunde, doch fast nur als Ausruf gebraucht starker Enttäuschung = ei bewahre! gerade im Gegenteil! Du jlauwest, ä wäre jekummen. — Jô, Hunneteiten. s. Huttchen Fäffchen.

Hundslöden, pl., H. kreien, H. ánhängen = Vorwürfe, Strafpredigten oberlaus., Lpz., Provinz Preussen. Die Loden sind Zotten, Haarbüschel. Bei Wander, Sprichwörterlex. ist verglichen: pellem caninam rodere alicui bei Martial.

hüpeln, sch. v., jemand nachhelfen, unterstützen, so dass er einen Baum oder dergl. erklettern kann. s. häpeln u. Gr. W. unter hoppeln. Verzeichnet habe ich diese glückliche Bildung sonst nirgends gefunden.

huppen s. hoppen.

huppsen, sch. v., springen, **hupps**, Interjektion: hupps dô wurschte drewwene.

Hurrkschen, pl., grosse Schuhe, Stiefeln,

hurrllj, adj.. allzu schnell.

Hurscht, m., Horst, mit Gesträuch bewachsene Anhöhe.

Husche, f., ein kurz andauernder Regen, bei Lessing: der Husch, was schl. u. Lpz., abgeleitet von der Interjektion husch.

Hûtmann, m., Hirt, s. Gr. W. 1V₂, 1922.

hutschen, sch. v., fortrutschen, auf den Knieen, Hinteren etc., schl., bayr., Lpz.

Hûtschnur, f., s. Schnur.

Huttchen Fäffchen! Ausruf starker Enttäuschung = ei bewahre! gerade im Gegenteil.! Mer sulle mäuen, ä hätte bazallt. Nä, Huttchen Fäffchen!

nischt hammer jekricht. siehe
Hunneteiten. Eine Erklärung ist
mir nicht gelungen, vergl. hessisch
Huttich = ein armseliger, lumpiger
Mensch.

huwwern, sch. v., kränkelnd, verstört umherlaufen, gebraucht z. B. von Kücheln,
unse Kicheln huwwern was ummhär.
hůzen, sch. v., uzen, foppen, aus der
Gaunersprache (hebräisch: ‏ץ אֵ‎ s. W.).

I.
(vertritt auch Ü.)

Ilk, m., Iltis, auch mnd.; gewöhnlicher
ist Wêsel, Wessel.
immelink, adj., jeden immelingen
Morgen, nach zwei immelingen Jôren,
de janze immelinge Insel = ‚ganz‘.
Hängt das Wort mit umme (um)
oder immer zusammen? Ich habe es
sonst nirgends nachweisen können. s.
Z. VI, 157: immerlings — immerfort.
immer = immer; der Einschub unn
nach immer vor Komparativen (immer
unn[ʼn] schnäller) scheint bewirkt zu
sein durch die ursprünglich kompa-
rativische Bedeutung des mer in
immer.
Inger, m., Unter (im Kartenspiel).
inn- = ein-, in Zusammensetzungen
innsân, jetzt wird meist ein- gehört.
inndân = indem, hat viel weitere Anwendung als im nhd., — indem, da,
weil, als, während u. s. w. Sehr
häufig findet sich: inndän dass. Ähnlich ist das Wort bei Fr. R.
gebraucht.
innelnefurt = unaufhörlich, fortwährend.
innfentiren, sch. v., invitieren.
innen ân = hinauf, den Bärk innen ân,
vergl. uffe nân, inne rân.
innewenk = inwendig. s. ussnewenk.
Innower, m., Ingwer.
Innlett, n. ‚Der Behälter von Zeug,
der die zu einem Bettstück nötigen

Federn aufnimmt; nd. s. mnd. W. II,
367. Gr. W. IV₃, 2122.
inspeichen, sch. v., eigentlich: um den
Wagen in Gang zu bringen, in die
Speichen greifen, dann: sich passend
zeigen, einschlagen; der Knecht
speicht nich inn. Lpz. ist das Wort
trans.
inspunden, sch. v., ins Gefängnis
stecken, erst neuerdings eingedrungen.
eintränken, sch. v., fühlen lassen, ver-
gelten s. Gr. W. III, 326.
innwâren, Präposition und Konjunktion — während. innwâren dân
Sprunge, s. Andr. 278, innwâren ä
kamp. s. wârend.
Intrimmer, m. für Interimner; der
Arbeiter, der zur Aushilfe auf einige
Zeit mit arbeitet.
ir, ôr. 1) vorher, ä kamp ir wi iche,
2. ehe, bevor, ir du härkinmest, lärnt
ä Esel kâken. Rinkart: jhr. vergl.
varêr. — irjestern = vorgestern. —
irscht u. érscht = erst, kurz vorher. — Chr. Isl. a. 1672 p. 241 hat
eine auch anderwärts sich findende
Komparativform (= prius): es werde
Eine Bürgerschafft mehr undt ebender
diejenigen gelder zusammenbringen.
ir — ihr, vos wurde und wird zum Teil
noch gebraucht, wenn die Kinder die
Eltern (so in Höhnstedt), oder auch
die Enkel ihre Grosseltern anreden-

îre f. Ähre; in de Iren jin == Ähren
lesen gehen.

‚Ithentlet', Giebelhausen hat im ‚ohlen
Mansfäller' S. 35: Wie mahk's änn
sich hann zugetrahn, Dass der Dukter
Ihtentiet Wedder zundert reiten thiet.
Mir ist das Wort unbekannt, es bedeutet: der nichts thut, der Faul-
pelz (it == nicht, s. Z. VI, 118, 6,
tit == thut).

itschke, f., in der Redensart: ä iss
'basuffen, wi änne I., eigentlich ==
Kröte, hessisch: Itsche. Zu der
Endung vergl. Zwetschke (Zwetsche).

Iwwesten(s) auch iwesten(s) == irgendwie, iwwesten == irgendetwas Pl.,
iwwest == irgend (in Wimmelrode);
ä is iwwestens jôr nich dôjewäst.
kurhessisch: ibes, ibens == einiger-
massen, nur etwa. nth.: ‚iebeste ==
irgendwie', Schulze, nth. Idiotikon
p. 38 extr. Vilmar, kurh. Id. 182
hält ibes für ein genetivisches Adverbium des alten Substantives iba
(dubium), Grimm (Gramm. a. 1831,
III, p. 60, Anm.) stellt die Form zu
nd. ifteswanne (aliquando).

J.

(vertritt auch das nhd. G.)

Jachd f. Jagd. Chr. Isl. 1671 p. 238
ist Jagt ein Eigenname. oberlaus.:
Jächt.

Jäjen == gegen, mit dem Akkus.; der
alte Dativ nur erhalten in: jäjen
einsen, zweien etc. In den Urkunden
allenthalben mit dem Dativ. Chr.
Isl.: geyn, kegen.

Jäjentell, f. Bezeichnung für die eine
Ehehälfte (des Mannes oder der Frau),
ähnlich hessisch. s. Giebelhausen,
Hack und Mack I p. 14: Heime
bleiwen, 's Linschen Ässen kochen,
mett d'n Nackfern klatschen odder
sich mett eiern Jäjenteile rumzanken —
su wullt 'r'sch hann.

Jâl == gelb. mhd.: gël.

jallern auch jellern, sch. v., schallen,
dann durchprügeln, so dass es schallt,
dorchjallern vun den Haoken bis
zun Nacken. — Jallerte f. Schläge.
zu gallen == schallen. s. kallaschen.

jälte seltener jälle == gelte, nicht
wahr; eigentlich == ‚giebst du es zu',

zu gelten; allenthalben in Deutschland. Vornehmlich im westlichen M.
während in Osten dafür hännij eintritt.

-jân, häufig gebraucht als Anhänge-
silbe zur verächtlichen Bezeichnung
einer Person: Stolperjân, Dummerjân,
Stotterjân etc. Jân ist Koseform für
Johannes und ist häufig Narrenname.
s. Gr. W. IV₂, 2262.

Jân, st. v., geben. s. Gr. was jiwweste,
was kanute (auch haste) == ohne
allen Aufenthalt, über Hals und Kopf
aus Leibeskräften; allenthalben, s.
Z. VI, 121, b. W. 804.

Jänert, m., Gänserich. bayr.: Gander,
engl.: the gander. s. Z. VI, 208.

Jängeln, sch. v., auf den Gang bringen,
fortjagen, stossen; zu ahd.: gangen
eine Weiterbildung s. b. W. 923,
Vilmar 123.

Janz == ganz, s. zu.

Janzbeinij, adj., unversehrt, mit heiler
Haut; ich träffe dich dach ämol janzbeinij mett dr Kricke.

Jäppsen, jappsen auch **Jiwwesen,** sch. v., nach Luft schnappen, keuchen. Berlin: jappsen, thür.: jäppse. schl. W.: giben, gibsen = schreien mit godrückter Kehle.

Jåre f. Garbe (Bornstedt). Was de Jåre jiwwet = ohne parteiliche Begünstigung, gesagt, wenn man etwas ohne Auswahl darreicht. oberl., schl., s. Wander, Sprichwörterlex. I, 1840.

Jåren = gern. liwesjåren = sehr gern. — keimöl wårmer eich mett jåren varjåssen: dann soviel wie leicht: de Bärn wåren jåren möl (mürbe).

Järje = Georg, das is ä richtjer Hans Järje = steifer, unkluger Mensch.

järksen, sch. v. = jirksen.

Järtel, n., Gürtel (sonst nur m. u. f.). Bekannt ist die Redensart: Wäck biste, såt Jisemann, mett sammest'en Järtele, gebraucht, wenn man etwas verloren hat. Über die Redensart selbst ist Giebelhausen: Hack und Mack I, p. 6 nachzulesen.

Järwen, sch. v., gerben, durchprügeln, dorchjärwen wî Schöfledder.

jåtlich, adj., passend, mittelgross, der Schûk is jåtlij jrûss; auch bei Goethe gätlich.

jattern, nur in Kompositum (d)er- **jattern, ufjattern,** sch. v., jemandes habhaft werden, ihn erwischen. nth., th., hessisch, engl.: gather.

jawweln, sch. v., mit der Gabel das Getreide in die Höhe reichen. uff- jawweln = eine Sache erhalten, erlangen.

je-, Vorsatzsilbe, doch nicht vor dem Infinitiv wie im nth. Doch Jetûe, Jesinge, als Substantiva abstracta.

Jebelns, n., Gebein.

Jebreite, Jebråte f. grösseres Stück Land.

Jedanke, f. u. m., Gedanken. f., auch am Drömling. ze J. machen = zu Gefallen thun.

jedêscho = demütig. still, kleinlaut; so auch obersächs., Lpz.; Ruhla: gedêsen, hessisch: gedaeg, bayr.: dosen = sich still verhalten. s. Regel 189.

jedränkte s. jerammelte.

Jefalle, m., ze Jefalle tûn; ze Jefalle = wegen (gratia): ä jit den Mäjen ze Jefalle nach där Stadt.

Jefälle, n. wie nth., der senkrechte, Abstand zwischen zwei Horizontallinien; davon ä jûtes Jefälle haun = gut trinken können. — Das Einkommen, s. Giebelhausen: Hack und Mack. I, 31: der öle Herdan vun Håke wer hingerlistj jewäst, hette de Jefelle verschwejen.

jefårlich. 1. unangenehm, widrig, nörgelnd, das is ä jefårlicher Mensche, 2. jefährlieb tûn = ohne Grund wichtig, bèsorgt sich benehmen.

jefroppte s. jerammelte.

jelscheln, sch. v., geisseln, durchprügeln.

Jekel, ein Schimpfwort allgemeinster Bedeutung. oberl.: Jockel = Gockel, Gickelhahn.

Jeläjenheit f. Hab und Gut (Grund).

Jelåke, n., Gelag, wie nhd.; ins Jelake reden = ohne Überlegung, auch in Livland.

Jeläkchen, n., dem. von Jelåke, Schmauss, ä J. obhölen. s. kurh. Id. 235.

Jeleck, ,das hat weder Jeschmeck noch Jeleck', Pl. Derselbe hat ,allzu jelak, hat keinen Jeschmack'. Im Grunde: Jeschmack noch Jelack. Jeleck und jelak, zu lecken. s. Gr. W. IV, 2931, Z. VII, 274.

Jelenke, n. Geschicklichkeit, kei Jelenke hann.

jelle = unfruchtbar, ohne Milch, de Kiwe štin jelle. schl.: geide, mhd.: galt. s. Schade I, 255.

Jelte, f., seltener **Jälte** = hölzerner Kübel, ahd. gellita, v. latein. gallida.

Jemáke, n., kleines Holz, siehe Jeschnärrle.

jemeln, adj., wie nhd., sodann 1. im Chr. Isl. a. 1558 p. 23 extr. gemeinsam: gemeiner herschafft Cantzler. 2. herablassend, leutselig: ä macht sich jemeine.

Jemille, n., das Zermalmte z. B. von zerkochten Kartoffeln, oder zerknicktem Stroh. schl. s. Gr. W. IV₁, 3289.

Jenannte, n. Das Bestimmte, (gewöhnlioh) für jede Woche Festgesetzte oder Herkömmliche an Speise (und Trank), was besonders an Dienstboten etc. gegeben wird. s. b. W. 1747. ,Jenäschen = reliquiae cibi ad gustandeum'. Pl., bayr.: das ,Jenäsche = Naschwerk, s. b. W. 1765.

Jène, Herr Jène, Jè = Jesus. s. Fluchausdrücke.

jenunk = genug. jenunkmol. Die Form auch häufig bei Goethe u. sonst.

Joppsen s. jiwwesen u. jäppsen.

jerammelte, participiales adverb. = gedrückt z. B.: dr Sál is jerammelte vull, dafür auch jerappelte (s. Z. II, 192, 26), ještoppte, gefroppte, jedränkte, jedrickte, jewippte, auch jestorrende, jewickte. Dasselbe bedeutet

jeratterte, was hessisch gewöhnlich geraete heisst und von Vilmar zu riten — schütteln, sieben gezogen wird.

Jerbstedt (Järbstedt), Gerbstedt, Städtchen, nordöstlich von Eisleben — ,Wohnstätte des Gerbiz'. s. Grössler, Zeitschr. des Harzvereins 1883 p. 109.

Jerelsche (Jerèsche), n., das kleine Reiss, die kleinen Zweige von Bäumen.

Jerelle, n., Geröll, auch gebraucht von einem ,Kamm' Kegelspiel.

Jeriokt, u., pl. di Jerichten — das Gericht, das Personal beim Gericht: ä lûs de Jerichten kummen, ich junk in de Jerichten.

jerink = gering: ze jeringest = am wenigsten; in de Heiser, in de Štelle, ze jeringest in de Betten kummen, de Hammester.

Jeschárre, n., Geschirr, wi dr Härre, su's Jeschärre.

Jeschlinke, n., ,Lunge, Leber, Magen und Herz von Tieren'. oberl.

Jeschmack, m., s. Jeleck.

Jeschnärrle, n., kleines Gerümpel, Kleinigkeiten, vornehmlich die kleinen Äste und Zweige, die vom Baume abgeschnitten werden; s. Jercische. thür.: geschnörr. s. Regel 192.

Jeschnäte, Jeschnelte, n., ein durch den Wald gehauener Gang, vornehmlich ein solcher, in dem Sprenkel und Dohnen zum Vogelfang aufgestellt sind; auch Dönenštik, Dönenštrich. Nach Weigand eins mit ,Schneisse'.

Jeschweinsten, soviel wie Jeschlachtes = Wurst, Speck etc. Bekannt in Erdeborn.

jeschwichte s. schwichten.

jeschwipperte, adverb. Partiz., dr Topp iss j. vull zum Überlanfen. auch **jowlpperte, jeschwapperte, jeschwappelte,** zu schwippen. s. b. W. II, 644. s. Schwappel.

Jeschwister, n., auch sing., wie bei Goethe.

ješprâje, adj., gesprächig.

Jestelle, n., ein breiter Waldweg, so genannt, ,weil die Schützen bei Jagden sich dort aufstellen', s. Schneisse.

jestern und **Jistern**(Thondorf, Walbeck) = gestern, im Zusammenhange der Worte auch jester. jester Owwend. je**st**oppte s. jerammelte. je**st**orrende auch jestarrte vull = voll zum Starren, übervoll. **Jesuwitter,** m., Jesuit, bayr, nd. In der M. Sage spielen die J. eine grosse Rolle.

Jeträde, Jetreide und **Jeträdj** = Getreide. Die letzte Form auch häufig im Chr. Isl.

Jetüe, n., Ziererei.

Jewalt, f., häufig: mett Jewalt, mett aller Jewalt = sehr gern, unter allen Umständen, furt wullen se mett aller Jewalt.

Jewärfelt = gewürfelt, gerieben, schlau. Lpz., thür., Regel 193.

Jewärke, m., ein einzelner einer ganzen Gewerkschaft.

Jewärre, n., Gewirr, dann soviel wie Eingeweide: 's janze Jewärre drit sich in miche rumme, auch gebraucht von den einzelnen Teilen einer Maschine.

jewencklij, adj., gewöhnlich.

jewênen, sch. v., entwöhnen, von der Brust absetzen (Kinder), von Tieren sagt man absetzen.

Jewenge, n., Gewende, die Stelle, wo man den Pflug wendet und die deshalb besonders gepflügt werden muss, dafür steht Chr. Isl. a. 1623 p. 285: Wendling s. Keitel. Z. VII, 277,

jewickte s. jerammelte u. jeschwipperte.

jewift, schlau, gerieben. Koburg. Lpz., sonst auch bloss wif, franz.: vif, latein.: vivus. Z. V, 526, 559.

jewône = gewohnt, ahd. u. mhd. gewon.

Jezâje, noch öfter (im Grunde) **Jezâc,** n., Werkzeug, so das des Bergmannes. oberl., ahd.: gezawa, zu taujan.

Jicken, sch. v., jucken.

Jift unu Jâwen = die Abgaben, Steuern, eigentlich sind beide Wörter gleichbedeutend. Diese Allitteration sehr häufig im mnd. s. mnd. W. II, 109.

jicksen, sch. v. dän Bärk nân jicksen = knarrend fahren, scheint onomatopöetisch von dem Knarren der Räder hergenommen zu sein.

jin, 1. gehen, mett änen (äner) jin = ein Liebesverhältnis haben. 2. einhergehen, ä jit schmuddlij. 3. gären, der Täk (Teich) iss nich jejangen s. b. W. 858. — Das Verbum jin dient auch zur Umschreibung eines verbalen Begriffes: 's Schöf iss tût jejangen.

Jinjank, m., ,baumwollner, meist karrierter Stoff.

Jipern, sch. v., heftig sich sehnen, verlangen. nth., Berlin, Lpz. Dazu das Adjekt. jipprij.

Jire f. Begierde, mett Jire; jiren = begierig sein, auch Lpz.

Jirlj, adj., keilig, ä jirijer Acker = keilig zugehender Acker, jirijes Kleid; auch als Substant. där Jiren == spitzzulaufendes Feld, Kleid u. s. w. mhd. der gére, franz.: giron, s. Z. VI. 14.

jirksen auch **järksen,** sch. v., knarren.

Jejirkse, n. Ein Arbeiter, der ein Gradierwerk, welches jirkste, zu besorgen hatte, wurde mit dem Spitznamen Kurks bezeichnet. (Der Eintritt des k für j geschieht nach einem M. Lautgesetz). vergl. bayr.: gurrezen. s. kirksen,

jistern s. gestern.

Jite, f., Güte. 1. sich änne Jite, auch â Jitchen tûn = etwas mit grossem Behagen thun. 2. ach du meine Jite, Ausruf etwa == o allmächtiger Gott. s. Wander, Sprichwörterlex. II, 206.

Jiwichenstein = Giebichenstein, Schlossruine bei Halle a/S. Pl. hat und man hört noch jetzt im Grunde: Wâu se brengen uff Jiwichenstân, Där kimmet sällen wedder hâm. Auch sonst ist dieses Sprichwort verbreitet. s. Wander, Sprichwörterl. I. 1686.

jiwwesen s. jäppsen.

Jlâs, n., pl.: Jlesser, — Glas.

Jlattâwen, glatteben, ganz und gar; das Maul stand en jlattäwen uffene. s. Z. II, 346; V 329, 222.

Jlattj, adj., glatt.

Jleich, gleich, auch jeleich, meist (wie in Lpz.) mit Schwund des ch. **zejleich(e)** — zugleich.

Jleise, f. u. **Jleis(e),** n., auch **Jel.** das Gleis, schon mhd. f. sich uffs Jleise machen — sich aufmachen, aufbrechen. de **Fôrejleise** = das Fahrgleis.

Jleiwen, schw. v., findet sich neben jlauwen.

Jlinink — glühend, bei Münster: glainig, bei Göttingen: gloining. s. Z. VI, 429, 8. s. lenink.

Jlinzen, sch. v., glänzen, auch bayr. n. henneberg. s. Z. IV, 236.

Jlûme, f., ein Bach, der unterhalb Eislebens in die böse Siebeu mündet. nd.: glom — trübe (vom Wasser gebraucht, s. Hesekiel 32, 2, wo die revidierte Bibel für glum trübe einsetzt. Im Chr. Isl. a. 1548 steht mit bayr. Vokalismus Glaume, a. 1605 Glume. Grössler leitet das Wort vom altpolnischen Glom — Flüssigkeit ab. s. Zeitschr. für Harzverein 1876, p. 81.

Jlûpen, schw. v., hennjlupen — scharf hinsehen. mnd.: glupen. s. W.

Jnatz, m., Krätze, Hautausschlag. s. W. die Gnätze.

Jôdewitz, Gödewitz, Dorf bei Salzmünde, im Volksmunde Jetz, a. 1288 Godewitz, slav. Ursprungs, daher in Hufeisenform angelegt. s. Archiv für slavische Philologie, V, 337. čech. hodovice.

Jodutte auch **Tiodutte,** bei Luther **Gedud** — eine nach der Schlacht am Welfesholze (1115) als Siegeszeichen und zu Ehren Hoyers von Mansfeld errichtete Bildsäule eines gehelmten Mannes mit dem eisernen Streitkolben in der Rechten und dem sächsischen Wappen (auf dem Schilde befand sich ein weisses Fohlen im roten Felde) in der Linken. Da die Landleute fleissig zu dieser Denksäule, deren Namen man — doch nicht ohne Bedenken — auf Zio deutet (Dute heisst indes Pflock, Zapfen) beten gingen und selbst die Priesterschaft sie als ein heiliges Bild verehrte, so zerstörte sie der Bischof von Merseburg auf Befehl des Königs Rudolf. Noch bis vor kurzem war in der Umgegend die Redensart gebräuchlich: Ich will dich schlagen, du sollst Jodutte rufen. Auch mit Heiligenthal (s. d.) scheint Jodutte irgendwie Beziehung zu haben. s. Günther, der Harz, Hannover 1885, S. 83. Grimm, Mythologie², 511. Grössler, Sagen d. Grafsch. M. No. 102.

Jône, f., auch m, wohl nur zu hören in den Ausdrücken bei Jône, de Jône wäck, zor Jône wäck — der Reihe nach; eigentlich bedeutet das Wort die Reihe oder Linie, in der man Kartoffeln, Getreide u. dergl. sät. Auch nth.; hess: Jâne, westerw.: Jahn.

Jôr, n., Jahr. var'n Jôre — vor einem Jahre. Jôr und Tûk iss es här == sehr lange.

Jôren, n, Garn, Änen aus'en Jôren lösen (— aus den Scheeren) vom Vogelfang hergenommen.

Jorenzen = Gorenzen, Dorf südwestlich von Stadt-Mansfeld, slavischen Ursprungs, zu slav.: gora — Berg. Gorenzen liegt hoch und ist weit sichtbar.

Jorschleben = Gorsleben, Dorf nördlich vom salzigen See; im Jahre 1310 Worsleve — ,Erbgut des Woro‘ s. Grössler. Zeitschrift des Harzvereins 1883, Seite 113.

Jott strambach oder **strambock**, ein Fluchausdruck (wo zu vergl.) aus Gott straf (mich).

jotts jämmerlich, jottserbärmeklich, adj., jämmerlich, zum Gott erbarmen.

Jråfenstul, Gräfenstuhl, Dorf bei Stadt-Mansfeld; in diesen Ortsnamen findet Prof. Grössler den Namen des Grifo, des Halbbruders Pippin des Kleinen, wieder. s. Jreifenhagen.

Jråmsal, u., mürrisches Wesen.

jråpschen auch **jråpsen**, sch. v., hastig ergreifen. nd.: grapsen, engl.: graps. vergl. poln. grabić. Z VII, 282.

jråsejrin — so grün wie Gras; jråse grine Bürn, Eppel (Äpfel).

jråtch, adj., unwillig, mürrisch; auch schwäb., schl., oberl.: grätsch, ahd.: grâtac, ags.: graedig.

Jraue, f., auch där Jrauen, = das Grauen, Ekel, Schauder; mich jit de Jraue ån. mhd.: grûwe, schl., bayr., oberl.: der Grau.

Jraupeln, sch. v., schlossen; s. W.

jrausam — grausam findet sich im Chr. Isl. a. 1602, p. 76 in übertragener Bedeutung: ein heftiger grausamer Windt.

Jreifenhagen (Greif...), Dorf nördlich der Wipper, unweit von Mansfeld, es erinnert der Name nach Grössler an Grifo, den Halbbruder Pippin des Kleinen, der sich 747—748 in Nordschwaben aufhielt.

Jrejorlus — Chirurgus, bei Giebelh. auch sonst, siehe Andr.. p. 90.

Jrêlen, schw. v., grölen, brüllen; allenthalben, s. Vilmar, kurb. Idiot. — das Jejréle.

Jrêwes auch **Jrêwest**, Kernhans des Obstes, bayr.: Gröbs, oberl.: Griebsch. Lpz.: Griebs. s. Z. VII, 446.

Jripps u. **Kripps**, l. Verstand; vergl. das latein. captus. 2. Hals, Kehle, ich kiei dich bei'n Jrippse. s. b. W. 1007. Weinhold d. D. 104. s. W.

Jrîse, f, Grösse.

Jriwe, f., Griebe, ausgeschmelzter Fettwürfel. s. W.

Jroppsack, m., grober Mensch.

Jrund, f., (seltener m.) der Grund, Vertiefung des Erdbodens. Im besonderen heisst där Jrund das Thal der bösen Sieben von Wimmelsburg aufwärts. — raus muss der Hase aus'n Loche, odder es misste kei Jrund drinne sitzen, vielleicht vom Schachte hergenommen, der ,ersoffen‘ ist.

jrûss = gross, jresser, der jretzte (mnd.; grötste); der wärd nich jruss furtjin == viel, häufig.

Jrûssemutter, f., Grossmutter.

jrussbrutj, adj., grossbrotig, prahlerisch.

juchen, sch. v., vor Freude jauchzen. s. W. vergl. schwäbisch jucken — springen, hüpfen. · Pl. hat ,jug‘ als praeteritum.

Jucks, m. 1. klebender Schmutz, vornehmlich am Rooke. nth., Lpz., Berlin. 2. Scherz — mache kånen Jucks. holl.: jok, engl.; joke.

junk, adj., jung wären == geboren werden, vornehmlich vom Vieh gesagt.

Junst, f., Gunst; mett Junst mit Erlaubnis, eine Redewendung, die man einleitend anwendet, wenn man etwas

Unschickliches vorbringt. s. Wander, Sprichw.-Lex. II, 171.

Jurre, f,. eiu altes, abgetriebenes Pferd. hess., bayr.; auch als Schimpfwort gebraucht.

jurrschen, sch. v., bezeichnet das Geräusch eines heftigen Regens, sodann dasjenige der Schläge, die jemand bekommt; daher jurrschen, durchj. == durchprügeln. Dazu die Interjektion jurrsch. Vielleicht onomatopoetisch.

justemänte == ganz genau, thatsächlich. Ebenso selten gebraucht wie das Simplex just; vom latein. juste.

jût, adj., gut. he krichte dän Wilddieb, jewisse, su jût wor ä niche: dich träff cb dach ämol mett der Kricke su jût biste niche; jeder där muss Höre lôsen, su jût iss ü niche (eigentlich so gut ist er nicht, dass er . . . .) — jût unn järne (jåren) == vollständig, ganz und gar, das sinn jût unn jåren zwä Scheffel. oberl.: gutgengar. — in Jûte (ohne Umlaut) == in Güte, in Frieden, z. B. ausänanner kummen, schon im Chr. Isl. a. 1601 p. 72: in der guthe (in einem Gutachten der Juristen - Fakultät zu Wittenberg). — änne Jûte (zu ergänzen Schicht) machen == die Schicht aussetzen, faulenzen während der Schicht. — jût meinen == liebkosen.

K.

kächeln, sch. v., nur in den Compos. inn- (ein) und unger- (unter) kacheln == tüchtig einheizen.

kächzen, sch. v., keuchen, bayr., oberl. s. Gr. W. V, 1, 16.

Kackel, n., Ei (in der Kindersprache.)

Kacks, m., kleine, windige, ausgelassene Person, wohl eines Stammes mit Geck. s. kicks.

Käfterchen, n., kleine Stube, auch (in der Kindersprache) Gefängnis. Lpz.: Käfter, Göthe: Käfterchen. s. Gr. W. V, 2, 26.

Kåke, f., eigentlich Dohle, daher Schnikåke == Schneedohle; sodann als Schimpfwort für redelustige Frauenzimmer: Biste stille, du ôle Kåke. schl.: Gåke.

kåkeln, sch. v., viel Aufhebens, viel Worte machen, unnützes Zeug sprechen; eines Stammes mit gackern.

kåken, sch. v. 1. gackern, s. nd.: kakeln, 2. hervorkåken == hervorragen, sonst kacken. s. Gr. W. V, 1, 15. Das Substant. **Kåke** f. bezeichnet (wie auch Lpz.) eine lange Frauensperson.

kåken, schw. v., laut und unangenehm schreien, s. kåken. **kåkj** (käkig) == unangenehm schreiend, änne kåkje Stimme.

kåksen, sch. v., Weiterbildung von kåken. die Hinne kåkst, wenn sie ein Ei gelegt hat, s. kåzen. Pl. ‚Stille Mucks! 's kåkset änne Ente (will was erzählen)'.

kaleppern auch **kalappern,** sch. v., galoppieren. •

kallaschen, sch. v., prügeln. **Kallasche** f. Prügel. schl., laus., sächs. s. Gr. W. V₁, 68. zu nd.: gallern.

Kalläschmutter, f., ist der Name eines Ballspieles, bei dem, sobald einer ‚abkommt', die ganze Partei ‚ab ist'. Das Wort, dessen Abstammung mir dunkel ist, hörte ich in Bornstedt.

Kallaunen, pl., f. Kaldaunen.

Kallêr f. Farbe == couleur.

Kallet, n., Kragen (franz.: collet), ich kumme dich uffs Kallet == nehme dich beim Kragen.

kallltsch, adj. där macht mich k. == setzt mir so zu, dass ich ganz mürbe werde; vornehmlich wird jemand k. gemacht dadurch, dass man ihm hinter seinem Rücken viel Schlechtes nachsagt. Abstammung? Wo noch? s. katrilsch.

Kalluppe f. schlechte Hütte, baufälliges Haus, schl., oberl. poln.: chalupa. s. schl. W.

Kammellje f. Kamille. Kammelijen Té (Thee).

kampeln, sch. v., streiten, zanken, nur reflex. sich k.; zu Kampf.

Kauepê, n., der Volksausdruck für das unbekannte Sofa.

Kauker, m., Spinne (welches Wort der M. nicht kennt); auch Spinnekanker, Kreizk. Der Kauker gilt dem Volke als giftig. Man kaut jemand einen Kreizkauker == thut es ihm an, führt sein Verderben herbei. Wiederum bringen viele Kauker Glück. s. Gr. W. V₁, 162.

Kaunrick, s. Rick.

Kante f. Seite, Ecke, Rand, etwas uff die huche K. lên == Geld zurücklegen. nd.: up de Kant sett'n.

Kantel, m., viereckiges kantiges Lineal. schl.: Kant.

Kanthaken, m., in der Redensart beim K. krein == beim Kragen; allenthalben. ,Kanthaken ist ein eiserner Haken, welchen man an schwere Fässer anschlägt, um sie zu kanten, d, h. auf die Seite zu legen und gehört Sache und Ausdruck dem norddeutschen See- und Schifferleben an'. Vilmar kurh.Idiot 192. Wander II, 1132.

Kapärkel, f., harte Rinde, Baumrinde. ,Kapärkel=Pergament(Wiederstedt)' Pl. nth. Käperkel == etwas Steifes, Hartes. vergl. mnd.: parkelment == Pergament.

Käpern, pl., f. Kapern; auf die neugierige Frage, was es zu essen giebt, folgt die scherzende ausweichende Antwort: Käpern mett Schwänzen unn Klise (Klöse) mett Stélen. s. Kleem. s. Grimm V₁, 184.

Kapperjolijen, pl., Sprünge, lustige Streiche == Capriolen.

kappsternat auch kaschpernat, im Grunde kaspernat, adj., ärgerlich; ,scheinen eine Mischung von ,Kasperle' dem bekannten Namen des Hanswurst, und ,desperat' zu enthalten' (?) Andresen, p. 107; auch Lpz. s. obsternat.

Kärchenmaus f. Kirchenmaus, arm wi änne Kirchenm. s. Gr. W. V, 1, 806.

Käre, f., das Wenden beim Fahren, Reiten; sick zu, dass de de Käre kreist. Auch übertragen: ä kreit die Käre nich mî == er kann nicht mehr zurück. s. kurh. Idiot. 199. Gr. W. V, I, 35.

Kären, m., Kern, auch f., de Käre (Bornstedt)

Kareischjen, n., he iss munnér wi ä K., ä jit wi ú K. Die Kariasche ist eine Karpfenart.

Kärel, == Karl (das a neigt sehr stark dem o zu).

kärjeln, sch. v., würgen; jemand erkärjeln == erwürgen. zu Gurgel. hessisch: görgeln.

Karlemann == kosende Form für Karl.

Karlsberg == ein Vorwerk bei Man feld, a. 1468 Kerlenberg == ,Berg des Kerilo'.

Karmenade f. Karbonade, bayr.: Karbnadl.

Karaal, m., Kanal.

Karnickel, n. u. m., Kaninchen, md., s. Jütting 95.

karranzen, sch. v., hin und her laufen, wi tât das (im Leibe) karranzen. auch schl. ‚zu currere'.

kärre, adj. kirre. Pl.: das kimmet mich kärre ân == das gefällt mir. s. Gr. W. V₁, 839, 3.

Karrête f. schlechte Kutsche, Kalesche. ital.: carreta, russisch: kareta. Es werden nebeneinander gestellt: Kutsche, Karrête, Mistwagen. Wenn man wissen will, ob der zukünftige Gatte reich oder arm ist, so nimmt man ein Kartenspiel und fängt an, die einzelnen Karten der Reihe nach aufzublättern, indem man bei der ersten Karte Kutsche spricht, bei der zweiten Karrête u. s. w. Je nachdem die Benennung der Karte, die den Geliebten darstellt, ausfällt, je nachdem wird der Geliebte vornehmen, mittleren oder niedrigen Standes sein.

Kartauze, f. jem. bei der K. krein == beim Schopfe, eigentlich bei der herabhängenden Kapuze; allenthalben; s. Gr. W. V₁, 243.

Kartuffel, Kartoffel, f. u. m., Kartoffel. Kartuffelférijen sind die Herbstferien (wonach Andr. p. 101 zu berichtigen), s. ârtuffel.

Karwâtsche f. Peitsche. **karwatschen** == durchpeitschen, aus böhm. karabáč.

kascheliren, sch. v., jemand schmeicheln, französ.: cajoler.

käschen, sch. v., abfassen, wohl vornehmlich ein Schülerausdruck. Grimm führt (Gr. W. V₁, 247) ein vereinzeltes Beispiel aus dem Lexikon von Stieler an; er vergleicht nd. kasche == schnell.

kaschpernat s. kappâternat.

Käse, m., Käse, he iss drei Käse huch == sehr klein. auch Lpz.

käseln, sch. v., irre, dummes Zeug reden, ‚wird ein modificiertes kwaseln sein, vergl. keddern und mnd. queden, westfälisch kiele und kwiele'. Mundartliches aus Cattenstedt am Harz von Ed. Damköhler, progr. Helmstedt 1884.

käseweiss, adj., leichenblass.

Katîsen, m., Katechismus (Bornstedt, Thondorf).

Kätterne Holz, heisst im Volksmund das Kathrinen-Holz bei Kreisfeld.

Katrine $\doteq$ Katharine. de schnälle K. == Durchfall. s. Gr. W. II, 609. s. Trîne.

katrilsch, adj., (Bornstedt) toll, närrisch, sich k. ärjern, ist wohl volksetymologisch == katholisch. s. Gr. W. V₁, 277.

Katze, f., 's sis far de Katze, es hat keinen Wert, s. Z. II, 285, 26. — Do misste dach jlei de Katz in Sack! etwa == da müsste doch sonst was drin sitzen! — ,Da Katze, hasste au Fische' == du bist auch ein Sünder. (?) Pl. — **Kätzchen,** dich hatt wûl ä Kätzchen jeläckt == du bist wohl gut gefahren, gut dabei weggekommen. Schmeichelkätzchen == ein zuthuliches Kind. — Kätzchen auch Schäfchen heissen die Blüten der Weide. s. Gr. W. V₁, 297.

kauen, sch. v., undeutlich sprechen. Pl. hat in selbiger Bedeutung ,kauen und genauen', letzteres zu genau. (vergl. das Verbum benauen, s. Gr. W. Kaularsch,** m., Huhn ohne Schwanz von **Kaule** f. Kugel. Kejelkaule. Kugel == Kule == Kaule.

Kaule f. Vertiefung, Einsenkung, nicht allgemein, wohl nur in lokalen Ortsnamen, in Bornstedt giebt es ein Jämenskaule.

kaustern, sch. v., == ,oft kauen' Pl. ,Jekauster' == Gekaute. Wohl nicht

zu kauen, sondern zu kosten, wie zu
lauern, glänzen, blasen sich anderwärts
lüstern, glinstern und blastern stellen.
vergl. auch in Grimms W. unter
keistern.
Kaute f. Bündel Flachs. kurh. oberl.
s. Gr. W. V$_1$, 363. Neues Lausitzer
Magazin 30 p. 242.
Kauz, m., das zu einem Knäul ge-
wickelte Frauenhaar. hess.; Kutz.
kauzen, sch. v., sich k. = sich hin-
kauern, zu kauern. s. Gr. W. Lpz.
Kâwel, f., Kabel, Loos, Loosteil. Die
Gemeindeteile vornehmlich die An-
pflanzungen wurden in Kabeln geteilt
und verloost. Kärsch-Flaumenkâwel
Dem Gesinde wird ihr Fleisch, Speck
u. s. f. in Kâweln übergeben. rund.
W. II, 436. Jütting 77. Gr. W. II$_1$, 7.
Kâwend, m., Kofent, Dünnbier. s.
Andr. 220.
Kâwer auch **Kâwert,** m. pl. Kâwerte
= Käfer.
âzen, sch. v., 1. schneien unter heftigem
Winde, Gr. W. V$_1$, 292; ‚mit Gedanken
an die Flocken als Kätzchen'. 2. mühsam
Handarbeit treiben, Pl. 3. gackern
vom Huhn, wenn es ein Ei gelegt
hat, s. kâksen.
Kechs, m., Husten, **kechsen** = husten.
ahd.: kahhazen, mhd.: kachzen, bayr.:
kachezen = keuchen, zu lateinisch:
cachinnari. s. kächzen.
el = kein. Nach dem n. kei findet
sich öfter der Genetiv: kei Seimens,
kei Hölens (kein Halten), kei Leids,
kei Fedderläsens. vergl. vél Wésens
machen. •
eiserlij, adj., kaiserlich; se sinn keis
= man darf ihnen nicht trauen. Pl.;
stammt vielleicht aus dem 30jährigen
Kriege her.
elkeln, sch. v., kopfüber hinfallen,
sich überschlagen, einen Purzelbaum

schlagen; hennkeikeln auch trans.;
sich ewwerkeikeln. — **Kelkelkopp**
schlôn = sich überschlagen, nth.:
koppskeikeln, in der Lausitz: kopolz
schissen. Das Wort keikeln ist das
nhd. gaukeln = sich närrisch hin
und her bewegen. s. b. W. 882.
Keil, m. ä Keil Brôt = ein grosses
Stück. Lpz.
Keile f. Hiebe, keilen — hauen. s. Gr.
W. V$_1$, 450.
keiteln, sch. v., Pflugkarre verstellen;
auch kantern, kudern (Piskaborn):
vielleicht hängt hiermit ein in der
Bornstedter Flur gelegenes Feld
‚Keutel' zusammen, das die (geschriebene) Bornstedter Chronik mit
‚Wendling' übersetzt.
Keitelworscht f. Magenwurst, zu oberd.:
Kutteln (Eingeweide), s. Z. VI,
286, 669.
Kêjelleich, n.. ist der regelmässige
Ausdruck für Kegelbahn. s. b. W.
1419: In Franken sagt man: das
Kugellaich, das lange, das kurze Laich,
(Kegel-) Spiel. Vilm. kurh. Idiot. 243.
kêken, sch. v., sich erbrechen. kékern
— brecherisch zu Mute sein. kekerij
Luther: köken, s. Gr. W. V$_2$, 1567.
Kênij, m., König. Die Kinder singen
mit Vorliebe:
     Ich binn ä klâner Kênij,
     Jât mich nich zu wenij,
     Ä Dreier iss jeröde rächt,
     Ich binn ä klâner Stewwelknächt.
     Oder auch in dieser Fassung:
     Ich bin ä klâner Kenij,
     Jât mich dach ü Fênij,
     Unn löst mich nich su lange stin,
     Ich muss je dach nach weiter
     jin, — far alle Téren jin.
Kêpel, m., Göpel.
keppeniren, sch. v., einen Kopf kürzer
machen.

kêrwellsch, adj., wählerisch beim Essen, Fressen; de Schweine sinn k. Zu bayr.: koren kören == kosten, schmecken und wählen.

Kessel, m., ein Schülerausdruck (auf den Gymnasien zu Eisleben, Eisenach, Nordhausen) für (Gymnasial-) Lehrer. Eine befriedigende Erklärung ist mir bis jetzt noch nicht gelungen, ebensowenig kann ich das Wort sonst wo nachweisen. vergl. Theekessel.

Kessellnk, m., grosser Kieselstein, ahd.. chisilinc.

kesselrawenschwarz, adj., ganz schwarz.

Ketto, f., für Kitte == Volk jagbarer Hühner; ein ganz anderes Wort als Kette — gegliedertes Bindemittel.

ketteln, sch. v., für sich einzunehmen suchen, hd.: kitzeln.

kêweschen, sch.v., stark husten, keuchen.

Kêwesch, m., Husten; wohl dasselbe Wort wie jiwwesen jäppsen (wo vergl.), die Tennis k. ist allerdings sehr auffällig.

kickern, sch. v., laut lachen, kichern, s. Gr. W. V₁, 660. Lpz.

Kicks, m, 1. in Bornstedt der Ort, wo beim Spiele der Kinder Ruhe gewährt wird, oberl.: pax. s. Gr. W. V₁, 668. Das Wort scheint mehr thür., denn im Grunde ist es unbekannt (hier Möl). 2. he weiss wedder Kicks nach Kacks — gar nichts, zu dem in M. unbekannten kicken == stammeln. b. W. 884. Z. VI, 132.

Kikelkûkel, m., leere Schwatzerei, unnützes Zeng, hd.: Gickelgackel, s. Gr. W. V₁, 701.

kiken, sch. v., stechen, (in der Kindersprache). Ich hue mich mett där Naddel jekikt. Kik ruft man, wenn man jemand, besonders Kinder mit dem Finger schnell scherzend berührt.

obkiken == abstechen, (Schweine). hess. und thür.: giken.

Kiker, m., einen Kiker uff änen hann, einen uff'n Kiker hann == Ärger auf jemand haben, einen ,auf dem Zuge' haben. oberl. Lpz., im Fürstentum Kalenberg (Firm. I, 182 erklärt kiker == Fernrohr, also jemand im Auge, auf dem Korn haben).

Kille, f., seltenere Form für Kelle, Kälte; (d)erkullen == erkälten.

Kimme, f., Kerbe. thür. s. Gr. W. V₁, 705.

Kimrûss auch **Kinrûss,** m., Kienruss.

Kinrûssbutte == kleines Daubengefäss für Kienruss.

Kind, n., Redensart: Kind unn Kêk, alles was zur Familie gehört; mett Kind unn Kêk jungen se uff dän Wêsemart. nth.: Kind 'un Kået. Eigentlich Kind und Kegel, (so bayr. und, wenn auch selten, im M.). Kegel bedeutet aber den unehelichen Sohn. s. Gr. W. V₁, 389. — Wörten, wi's Kind uff'n heilejen Krist.

kingeln, sch. v., mit der Kindelrute schlagen. Scheint nicht M., wohl aber nth. (in Holdenstedt). Kleemann führt kingern an. ,Am 3. Weihnachtsfeiertage gehen die Kinder von Haus zu Haus und wecken die Schlafenden mit Rutenhieben; das nennen sie kingern'. Die Sitte ist weit verbreitet. (s. Gr. W. V₁, 731 unter kindeln) und schreibt sich aus der Erinnerung an den bethlehemitischen Kindermord her, derart, dass die Kinder gleichsam als Rächer die Erwachsenen schlagen.

Kinkerlitzchen, pl. Flitterkram, wertloser Putz, auch loses Zeug, Schwänke. zu bayr.: litz == Grille, Kniff, und dem aus dem deutschen stammenden ital.: cencio == Lappen, Plunder, s. Gr. W. V₁, 774.

Kipe, f., kleiner Korb, der vornehmlich, in dem Obst gesammelt wird. ags. cypa, s. mnd. W.

Kippe, f., Kuppe, (Umiaut).

kippen, sch. v., wie nhd. ‚wie auf einer Spitze umschlagen'. intrans. und trans.: ummekippen. he hatt sich's Bein varkippt. — **Kippkarre,** f., ein Karren, der durch Kippen seines Inhaltes entleert wird. — kippeln = hin- und herwackeln. **kippern,** adj. kupfern. ‚Kipwesen' im Chr. Isl. a. 1622 p. 102 wucherischer Münzwechsel, s. Gr. W. V_1, 786.

kirksen, sch. v., ein Schallwort, z. B. schlecht geschmierte Wagenräder, Schlüssel u. s. w. kirksen ‚geben einen scharfen hohen zitternden Ton'. Kleem. vgl. westerw. kerkse = schnarren. Der Wärter eines Gradierhauses, das fortwährend kirkste, hatte den Spitznamen Kurks, vergl. mnd. giren, s. jirksen.

kiseln, sch. v., gesagt vom Schnee, der sandartig hin und her getrieben wird.

Kite, f. Köthe, Gelenk am Pferde- oder Kuhfuss, s. Gr. V_2, 1885.

kitenschessj, adj. Giebelh. hat: das Färd iss kitenschessj, hat den Schuss (Schoss) in der Köthe = heftiges Reissen, vergl. Hexenschuss, s. b. W. II. 479.

Kittchen, n., schlechtes Häuschen, Hüttchen; in der Kindersprache = Gefängnis, sonst Kot(e) = das Haus eines Köters, Kossaten, s. Gr. W. V_2, 1882, s. kôt.

kitze, in der Zusammensetzung kitzejrau, kitzekaterjrau = hochgrau, s. Gr. W. V_1, 870.

Kitze, f. Katzenweibchen, schl. Kitsche.

Klacke, f., verächtliche Bezeichnung für ein Franenzimmer, s. Gr. W.

V_1, 890, Klacke = Schmutzfleck, schmutziges Gewand. **klacken,** sch. v., schallend fallen = herungerkl., hennklacken. **Klacks,** m. = ein Haufe, der heruntergeklackt ist. Schwesterwort zu klicken (w. s.). s. Gr. W. V_1, 891.

Klädâge, f., Kleidung. oberl. Die französ. Endung betreffend vergl. Schenkage, Štellage.

Klâder, f., kotiger Schmutz, he hatt Klädern an'n Beinen: Übertragen Klädern in'n Anen hann, jemand de Klädern wäckwischen ‚ein Licht aufstecken'.

kladerij, adj. schmutzig, 's is änne klâderije Jeschichte, schmutzige, unsaubere. — sich baklâdern, s. Gr. W. V_1, 1009.

klâdern, zesammenklädern, zusammen- ‚flicken, wie Tischler und Zimmerleute'. mnd. kluteren = kleine mechanische Tischlerarbeit machen, sonst klitteren (Fischarts Geschichtklitterung).

klâjen, sch. v., 1. kratzen, einen die Augen auskläjen. nd. kleien, ahd. klâwen, nhd. klauen, s. Gr. W. V_1, 1033 und 1085. 2. langsam handeln = mâren, z. B. kläje nich su lange. Diese Bedeutung kann ich sonst nicht nachweisen, vergl. Gr. W. unter Klei.

Klâjer, m., Kläger; där Klâjer hatt wûl, wenn mant där Prâler hette, der, welcher klagt, befindet sich wohl, nicht also der Prahler, s. Wander Sprichwörterlex. II, 1862.

klaffiren, sch. v., sich uffklaffiren = sich übermässig putzen.

klappastern, sch. v., 1. prügeln, allenthalben. Klappastere krein, es setzt Klappastere. 2. polternd laufen = där kimmet ânklappastert. Weinhold, d. D. 102, Gr. W. V_1, 887.

Klapper, f., Werkzeug, um Geräusch zu machen; es besteht aus einem Brettchen mit einem darunter eingezapften Stiele zum Halten. Oben in der Mitte ist ein beweglicher hölzerner Hammer, der beim Hin- und Herbewegen auf dem Brettchen an beiden Enden anschlägt, s. b. W. 1837.

klapperdürre, dürr zum Klappern.

Klapps, m., 1. Schlag, Hieb. 2. ä hatt ä Kl., ist etwas dumm, sächs. osterländ., s. Gr. W. V₁, 981.

kläterij, s. klader.

klatschermäden nass auch klitscherm... durch und durch nass. Fr. R.: klatschennatt. s. schl. W. sub klatsch u. fatsch.

Klê auch **Kli.** 1. m. Klee; 2. n. das Kloin, Jänseklê, Häsenklê (die geringeren Teile beim Ausschlachten). In dieser Bedeutung auch oberl., Lpz.

Kleinekelt f. Kleinigkeit. mhd.: Kleinkeit.

kleiwen, sch. v., klauben, mit den Fingern langsam fassen, auflesen.

Kleiwer, subst., Person, welche klaubt, Kleiwebank, f.

Klengel- oder **Knengelmittwoch** ist der ‚Mittwoch nach Ostern, an dem die jungen Mädchen und Burschen, wenn sie etwas länger liegen, aus dem Bette geklingelt (klengeln — klingeln) und mit Ruten und Stöcken herausgeholt werden'. Pl.

klengeln, sch. v., klingeln, schellen.

Kletzchen, n., Klötzchen, in Sonderheit der Kuchen oder das Brot, das zusammengedrückt und klebrig ist. nth.

Klick, m. ein Klacks (w. s.), ein Häufchen, Teilchen. ä Klick Kuchen, Botter. s. Gr. W. V₁, 1158.

klick, adj. ausgelassen, auch begierig; bei Giebelhausen: Där öle Mansfäller

S. 47. mnd.: klick = toll, verrückt. s. mnd. W. II, 482.

klicken, sch. v., schallend fallen. s. klacken.

Kliftchen auch **Klifchen,** n., dünner Rock; Halle, Lpz., hessisch., wahrscheinlich aus dem Jüdischen. s. Gr. W. V₁, 1268.

klimpern, sch. v. 1. trans. mit Klumpen werfen. 2. ein klingendes Geräusch von sich geben, auch trans.

klingen = läuten.

Klinke f. Sippschaft, zusammenhängend mit

klinksch, adj., gewitzigt, gerieben; in klinkscher Weise oder in klingescher Weise (Wolferode, Grund); gehört zu dem Substantivum Klank=Schlinge, Ränke. s. Gr. W. V₁, 950. b. W. 1335.

klipp unn klar = sonnenklar. nth., nd.; nd. auch klinklar, ,vielleicht, meint Richey im Idiot. Hamb., vom Klang der Gläser, welcher desto heller ist, je reiner der Wein drin ist'. s. Sprachschatz der Sassen v. Berghaus 155. s. Gr. W. V₁, 1198 unter klinkschön.

Klitsch, m. 1. teigiges Gebäck = Kletzchen, wo vergl. 2. seinen Klitsch krein=Schelte (eigentlich klatschende Hiebe). s. Gr. W. V₁, 1211.

klitschen, sch. v., änklitschen = nassen Schmutz, Lehm u. s. w. an etwas werfen, dass es klatscht. s. W.

Kliwisch, ein Bach bei Kreisfeld, Kliwischjrund, von kliewen = spalten, vergl. auch oberserbisch hluboki = tief, Archiv für slav. Philologie V, 357.

kloppen, sch. v., klopfen. ,eins kloppen' = Karte spielen (Eisleben).

Klosterrode, früher auch bloss Rode, gräflich Schulenburgisches Gut, südwestlich von Eisleben, an der Grenze des M. Sprachgebietes. Früher (schon

900) Hildiburgerode, ein Prämonstratenser Mönchskloster.

klotzen, sch. v., sonst glotzen, M. auch jlotzen — scharf ansehen. ânklotzen.— **Klotzen,** pl. 1. Augen, Klotzauen. s. Gr. W. V₁, 1254. 2. Grosse Holzpantoffeln.

Klûkschelsser, m., überkluger Mensch. s. Z. VI, 475.

Klump, m. Kloss. s. Klûss.

Klunker, f., Zotteln, Troddeln an Kleidern, die herabhängen.

klunkern, sch. v., langsam sein, trödeln. s. Gr. W. V₁, 1299. vergl. in der Mark klüngeln. Z. V. 138, 20.

Kluns, m., Kloss. s. Klûss.

Klunze, f., Spalt, Riss im Chr. Isl. a. 1655 p. 224, jetzt wohl in M. nicht mehr üblich. Gr. W. V₁ 1299.

Klûss, m., Kloss; 's is klar wî Klûssbrîe (im Osten unseres Sprachbezirkes Klûsssuppe) = sehr einleuchtend, Lpz. In Berlin besagt die Redensart gerade das Gegenteil, s. Sprachschatz der Sassen v. Berghaus. S. 160. — Die Bezeichnung für Kloss in M. Lande ist dreifach. Im Grunde und im härzischen M. und in den Ortschaften von Stadt Mansfeld abwärts bis Oberwiederstedt hört man Kluns; Sandersleben, Gerbstedt, Heiligenthal und die nördlichen Dörfer mit ‚sälscher' Sprache haben Klump; Dederstedt, Volkmaritz, Neehausen, Höhnstedt, Zappendorf und die südlich davon gelegenen Ortschaften, auch Bornstedt und Blankenheim haben Klûss. In Erdeborn, das sonst Klûss hat, heisst Klump der Höweklûss. s. meine Abhandlung, Zeitschr. d. Harzver. 20, S. 109.

Knackbêre, f., Walderdbeere mit kleinerem Stengel, aber grösserer und härterer Frucht als die gewöhnliche Walderdbeere, fragaria vesca.

Knackkârsche, f., eine schwarze, harte Kirsche.

Knacks, m. 1. unheilbarer Schaden, dâr hatt dn Knacks derbei bakommen. 2. ein alter gebrechlicher Mann, ôler Knacks, sächsisch, oberlaus. (s. Anton 9, 9).

knackschâwij auch **schällij, adj.,** anbrüchig vom Obst, auch von Menschen. nd.: knackschälig.

Knackworscht, m. Eine aus Schweinefleisch und Speck bereitete, hart geräucherte dünne Wurst, die sich leicht durchbrechen lässt (wobei sie knackt); heimisch in Norddeutschland.

knäffen, sch. v., kläffen, vom Gebelle eines kleinen Hundes (Knäffer), sodann übertragen keifend zanken.

knapp, s. nârlich.

knürjeln, sch. v. 1. zwischen den Fingern drücken, reiben, knittern. 2. intr. verdriesslich sein, schl., oberl.: gnirgeln; stammverwandt mit nergeln.

Knarre, f., in der Redensart, erst de Farre, nocht de Knarre, · erst wenn man eine sichere Stellung hat, soll man heiraten. Die Knarre heisst (s. Gr. W. V₁, 1353) eine zänkische, keifende Frau. Statt Knarre sagt man oberl., Lpz.: Quarre.

knastertrocken, adj., trocken, dass es knastert, (‚kneistert' Pl.).

knätern, sch. v., knarren.

Knättsch, m. 1. Schmutz (Kot auf der Strasse) sonst Knatsch, s. Gr. V₁, 1360. 2. breite langweilige Rede.

knättschen, sch. v. 1. in eine knatschige Masse treten, herumknättschen, durchknättschen. 2. breit reden (eigentlich knatschend, mit Geräusch essen), knättsche dach das nich su auseinanner. s. Vilm. kurh. Idiot. 210.

Knätzkopp, m., Kopf voller Grind, dann Schimpfname.

Knätzzeik, n., Abfall, quisquiliae, auch Gegenstände, die unvollkommen entwickelt sind; sulches Knätzzeik von Kartoffeln (kleine, unansehnliche), ähnlich von Rüben, Obst u. s. w., auch von Menschen (jungen unnützen Burschen). — nth.: Knatzsachen. Verwandt mit bayr.: (s. b. W. 980) ‚Gnist purgamenta, quisquiliae'.

knaupeln, sch. v., auch fast häufiger knuppeln, mit Fingern mühsam arbeiten, z. B. um einen Knoten aufzuknüpfen. schl. knäubeln. s. Z. VI, 83. Gr. W. V₁, 1371.

Knaust, m., 1. grosses und dickes Stück Brot, insbesondere auch der Ranft. nd. 2. ‚im M. Bergbau ein festes Gestein. Adelung.' Gr. W. V₁, 1373.

knäwwern und knawwern, sch. v., mit Geräusch nagen; auch übertragen mürrisch reden, belfern.

knechen, sch. v., peinigen, quälen; fränk.: knöchen, s. b. W. 1345, Gr. W. V, 1457.

Kneilt, m., schlechtes Messer, Schusterkneift; schl. Knifike, s. auch Knufft.

Kneist, m., der anklebende Schmutz, vornehmlich an den Kleidern; sonst Gneist, sehr weit verbreitet, nth.gniist.

knengeln, sch. v., nergeln, Kneugelfritze; zu fränk. und bayr.: knenken, ⸗ weinerlich reden, bitten, zanken; s. Gr. W. V₁, 1411.

knêren, sch. v., zusammendrücken, zerknittern, hess.: knîeren. s. Gr. W. V₁, 1524.

knêtschen, sch. v., zusammenknittern. sonst knötschen, s. G₁. W. V₁, 1415 und 1512.

Knewwel, m., ein Knoten, in dem ein Stück Holz befestigt ist; wenn kein

Knopf mehr an Hosen ist, befestigt man den Hosenträger durch einen Kn. — knewweln, sch. v., mit Stricken binden.

knifflich, adj., voller Schwierigkeiten, schwer zu entwirren.

knikeppeln, sch. v., den Kopf zwischen die Knie drücken. Pl.

knille, adj., stark betrunken, sonst knüll (⸗ dick), Z. III. 283, 107. Es scheint nicht M., obwohl es Kreid. einmal hat.

knillen, s. zerknillen.

knipen, sch. v., kneipen, streug hd. kneifen.

knippeldicke, sehr dick; de Tannen stannen knippeldicke. — he hatt's knippeld. hinger 'n Uren, där iss knip. basoffen, s. Z. III, 283, 107.

knippen, sch. v., knüpfen; uffknippen ⸗ 1. aufhängen. 2. jemandem etwas einschärfend sagen. — Eine Weiterbildung ist knippern.

knippsen, sch. v., 1. abschneiden, obknippsen, wäckknippsen. 2. bezeichnet das Geräusch, das entsteht, wenn man mit dem Daumen an einem anderen Finger herauffährt, sodann auch ⸗ schnellen (durch diese Bewegung), dän Kärschkärn wäckknippsen.

knirschen auch knärschen, sch. v. mit den Zähnen kuirschen.

Knirps, m., seltener Knurps, kleiner untersetzter Mensch; md. s. Gr. W. V₁, 1489.

Knitschel, m., Bündel, Büschel, ä Kn. Zippeln, Höre; zů knitschen. s. Gr. W. V₁, 1446 und 1529.

knittern, sch. v., bezeichnet ein Geräusch, vornehmlich das des Donners, auch das der Flamme; ablautend zu knattern, mit dem es auch öfter zusammengestellt wird. 2. in Falten brechen.

Knorpel, m. Knorpel, in Sonderheit die kleineren festen Stücke Schiefererz oder Braunkohle, Knorpelkohle.

Knorz, m., verknüppelter Ast, dann auch übertragen von verkrüppelten Menschen, s. Gr. W. V₁, 1492.

Knowwloch auch **Knewwloch,** m, Knobloch.

Knowwlochskönig heisst bekanntlich Heinrich von Luxemburg, der Gegner Heinrichs IV., er soll in Eisleben residiert haben, Grössler fand noch in unseren Tagen in Eisleben eine Erzählung über den Knoblauchskönig im Volke lebend vor. Die Düringische Chronica, S. 204 erzählt, dass dieser König von den Kaiserlichen ‚König Knoblauch‘ oder der Knoblauchskönig genannt sei, weil dazumal zu Eisleben viel Knoblauch gebaut wurde. s. Grimm, deutsche Sagen, No. 490.

Kno(e)wwlochsmittewoche=der Mittwoch nach Pfingsten, ‚wo man Knoblauch isst im Glauben, damit auf das Jahr die Gesundheit zu sichern‘. Der Ausdruck geht auch über das M. hinaus; so findet er sich bei Frisch im Lexikon (aus dem 16. Jahrhundert) und bei Schelmufsky in Hamburg; dann in Halle a. S., s. Gr. W. V₁, 1451. Uebrigens bezeichnet auch die (geschriebene) Bornstedter Chronik S. 215 den Dienstag nach Pfingsten als Knoblauchsdienstag. Zunächst dachte ich an eine Beziehung zum Knoblauchkönig, der ja im M. Lande 1082 residierte. Wirklich steht in Meyers Wegweiser durch den Harz, 8. Aufl., Seite 50, dass um Mittwoch nach Pfingsten dem Knoblauchskönig zu Ehren ein Fest gefeiert sei. Auf welcher Quelle diese Nachricht fusst, ist mir unbekannt, ich habe nirgends über diese Angabe eine Andeutung

gefunden, auch fällt, soweit ich der Sache habe nachgehen können, kein wichtiges Ereignis aus dem Leben Heinrichs von Luxemburg in die Pfingstwoche.

knuckern, 1) knacken, gesagt z. B. von der Uhr, die sozusagen ein stöhnendes Geräusch von sich giebt, ähnlich von dem Ohr. nd.: knucken. Schwesterwort zu knacken. 2) knauserich sein, dafür auch knuckerij, knickerij sinn, s. W.

Knufft, m., geringwertiges Messer, offenbar zu Kneif(t), den u-Vokal habe ich sonst nicht nachweisen können. In Wolferode und im Grunde sagt man **Knuttch.**

Knuppe, f., auch **Knoppe** = Kuospe, nd.

knurjeln, sch. v., zusammenknittern, vergl. schl. knirgeln.

Knurren, pl. Knorren, Beine, Füsse. s. Gr. W. V₁, 1488.

Knurzel, m., Deminut. zu Knorz = krummes knotiges Stück Holz; s. in Gr. W. unter Knürzel.

knusseln, sch. v., undeutlich und langsam reden, auch handeln. Nebenform knutteln.

knütschen, sch. v., quetschen, liebkosend drücken. s. Gr. W. V₁, 1530.

Knuttch, s. Knufft.

kochjar, adj., sehr erhitzt.

Köchstedt, Dorf im Osten des salzigen Sees = Stätte des Kogo. s. Grössler, Zeitschr. des Harzvereines 1883 p. 110. Im Volksmunde: Keschte.

kôkeln, sch. v., (in Thondorf kaukeln) mit Feuer spielen, nth. Lpz.; schl. und oberl.: gökeln, bayr.: gaoken, mhd.: gogelen; unser gaukeln. s. Gr. W. V₂, 1566. — Wer kokelt, pinkelt in's Bette. — Kökellicht u. Licht in der Kindersprache.

Kôlheit, n.. (Kôlhât), Kohlkopf. hêt (so auch Lpz., nd.: hood, engl.: head) ist = Haupt (das p, eigentlich b schwand).

Kollera, f., Kolera, nach Analogie von Kolle = Kohle.

Köllme, Cöllme, Dorf, nordöstlich vom salzigen See, slavisch. Ursprungs, zu oberserb.: kholm, der Hügel. Es liegt am Stefans- oder ,Wärten'bache, der sich hier in die Salzke ergiesst.

Kolle, f., Kohle.

kollpechråwenschwarz auch kollpechschwarz und kollrawenschwarz = sehr schwarz.

Kollråwo, f., Kolrabi (Zappendorf).

kolzen, sch. v., im geheimen mit einander schwatzen, Unwahres reden; zu kallen, mhd.: kalzen. s. Gr. W. V₁, 70 unter kallen extr. Giebelhausen im alten Mansfelder S. 101 hat: was farr Sachen kolzen de Schneider zesammen, nach dem Zusammenhange scheint es flicken oder ausdenken zu heissen, für welche Bedeutungen sich aber sonst keine Belege finden lassen. vergl. in Nordhausen kolzen = Tauschhandel treiben.

kommôde, adj., bequem, mache der'sch k. de Lâtschen sinn k., lateinisch commodus.

Königswiek, Örtchen, südöstlich von Gerbstedt. Nach Grössler (s. Beesenstedt) erinnert der Name an einen der thüringischen Könige, vielleicht an Bisino.

Kopp, m., Kopf, ewwerkeppj = verrückt.

Korke, f., 1. Gurke, wärzjen, ânne saure Korke unn ä Fenkbrut met Worscht, das fräss 'ch alle Tache. 2. Nase. 3. Cylinderhut.

Korks, m., Kork, md.

Korn, n., Korn. Es ist der gewöhnliche Ausdruck für Roggen, welches Wort auch jetzt noch nicht im M. volkstümlich ist. Ebenso ist dies der Fall in Bayern und Hessen, während in Schweden mit Korn die Gerste, in Westfalen der Hafer, in Franken der Spalt bezeichnet wird. Übrigens wird alles, was aus Roggen bereitet wird, ebenso wie in Hessen, nicht durch Komposition mit Korn, sondern mit Roggen gebildet: Rockenmêl, Rockenbrôt.

korzsch, kurz (gehört im Grunde und Höhnstedt); vornehmlich findet sich diese längere Form statt der kürzeren korz in korzsch'n kleine = kurz und klein. korzschwäck(en) = kurzweg.

Kôt, m., kleines Haus. Tauwenkot, s. Kittchen.

Köwer, m., Korb, vornehmlich md.

kôwerlatelnsch, kauderwelsch; kôwer ist wohl volksetymologisch = kauder, denn da kaudern, unverständlich reden (doch s. Gr. W. V₁, 309 extr.) dem Volke ein unbekanntes Wort war, so lehnte man dasselbe au das allbekannte Kober an, s. Andr. 20. Ferner ist es althergebracht, dass unverständliche Rede ,lateinisch' genannt wird, so sogar die Sprache der Vögel. s. Wackernagel, deutsche Litteratur ₂ S. 137. Anm. vergl. nd. Krämerlatin. Den Ausdruck Kober in dieser Zusammensetzung habe ich sonst nirgends gefunden.

kôwern, sch. v., schelten, auch prügeln, dorchkôwern, vergl. schl.: käfern = keifen, Weinhold d. D. 28. Gr. W. V₂, 1548 g.

Kowwelt, m., Kobold, Hauskow. = fleissiger, arbeitsamer Mensch. Im M.-Lande weiss man viel von K. zu erzählen, vergl. Grössler, Sagen etc.

Kráchen, m., Kragen, 's jit au 'n
Krachen, ich kreie dich bei'n Krachen,
weitverbreitete Redensarten, s. Wander
Sprichwörterb. II. 1561.

Kracke, f., altes, abgetriebenes Pferd.

Krafft's Katze in der Rdart.: ü kimmet
án wi Kr. K. === recht schlimm. Allgemein im M. gänge Rdart umbe-
kannten Ursprungs; vergl. oberl.: er
liegt drinne wie Sepach in Klösen.

krahln, sch. v., bei Rinkart, Eisl.
Ritter 29:
Bergleut lahn nich lang met sich
krahln,
Wie die Miessnischen Vatterdahln.
(Feder(?)dohlen.
krahln ist entstanden aus kragellen,
(so bayr.) === krakeelen, der Schwund
des g hat nichts Auffälliges, nur
setzt krahln ein krágellen voraus.

Kráje, f., Krähe; dies Wort ist fast
allein gebräuchlich für Rabe (Kräbe)
im Osten unseres Bezirkes, im Norden
und Westen kennt man wiederum
fast nur änue Ráwe. alts.: craia.
Livländische Reimchronik 8753. s.
W.; Z. V, 419. Im M. findet sich
auch vereinzelt (in Zappendorf) Kráje.

krákellj, adj., krákelije Schrift ` ==
Krähenfüsse, auch Krákelfisse, s. Gr.
W. V₂, 1979.

Krämpel, m., Gerümpel, unbrauchbarer
Hausrat; sonst grempel. s. Gr. W.
V₂, 200.

Kramuttchen, pl., Ungeziefer, Flöhe,
Läuse, nth.: Muttchen pl. === Läuse,
oberl.: Gramutchen ,von Gramusi ==
das Kitzeln, wodurch Jucken erregt
wird', Anton 1, 12; auch schweizer.

Krankt, f., Krankheit, mnd.: Kran-
kede, Krank, s. Gr. W. V₃, 2040.
b. W. 1375.

Krappel, m., ein speziell in Eisleben
eigentümlich gebrautes Bier. Ein-

facher und Doppel-Krappel. Man
hört die seltsame Redeusart: ,Krappel,
Kruppel au der Wand'. Diese Rede-
weise führt vielleicht darauf, dass
Krappel ursprünglich nicht das Bier
bezeichnete. Krappel zu hd.: Krapfe,
heisst nämlich seiner Abstammung
nach der Haken. Möglicherweise
bedeutete also das Wort zunächst
den Haken oder Zweig, der aus dem
Hause herausgesteckt wurde, um
anzuzeigen, dass das Getränk gebraut
sei und in dem betreffenden Hause
verschenkt werde. Man kann auch
erinnern an das lateinische crapula
u. griech. κραιπάλη Weinrausch, Taumel.

Kräppel auch Kreppel, f., ein in Fett
gebackener kleiner Pfannkuchen. Die
Zeit der Kräppeln ist die Fastnachts-
zeit. — Kräppelchen, kleine Kräppel.
Die Kräppeln haben ihren Namen
von der (ursprünglichen) Hakenform
(Krappe === Haken). — Man treibt
seinen Spass mit jemand, indem man
ihn die Kreppelform, die es nicht
giebt, von irgend jemand holen lässt.
Der Betreffende kommt dann häufig
zurück mit einem von Steinen be-
lasteten Korbe.

krápschen und **jrápschen, sch.** v.,
hastig zusammenraffen, vornehmlich
stehlen, hess.: gripschen u. krapscher.

kraspeln auch **kräspeln, sich · k. ==**
sich mit Geräusch fortbewegen, sich 'n
Bärk nân kr., s. Gr. W. V₃, 2068.

Krätsch, m., Hausgeräte, vornehmlich
das abgenutzte, bei Seite geworfene.
Das Wort ist eine Verstümmelung
aus Gerätschaft.

krätschen, sch. v., gespreizt gehen,
sonst gewöhnlich grätschen. ä jit
krátschbeinij., s. Gr. W. V₃, 2069.

Kratzbusch, ein Walddistrikt zwischen
Bischofrode und Sittichenbach. nd.

heisst: kratt == ein niederes Busch-
werk, *s.* Sprachschatz der Sassen
von Berghaus S. 240.
kratzen, sch. v., die Komposita aus-
und obkratzen (dieses selten) bedeuten,
sich aus dem Staube machen. s. Gr.
W. I, 678 und 897. — uffjekratzt ==
aufgeräumt, lustig, s. ebenda 64.
krauchen, st. v., kriechen.
Kraut, n. Rdart.: dô hilft wedder
Kraut nach Flaster, farr'n Tod kei
Kraut jewacksen iss.
Krawâte, f., scherzende Bezeichnung
eines wilden Kindes, su änne kleine
Krawâte, nth. hessisch. Seltsam ist,
dass das Wort f. ist, denn Krawâte
ist == Krabat m. Kroat (s. Chr. Isl.
1628 p. 111). Vielleicht hat das
Wort Krawwe (w. s.) seinen Einfluss
geltend gemacht. s. Gr. W. V₂, 1908.
Krâwes, m., Krebs, mud.: Krevet.
krâwisch, gelenk., beweglich, dreist,
Giebelhausen Berggeist S. 111: he
kunno das wibbelichte un kräbische
Luder (den Hamster) nich träffen;
zu krabben, kräben == kratzen, viel-
geschäftig sein. s. Gr. W. V₂, 1914.
Krawwe, f., nennt man im Scherze ein
kleines Kind (eigentlich == Seekrebs.
krâwwela u. **kriwweln,** sch. v., 1. sich
hin und her bewegen, do Mäden
kräwweln in Käse rumhâr. 2. wimmeln,
sehr häufig kri(ä)wweln u. wi(ä)wweln,
schl., hess., oberl., Lpz. u. s. w. s.
Gr. W. V₂, 2202. 3. jucken, kitzeln,
prickeln, 's kräwwelt mich was uff'n
Koppe; ich hâ's Kräwweln in Fingern
==, das Jucken beim Frost, wodurch die
bekannte prickelnde Empfindung her-
vorgerufen wird'. hessisch: zingern.
M. findet sich auch (selten)
krawweln.
Krecher, m., ein schwächlicher, unbrauchbarer Mann. In Sigmaringen:

Kracher, Krachler, s. Z. II, 468,
s. Gr. W. V₂, 2348 unter kröchen.
kreideweiss, adj., weiss wie Kreide.
krein, praeter. krichte, sch. v., kriegen.
Kreisel, m., die Lampe aus Eisenblech,
die dem Bergmanne im Schachte
leuchten muss. Lpz., b. W. 1380: ==
Krug mitSchlagdeckel. mnd.:Krusel(e),
nth.: griisel. — dän kenn ich dorch
unn dorch, a wenn ich 'u mett'n
Kreisele dorch und dorch jeleicht
hette. — Do kann änen dr Kreisel
ausjin == da kann man verrückt werden.
Kreisfeld, historisch richtiger Kress-
feld, Dorf westlich von Eisleben.
a. 1262 Crevettenfeld, das auch
Giebelhausen noch als volkstümlich
kennt == Krebsfeld.
Krelz, n. Kreuz, das Jetreide stüt an
Kreize wird gesagt, wenn dasselbe
aus Mangel an Regen vertrocknen
will, Pl.; vergl. Rinkart Ind. conf.
S. 133: der Ketzer stund am Crütze.
vergl. Lpz.: am Kreuze liegen ==
in Not sein. Kreiz in Fluchausdrücken
s. dort.
krelzlldêl == sehr lustig. ,Das steigernde
Kreuz schoint ursprünglich als christ-
liches Symbol der Beteurung zu stehen'.
s. Andr. 272.
krelzkümmerlich, adv., ich höle kr.
vêl uff dich, ä jotterbarmete kreitzk.,
ich freie mich kr., he iss kreitzk. uffjekratzt == gar sehr. Der zweite
Bestandteil kümmerlich in dieser Bedeutung ist mir sonst nirgends vor-
gekommen.
krêkeln, sch. v., mäkeln, nörgeln,
krekellj. oberl.: krikelich. Lpz.:
grickeln. s. Gr. W. V₂, 1979; 2204.
krempeln, sch. v., 1. umme krempeln
== vollständig umändern. 2. uff-
krämpeln die Rockärmel, Hosen
zu Krämpe (am Hut).

Kremper, m., alte abgenutzte Person, die nicht mehr arbeiten kann, sonst meist Krümper. ‚Ursprünglich bezeichnet das Wort die überzähligen Leute, welche als Ersatzmannschaften im Notfalle in das preussische Heer eintreten mussten. s. Gr. W. V₂, 2010 und 2469.

krem(p)sen, sch. v., keuchen.

Krenechen, u., Krönchen, s. Kröne.

Krêpel, m., Krüppel. md. nd.; **krêpeln,** sch. v., sich mühsam fortbewegen.

Krêpelâr, m., ein Fuhrmann, der nur ein oder mehrere schlechte Pferde hat, und deshalb langsam vorwärtsfährt.

Kreppel, s. Kräppel.

Krête, f. Kröte. 1. Bezeichnung für kleine Kinder, besonders für unartige. 2. im Plural = Geld. thür., sächs., schl. — Ausruf der Verwunderung: Alle Krêten.

Kretschmarey, im Chr. Isl. a. 1654, p. 218, Gastwirtschaft, von Kretscham, ein Ausdruck, der sich jetzt zwar nicht im M., wohl aber in Schlesien, Posen und der Lausitz findet.

Krickälster, auch **Kickälster,** f. Elster von kriechen, s. b. W. 1363: Kruecken = Krumbeine; Kluge etymolog. Wörterbuch führt Krick auf franz.: cercelle, ital.: cerceta, latein.: (anas) querquedula zurück. — Die Elster heisst auch so bei Naumburg a. S. In Thondorf b. Mansfeld auch Schäckälster.

krickeln, uffkrickeln, sch. v., das Schrenkchen uffk. (Friedeburg) = : durch ‚Stochern' öffnen.

krillen, sch. v., den Hasen kr. = streifen, dass der Schrotschuss den Rücken berührt.

krimmenat, in krimmenat Stickchen hann, in tausend kr. Stickchen jin =

sehr kleine Stückchen. Lpz., Oschatz: Krimminatstückchen. Ist ‚vielleicht entstellt aus Karbonade, welches Wort das Volk Karmenade spricht?

krimeln, sch. v., krümeln, vornehmlich gesagt von unbedeutendem Schneefall.

Krimpe, Dorf westlich von Salzmünde, slav. Ursprungs.

krimpen, sch. v., Partic.: jekrumpt = netzen und pressen, dekatieren.

Krimskrams, m., Gerümpel, auch verworrene Reden. s. Gr. W.

Krippensetzer, m., ein alter, verbrauchter Mann, sonst Krippenbeisser. bayr.: Krippenmannl. b. W. 1378. s. Stacketenflicker, Kremper.

Kripps, m., s. Jripps.

krischen, sch. v., kreischen, auch von dem Brodeln der Butter, der Würste u. s. w. im Schaffen (Tiegel).

Kristir, n., Klystier. oberl. s. W.

Kritzekrâwer, m., auch (seltener das ursprünglichere) Kritzekâwer = Maikäfer. sächsisch: Kreutzgräber, thür.: Kritzekrebs; Kritzekauber; auch in Pommern. Das Wort ist lautlich = Kreuzkäfer; interessant ist der Einschub des r.

kriwweln, sch. v., s. kräwweln.

Krône f. Krone; Kopf, Schädel in den Redensarten: 's färt (šteit) mich inn de Kr.; he.hatts in dr Krône, in Krênechen = ist angetrunken, verrückt. s. Gr. W. V₂, 2378. Z. IV, 72, 9².

Krôp, n., Vieh; von krupen = kriechen.

Kroppâtuss, m., pl.: Kroppâtisse = ‚eine Art Gebäck, ähnlich dem Martinshorne in Herzform'; ‚anderwärts Maulschelle'. s. Gr. W. V₂, 2404. In Hettstedt wird es in Hufeisenform gebacken. Es ist unbekannt im Grund, bekannt in Leimbach.

krumm, häufig wird zusammengestellt krumm und lâm, z. B. schlôn.

krunksen, sch. v., ächzen, stöhnen.
nd., Lpz. s. Gr. W.

Kû f. Kuh. pl.: Kîwe, im Norden Kije.
Pl.: 's is su dunkel, mer mechte in
die Kû krauchen. He iss unjeschickt
a wî ä Sack vull Kûhärner.

Kuck, m., uff ä Kuck == auf einen
Augenblick, zu kucken.

Kuckelichtchen, n., Licht (Kindersprache).

kucken, sch. v., gucken.

Kucks, m., Anteil, Aktie an dem
Gesamtwerte oder Gewinn eines
Bergwerkes. — Bemerkenswert ist
Kucksloch, eine Öffnung aus der nutz-
bare Fossilien herausbefördert werden.

Kukucksschickelchen, n., ‚Orobus
vernus L'.

Kuddelei, f. 1. unschuldige Art des
Betruges. 2. schlechte unsaubere Art
zu waschen.

Kuddelmuddel == ein wirres Durcheinander, Mischmasch. nd., Mecklenburg, Mark Brandenburg. s. Berghaus,
Sprachschatz der Sassen, p. 275. vergl.
schl.: kudeln == wirre Haare.

Kuddelwesche, f., ein oberflächliches
Waschen.

Kûhaut, f., Redensart: das jit uff keine
K. niche == es ist so gross, gewaltig,
dass es nicht auf eine Kuhhaut geschrieben (s. schl. W. 49) werden kann,
weit verbreitet.

Kuffert, m., Koffer.

Kûle, f., Grube, s. Kaule.

Kulk, eine Feldmark bei Wolferode
heisst Kulk oder Kulch. nd. heisst
Kulk ‚eine mit Wasser gefüllte Ver-
tiefung, besonders ein durch die
Gewalt des Wassers eingerissenes
Erdloch'. mnd. W. s. Gr. W .V₂, 1613.

Kulke, f., Kolik, Verstopfung, ähnliche
Form auch in Sachsen, Osnabrück,
Pommern.

kulken, sch. v., trinken der Art, dass
das Wasser einen dumpfen Klang
giebt, also z. B. aus einer Flasche
mit engem Halse. Man ahmt dies
Geräusch wohl auch nach, indem
man sagt: kulk, kulk, kulk. Lpz.
gulkern, sonst kolken. s. Gr. W. V₂,
1613.

kullern, sch. v., kollern, rollen, trans.
und intrans. md. nd. — Kullerschoss,
m., kleine Kugel, welche die Kinder
spielend fortrollen lassen. bayr.: der
Schusser.

kulpen, sch. v., schlafen, in tadelndem
Sinne. Kulpteffel, Bezeichnung eines
Langschläfers; dieselbe Bedeutung
in Grubenhagen. s. Berghaus, Sprachschatz der Sassen 280.

kulpj, auch kulwij, adj. kolbig, oben
gerundet und breit. Lpz.

Kulpnûse, f., dicke Nase.

Kummedje, f., Komödie, überhaupt
gebraucht für jedes Theaterspiel.

kumpawel, adj., fähig für capable.

Kunfiljen, n., convivium, Gesellschaft,
öfter in tadelndem Sinne.

kunterbunt, adj., auch nhd.: ver-
stärktes bunt, ‚bunt wie ein Kunter,
d. i. monstrum, Untier', doch s. Gr.
W. V₂, 2744.

Kunterlêr, m., Kontroleur.

**kuntinnewir, adv., Entstellung aus
kontinuirlich, fortwährend. Mecklenb.:
kunterbiren.

**kuntrâr, conträr, farr kunträr im Ge-
genteil.

Kurks, m., Kork.

Kurre, f., kleiner Handschlitten; von
dem gewöhnlichen dadurch unter-
schieden, dass der Sitz und die
Seitenwände aus Brettern gefügt
sind. Vom latein.: currus. Wie weit
ist das Wort, das ich sonst nicht aufgezeichnet fand, verbreitet?

Kuschwein, n., koseud für Schwein. Der Lockruf und auch die kosende Bezeichnung des Schweines heisst Kischohen; zu franz.: concher.

kuttentulle, adj., sehr toll, eigentlich so toll wie eine Kutte, ein Mönch.

Kuttenzins, m., ,eine gewisse Abgabe der Bauern in der Grafschaft Mansfeld', Gr. W. V_3, 2904, genauer liegen die Ortschaften, die ihn entrichteten (Alterode, Stangenrode), nicht mehr in dem M. Sprachgebiete, s. Giebelhausen M. Sagen und Erzählungen [5] S. 94 ff.

kuttern, sch. v. 1. bezeichnet das Geschrei des Truthahnes (sonst koldern), weshalb der Truthahn auch Kutterhân heisst. Das Wort ist tonmalend, man ahmt wohl den Ton nach, indem man sagt: kutter, kutter, kutter (Lpz.: kanter). 2. Weil der Truthahn leicht erregbar ist, heisst kuttern auch zornig sein und **kutrij** == zornig. s. Gr. W. unter kuttern, wo allerdings diese Bedeutungen fehlen. **Kuttj,** m., schlechtes Wasser == Futtj, w. s., zu franz.: conteau.

L.

Labelen, pl., im Chr. Isl., p. 166 und 280 (hier wohl verschrieben Labielen), Bezeichnung eines Flurstückes bei Helfta, ,ahd.: labal, mittela.: labellum == Becken, Wanne'.

lachenink ⸗ lachend, s. lenink.

lächzen und minder häufig **lächen,** sch. v., vor Durst schmachten. das Fass varlächt == wird vor Trockenheit rissig und schadhaft.

Läckefett in der Antwort == du kannst mir gewogen bleiben'; eigentlich heisst das Wort Leckfetz==vulva canina, quae lambitur. s. kurh. Id. 247.

lackiren, sch. v., betrügen, bevorteilen, allenthalben.

lacktrisiren, sch. v., elektrisieren, soheint an Lack angelehnt.

Lädder, n., Leder, vunn L. zîn == eigentlich das Schwert aus der Scheide ziehen, dann mit etwas anfangen (ähnlich ,schiessen Sie los'), Wander, Sprichwörterlex. II, 1875.

Lâde, f., wüst liegendes Stück Land, nd., niederl.: leeghde. Wird auch adjektivisch gebraucht == unbebaut, dür Acker lét (liegt) lâde dô.

Läjel, n., kleines Fass, Birlâjel, vergl. lat.: lagena, griech.: λαγηνος.

lâk, adj., erschöpft, langsam; vornehmlich zusammengestellt: lâk unn träk (träge). In Lippe logge, nd. lâg. s. Z. 111, 424, 5 und VI, 353.

Lâko, f., Salzlake, Pökelbrühe, s. W.

Lâke, f. Decktuch, Bettlâke.

Lâken, pl., Pl.: kommen die Lâken, werden wir's nich lange mâken'. Lâken und mâken sind nd. Lâken, das Pl. nicht verstanden zu haben scheint, ist entweder soviel als Arzt, (got.: lékeis, ahd.: lâchi), wobei allerdings die schwache Form auffällt, oder Heilmittel (mhd.: das lâchen); vergl. auch Lâke, Decktuch.

lälla auch lllla == so hin, so ziemlich, wi jit s'n diche? — so lalla.

Lâm, m., in manchen Orten (Siersleben) Leim == Lehmen.

lâmen, sch. v., lahmen.

Lampe, f., uff de Lampe jissen == trinken (Bier oder Schnaps).

Landfride, m., dän Landfriden iss nich zu trauen, weitverbreitete Rdart., die aus der Zeit Maximilians I. zu stammen scheiut, vgl. die unter dem Titel dieser Redensart erschienene Schrift von Eberstein, Nordhausen 1868. s. Wander, Sprichwörterl. II. 1776.

låne, adj., sanft ansteigend; vergl. got. hlains Hügel.

Langenbogen, Dorf an der Salze ‚an der langen Krümmung der Salze‘. s. Grössler, Zeitschr. des Harzvereins 1883 S. 106.

Langeweile, f., farr Langeweile tûn, umsonst, Lpz.

lank, adj., lang, änne lanke (nämlich Schicht) machen, länger als sonst arbeiten, vergl. jut; du kreist mich lengest nich, där jlauwets lengest nich (schon lange nicht).

lankengelsch, adj., lankengelsche Hösen — Nanking-Hösen, welche bis zur Mitte unseres Jahrhunderts als leichtes Sommerzeug sehr beliebt waren. Das Zeug wurde in Nanking in China gewebt. Im Platt sagt man mit ähnlicher Verstümmelung Lankenghosen oder langengsche Hösen.

lännen, sch. v., gehen, wäcklännen, ein sehr seltenes Wort, welches Giebelhausen, Berggeist 107 hat; sonst länden zu Land. s. Gr. W. VI₁ 102.

läppe, adj., schlaff, lose, das Seil iss läppe; auch — träge, Pl.; schl. låpe, nd. leep, laff.

Lappen, m., vornehmlich Bezeichnung für das Kopftuch, auch Schnupftuch. dorch de Lappen jin — entrinnen, von der Jagd hergenommen. Dasselbe Bild schwebt vor in inn(ein)lappen, sch. v., jemandem durch Verleumdungen schaden; Giebelhausen, Berggeist 12: sie hutten se die Jahre här genunk bei den Sachsen ingelappt.

läppern, s. leppern.

Lärchenfäld, n., inns L. ninn jin, aufs Geratewohl, ohne Plan.

lärnen, sch. v., lernen, dann regelmässig für lehren, där Kantor hat uns de Liderwärsche jelärnt. — de Hand lärnt wî tûn — fängt an weh zu thun. s. Gr. W. VI₁, 770.

Lasche, f., Prügel, ä kreit L., eigentlich ist nach Gr. W. VI₁, 210 Lasche ein Stück, Fetzen Haut; vielleicht abgekürzt aus Kallasche?

Låse, f., ‚irdenes, bauchiges Gefäss mit Schnauze‘. Nach W. zu griechisch: λάσανον, nach Gr. W. VI₁, 211 wegen mnd.: late zu mhd.: låzen — Auslassgefäss.

Låte, mei Låte — mein Lebtage (das t ist natürlich der Überrest von Tage). Rinkart Ind. conf. 25 hat: sein lebtig. bayr.: Ma Lette. M. auch mei Låwestache.

låtsch, adj.; langsam, eigentlich link in Schlesien, Fulda, sonst gewönlich letz. s. Gr. W. VI₁, 794.

låtsch, (das ä ist kurz) adj., weich, ohne Kraft, vom Fleische etc. s. Gr. W. VI₁, 277.

låtschen, sch. v., schleppend, träge einhergehen. **Låtsch,** m., bequeme Fussbekleidung, Hausschuhe, Pantoffeln. — Låtschbein und Låtschtéwert — Bezeichnung für einen Menschen, der låtscht. — Zetterlåtsch — zeternde, keifende Frau Pl.

lätschj, adj — lätsch.

Latte, f., Bezeichnung eines langen und hager gewachsenen Menschen; su änne lanke Latte.

Lattj, m., grosser Mensch, der sich unnütz macht. nth.; auch Lottj.

Latz, Brustbekleidung, Weste.

lauen, sch. v., langsam gehen, schleichen. (selten), auch bayr. s. b. W. 1400. zu lau.

Lauer ist seltsamer Weise n., in der Redensart: jemand das Lauer obsân == die Schliche absehen. detegere alicuius insidias. s. Gr. W. VI₁, 303.

Lauke, f., Luke (mit bayr. Vokalverschiebung).

Laus, f., Redensart: sich änne Laus in Pelz setzen == sich einen Floh ins Ohr setzen, sich selbst schaden. — su munner wi de Laus aus'n Grinne (Grinde) kimmet. — Schimpfwörter: Lausewanst, Lausejunge. — Zur Bornstedter Flur gehört ein Lausebärk, womit ein Flurstück geringen Ertrages bezeichnet wird. Dieser Name einer Flurgegend findet sich weit in Deutschland verbreitet. s. zur Volkskunde von Thüringen, insbesondere des Helmegaues von Rackwitz, Halle 1884, S. 4. kurhess. Idiot. 240. Bech XI (der ein anderes Wort als Laus in der Bezeichnung verborgen meint). Man kann auch erinnern an oberserb. luza == Pfütze. s. Archiv für slav. Philologie V 361. — Die einfachste Erklärung ist die, dass das Wort mit mnd.: lus, lusch == Schilf, Schnittgras zusammenhängt. vergl. Zeitschr. des Harzv. 1870, S. 25.

Lauwe und umgelautet Leiwe, f. Laube.

Lâwan und Lâwant == ein grosser, langer Mensch. nd., schl.: Labander; zu labben == schlaff hängen, nahe liegt der Gedanke an den biblischen Laban. Andr. 79. Z. VI, 353.

lawânnij, adj., lebendig.

Lâwen, n., Leben; um's Lâwen spèlen ist eine Art Kartenspiel, bei der ohne Berücksichtigung der Farben das höchste der Blätter sticht. Die Karten werden, ohne dass man sie vorher ansieht, wie sie gerade aufgehäuft liegen, ausgespielt. Wer die meisten Augen bekommt, ist Sieger.

Lawwe, f. Maul. nth., sächsisch, Lpz. Berlin; Breilawwe == breite Labbe. Wohl nicht von labium, sondern deutschen Stammes. s. Z. VI, 353. Gr. W. VI₁, 4.

lawwêt, adj., krank, schwach; besonders im Kartenspiel lawwêt sein == verloren haben == faire la bête. s. W. und Berghaus, Sprachschatz der Sassen, p. 299.

lawwerij, adj., albern; das iss ä lawwerijes Essen == kraftlos, fade; von lawwern, sch. v., einfältig, langsam reden. Lawwerhans s. Lawwe.

lecken, sch. v., springen. Das Wort, das nhd. nur noch gänge ist in: Wider den Stachel lecken, ist auch in M. beinahe untergegangen. Pl. führt die Redensart an: Was junk iss, leckt järn, was ôlt iss, brummt järn. Sodann kommt das Wort in einem alten Tanzliede, das im Grunde und Wolferode gesungen wurde, vor. (Von den Paaren, die sich gegenüberstehen, wird gesungen):

Mime Suse! (Verbeugung)
Lecke duse! (Verbeugung)
Vunn hingene, (die Paare drehen
      sich um)
Vunn vorne (sie kehren sich wieder
      das Gesicht zu).

Jetzt fassen die Paare sich an und beginnen den Rundtanz, indem gesungen und gespielt wird:

Haste Bärn in deiner Ficke etc.

s. unter Bärne. — Endlich findet sich noch (Thondorf): das Lamm leckt (springt). s. Hemmelecker.

Leffel, m., Löffel. Sprichwörtlich: ä hatt keinen Leffel, wenn's Ärwesbrei rânt (regnet), == wenn die gute Gelegenheit kommt, kann er sie nicht bei dem Schopfe fassen. ä hatt de Weisheit mett Leffeln jefrässen, sagt man vom

Neunmalklugen. — Lirumlarum Leffel-
stêl, ôle Weiwer fressen vêl.
Leib, m., sein Leiwe keinen Rôt wissen,
sich nicht zu helfen wissen; sein
Leiwe keine Stifmutter nich sinn, sich
gütlich thun. Eine merkwürdige
Pluralbildung findet sich bei Rinkart,
Indulg. conf. 67: die ehn ehr leibser
leblang han kein einigs Leidgen
nicht gethan, s. ebendort S. 134.
vergl. dazu b. W. 1413 und mnd.
W. II, 706.
Leiche, f., bedeutet auch das Leichen-
begängnis. s. Gr. W. VI₁, 614.
Leiche, Läche, f., Zaun, vornehmlich
der lebendige Zaun. Das Wort tritt
fast durchweg für ‚Zaun‘ ein in den
östlichen Dörfern unseres Bezirkes.
Leid, Läd, n., Leid, ‚Leid ánnémen
= Mitleid haben‘, Pl.
leifen, läfen, sch. v., meist in Kompositis obleifen etc. = abhülsen z. B.
Erbsen, Bohnen. schl. läufeln, léfeln,
hess.: näufeln. Z. VII., 142.
Leifer, m., ein junges Schwein, das
schon so gewachsen ist, dass es zum
Verkauf herumgetrieben werden kann;
bayr.: Läufling. s. kurhess. Idiot.
239.
leiknen, sch. v., leugnen, nth.
Leim, m., aus 'n Leime jin — auseinander gehen, sich spalten; Meister
Leim ist der Spitzname für Tischler.
s. auch Läm.
Leimbach, Stadt bei Mansfeld, a. 973
Lembeke. Nach Grössler hessischen
Ursprung, weil es im Hassegau liegt
und in Hessen dieser Name sich
sieben Mal findet (danach wird seine
Gründung um 570 nach Christi an-
genommen). Von laim, Lehmen.
Leite, pl., Leute. 1. seine Leite = seine
Verwandten. 2. Dienstboten. Leite-
stowwe, die Stube, in der das Dienst-

personal sich aufhält. In dieser Be-
deutung auch in dem formelhaften:
Kinger unn Leite.
Leite, f., Bergabhang; doch nur in
Eigennamen von Höhenzügen, so
Burkleite zwischen Bornstedt und
Holdenstedt; sonst bayr., fränk., Lpz.
vergl. die bekannte Hainleite. Z. IV,
235, 201.
Lenn, ‚Vorstecker, dient zur Befesti-
gung der Wagenkapsel‘, Kreid. nth.:
Lönn, Linn, hessisch: Lunn, oberl.:
Lihn oder Lehne, wendisch: Lon, s.
Anton 9, 17.
lên, 1. st. v., lâk, jelâen, liegen. 2.
sch. v., legen, lête, jelêt.
lenink, adj., liegend. das Lenink,
Leninge, Liegende, bergmännischer
Ausdruck für die untere Seite eines
Ganges (des Schieferflötzes), im Gegensatz dazu heisst die obere das
Hangende. — einen lenink machen,
zum Liegen bringen. vergl. drinink,
jlinink, stinink, sinkening, passnink,
reissnink, essnink, lachenink. Über
diese Formen, welche Participia praes.
zu sein scheinen, hat die Grammatik
zu handeln. Tritt diesen Formen das
genetivische s an, so haben sie ad-
verbiale Bedeutung.
leppern, sch. v., auch läppern, in
kleinen Teilen etwas ansammeln.
's läppert sich zesammen, es mehrt
sich nach und nach. varläppern, im
Kleinen durchbringen. — Läpper-
schulden pl., kleine Schuldposten,
s. b. W. 1496, hessisch: Klepper-
schulden, sonst auch Klitterschulden.
‚lesterer‘, pl., ‚Winkelschlächter‘ im
Chr. Isl. 1621 p. 101: die dorf-
schlechter und lesterer; auch in Gr.
W. VI₁, 256 zu lästern.
Lette, f., Lehmerde, Thonerde. s. Gr.
W. VI₁, 791.

Letter, f., Leiter, nd.

Letzte, f., Ende, in den Redensarten: uff de Letzte, zer Letzte, ze jûter Letzte (zum guten Schluss, wider Erwarten am Ende noch'. de Letzte jân, den letzten Schlag geben. s. Regel, 230. Lpz.

Leviten lâsen = abkanzeln, allenthalben; ,wohl ursprünglich das Gesetz lesend vorhalten'.

Lêwechen, n., Deminut. zu Lob, in der Rdart.: jemandem sei Lêwechen preisen = die Meinung unverblümt sagen, ,die Wahrheit sagen'; pass uff, ich wâre dän Härren schûne sei Lêwechen preisen.

-lewwen = -leben. Endung an Ortsnamen, welche am wahrscheinlichsten bedeutet Überbleibsel, Nachlass, Erbgut (vergl. ahd.: totleiba = Hinterlassenschaft eines Toten), s. Grössler, Zeitschrift für Harzverein 1883 S. 111.

lîb, adj., lieb. Recht sinnige Ausdrücke, die in der verfeinerten Welt sich leider nicht mehr finden, sind: in de lîwe Kärche jîn; das lîwe Brût, di lîwe Sunne; do hatts mer'sch lîwe Jût, unn 's is nich jôr (gar) jebacken, von Brot hergenommen, wird gesagt, wenn eine an sich vortreffliche Sache durch irgendwelchen Fehler verdorben ist. — ä lîwes Wätter = Gewitter, de lîwe Zeit, ich hûe meine lîwe Nût, (euphemistisch; Gr. W. VI₁, 902), das lîwe Jäld. — vergl. Grimm Mytholog.² 1069, Vilmar kurhess. Idiot. 248. b. W. 1416.

lichte, adj., hell, 's wärd schûn lichte.

Lichte, f., Lichtheit, Helligkeit in den Rdarten.: aus dür Lichte jin, ä stit mich in der Lichte. s. Wäk.

Lid, n., Klappe, Verschluss, meist in compositis, Uwenlid (Ofen), (hierher auch Augenlied). s. Andr. 200.

link, adj., du bist linker Hand, greifst fehl. — **Linktatsche, f.,** spottende Bezeichnung für jemand, der link ist. nth., Wetterau, thür., fränk., (Tatsche aus Tatze).

Lins-chen, n., demin. zu Linse, ein wenig, ein Bisschen.

Lise, Luise, ist Gattungsname geworden: Plapperlise, Schwâwell., Klatzschl., Schwatzl. u. s. w. Eine reichhaltige Sammlung giebt Albrecht, Lpz. § 166 b., vergl. Sûse.

Lise, f., häufiger Lis-chen, n., ein kleines Hautgeschwür, Pustel, hess.: Lieser, Lieserchen. s. kurh. Idiot.

Lisse, f., Leiste, Stellholz, ,dient zur Befestigung der Wagenleiter', Kreid. sonst Liese. s. Gr. W. VI₁, 1020.

Listchen, n., Lüstchen, ä L. hann.

littche = ,leichte' in Siersleben, eigentlich = kleine, ags. luttik.

litter, adj. (umgelautet aus lutter, dem nhd.: lauter) = rein, unvermischt, littres Bir, Kaffê etc.

littern, sch. v., läutern (bei der Wäsche), mhd.: liutern.

liwesjâren, sehr gern. schl. Weinhold, d. D. 113.

liwwerscht, lieber. Fr. R. leiwerscht. vergl. anderscht.

Loch, n. 8 Loch zoricke stecken = weniger anspannen, von seinen Forderungen ablassen, auch oberl.; ich will dich weisen, wo dâr Zimmermann das Loch jelôsen hatt (hinauswerfen). — Loch ist auch die Bezeichnung für einen schlechten Wohnraum.

Lochwitz, Dorf südlich von Gerbstedt, slav. Ursprungs, zu čechisch: lochovice.

Lodde, f., grobes Wollentuch, dann die Kleidung daraus. Inn de Lodden rennen; Giebelhausen, Mansfeld. Sagen⁵ 120: Kohler Zohk gungk dorch de Lodden, er erklärt wohl fälschlich im Lexikon = Seite, Rippe, Flanke. s. Gr. W. VI₁, 1116. Mit ähnlicher Bedeutung

Lodder, m., schlechtes Tuch, Fetzen am Kleide, nhd.: der Loden, s. W. — lodderij = zerlumpt, unsauber, vom Anzuge, aber auch von der Arbeit.

Lokomantive f. Lokomotive.

Lônst und Lûnst stehen bei Rinkart Ind. conf. 23, 24 für Lohntag, eine interessante Bildung, die mit Lâte = Lebtage zusammenzustellen ist. Das heutige M. kennt diese Form nicht.

Lork, m., verächtliche Bezeichnung für ein schlechtes Getränk, wie für Kaffee. Lpz. s. Gr. W. VI₁, 1151 u. 1313, vom lat. lora = Nachwein; auch Lorke f. und Lorre (Heiligenthal).

Lork, m., auch n., Schimpfwort, su ä Lork vnmn ä Menschen. In der Eifel, Hessen und Lippe heisst Lork die Kröte. s. Z. VI, 15 und 353.

Lorren, pl. Possen, falsches Vorgeben, Lüge, nd.: Lurren, s. Gr. W. VI₁, 1313; Z. V. 155.

Lorweln, s. Norweln.

lôs, adj., mutwillig, bös; nur hypokoristisch, su ä lôser Bûwe, ä lôser Štrick, s. b. W. 1517.

lôse, st. v. lasse.

Lottj, s. Lattj.

lôwen, sch. v. loben; ich wil's lôwen hälfen, dass d'es kreist, ist ein Ausdruck dafür, dass man es bezweifelt, dass man es bekommt.

lucksen, gewöhnlich in Kompositis oblucksen, balucksen = betrügen übervorteilen; von Luchs.

Lûder, m. 1. Aas, cadaver. 2. ein kräftiges Schimpfwort wie Aas, Schweinelnder, Schindluder etc., auch wiederum kosend, su ä Lûderchen.

Schindlûder mit jemand spielen == ihn arg zum Besten haben. — 's iss unger'n Lûder == unter aller Kritik.

Luftikus, m., Bezeichnung einer leichtsinnigen und leichtlebigen Person, bayr.: der Luft, Luftling, Lüftl.

Lôjârwer, m., Lohgerber, ä štît dô, wi ä batriweter Lôjârwer. Lpz.

Lûmij, m., 1. ein liederlicher, verkommener Mensch, Lpz. s. Gr. W. VI₁, 1289 unter Lumm. b. W. 1473. 2. heller Kopf, 's iss kei Lûmij, mit Anlehnung an das lateinische lumen.

Lumps und Lump, m., Lump.

lungern, sch. v., 1. eifrig trachten, auf etwas gierig sein. 2. faul herumstehen, umherlungern. — weit verbreitet, eine Desiderativbildung zu ver-langen.

lunschen, sch. v., langsam gehen. s. b. W. 1495.

Lunte, f., 1. Lumpen, Fetzen, nur in pl. 2. Zündstrick für die Feuerwaffe, daher die Redewendung: Lunte märken, L. riechen, eine Gefahr wittern.

lunzen, sch. v., leicht schlummern, sich behaglich zum Schlafe niederlegen. bayr., hess., s. Gr. W. VI₁, 1310.

Lusch, m., 1. leichtsinniges Frauenzimmer. hess., bayr., Lpz. (meist f.), dänisch: lyske = inguen. 2. leichter dünner Rock.

Lust uun Mutten, Lust und Willen, s. Mutten.

lustschj, adj. = lustig (in Biesenrode).

Lüttgendorf, Dorf am süssen See, im achten Jahrhundert: Luzilendorpf (== kleines Dorf), heute im Volksmunde: Lickendorf. vergl. alts. luttik klein.

lutter, adj., diese alte Form ohne bayr. Vokalverschiebung für lauter findet sich bei Giebelhausen vereinzelt (bei Rinkart sehr oft), vergl. litter.

M.

machen, sch. v. Zu merken 1. == sich
beeilen, mache unn lauf en de Štadt,
hennmachen intr. == sich beeilen. 2. Im
Imperativ mache als Ausdruck des
Bittens, tûk 's dache, mache, mei
Sûn. 3. gehen, reisen, nach Halle
machen, in den Schacht machen. hess.,
thür. 4) sich machen, sich betuen,
sich zieren, so sagt man von Kindern,
die ein neues Kleid u. s. w. tragen
und sich damit zeigen: mache dich nich.

Mack, s. Hack.

Mâd, f., Magd, Dienstmagd; für das
allgemeinere Mädchen sagt man
Mâjen.

Mâde, f., Made; su nass wî änne Mâde
sinn. — sî kâmen wî Micken unn
Mâden (so zahlreich). — Rânemade,
Regenwurm.

Mâdebork, im Munde des Volkes für
Magdeburg.

Maie, f., (sonst meist m.), der nicht
lange erst ergrünte Birkenbaum, mit
dem man im Frühjahr, vornehmlich
zu Pfingsten, Häuser und Küchen
schmückt. Auch der Pfingsttanz findet
um eine Maie statt.

Mâjen, n., Mädchen, Kürzung aus mä-
degen; nd. mâken.

mâjen, sch. v., mähen. Mâjer und
Mâder == Mäher.

Majezine, f., für Medizin.

Mâke, f., Lust, ich hâe heite keine
Mâke Kôrte zu spélen (bin nicht auf-
gelegt). s. Z. VI, 16.

Mâlechen, n., Fleckchen, Bisschen; kei
M.; dem. zu Mâl, Fleck, Spur. s. Z.
III, 466.

Maledeie, f., Krankheit, franz.: maladie.

Mâlhorn. Eine im M. weit verbreitete
Redensart ist: das iss ä anner Korn,
sât Mâlhorn. Die Redensart, 'die
nichts anderes besagt als ,das ist
etwas anderes', findet sich auch in
Lpz., wo ,Mehlhorn als ein gescheiter
Kerl gilt, der ein Gerstenkorn von
einem Mausedreck unterscheiden kann'.
In Oberröblingen erzählt man sich
als wärklije Bajâwenhet: 's wor emol
ä Mann, dâr huss Mälhorn. Dâr
kôfte Jetrêde uff. Nu kamb ä ämol
bei ä Bauer un wolle dô ä Kôf machen.
Dâr wiss 'n änne Prôwe. Mälhorn
wulle awwer trucksen unn sâte, de
Kärner wären nich sîre schîne. Do-
derbei biss ä Kärner antzwei. Dô
jrêlte: „Jä, das iss ä anner Korn'.
Unn weil ä 's raus brachte, war sch
Mausedräck.

Mälme, f., auch Mälmede, (sonst meist
der Melm) = leichter Staub, wie er sich
bei trockener Witterung auf den
Wegen findet. s. W.

Mandel, echt M. Mannel, n. 1. Haufen
zusammengestellter Garben. 2. danach,
wie scheint, eine Zahl von 15. Das
Wort ist etymologisch unklar. s. Kluge.

mank, praepos., unter, zwischen; mit
dem Dativ und Akkus.: mank den
Bärkleiten iss jrüsse Unzefrêdenheit,
mank de Härrens traue ich mich nich
zu jîn. — dermank dazwischen. —
nd. schl., hess., alts., engl.: among.

mankunger == mitunter, bisweilen.

Mann, Adjektivbildungen von Mann sind:
dreimännscher, vier- etc. männscher
(Haspel), an dem drei Mann arbeiten.
Lpz.

manneln (mandeln), sch. v., obmandeln, zurechtweisen, schelten; eigentl. in der Mangel Glättrolle verarbeiten. **Mannsen,** n. Mannsperson aus mhd. mannsname. Lpz., bayr.

manschen, sch. v., in etwas Feuchtem herumplätschern; ein Wirt mantscht, wenn er sein Bier durch Hinzugiessen von Wasser verschlechtert. zu:.cngen. s. W. Z. II, 234.

Manschetten hann = Furcht haben, eine durch ganz Deutschland verbreitete Redensart. ‚Sie geht von der Beobachtung aus, dass der, dessen Hände mit Manschetten geziert sind, einem festen Anfassen seinerseits und einem rauhen Zupacken von der anderen Seite aus dem Wege gehen muss'. s. Gr. W. VI₂, 1607.

Mansfeld, das Städtchen und das über demselben liegende Schloss, das der Grafschaft den Namen gab. Im Jahre 973 Mannsfeld = das Feld des Manno. Es fällt einem unwillkürlich Mannus, der Sohn des Tuisto ein, den Tacitus Germ. II erwähnt.

mant = nur. nd. Das t ist unorganisch. mhd.: wan.

maráchen, sch. v., sich (ob)marachen = sich abmühen bis zur Erschöpfung. schl.: maracheln. nd., Lpz. Z. VI, 356, VII, 130. Gr. W. I, 78. (zu Mark, abd.: marag).

Marcht und Mart, m. Markt.

Mâre, f., Nachtgeist, mnd.: mar. s. Gr. Myth. 433. Ahrens, Progr. des Gymnas. zu Hannover 1861.

mâren, 1. langweilig reden, vormâren. ahd.: marjan. 2. zaudern, durch Zögern verderben. — **Mârteffel, Mârsack, Mârsûse, Mârlise.** ahd.: marrjan (impedire) obwohl die Bedeutung unter 2 mit der unter 1 zusammenfliesst. 3. mengend wühlen.

rummâren, z. B. in där Mälme; ahd. mern = tunken. hierzu Mârte (w. s.). **Marjânechen,** eigentl. Mariannchen; es worre hopp Marjânechen, hopp Marjânechen gemacht = getanzt, auch Lpz. In Wimmelburg ist der Vers gänge:

Hopp Marjânechen,hoppMarjânechen,
Lôs de Puppen tanzen,
Sauerkraut und Läwwerworscht,
Frässen de Musekanten.

In Wolferode:

Hopp dich Marjânechen,
Hopp dich Marjânechen,
Drik dich mol rumm,
Drik dich au zwämol rumm,
Das ich bold uff dich kumm.

Märkchen, n. Merkchen, Kleinigkeit, ä iss umm ä M. jresser. deminut. zu Merk. s. Gr. W. VI₂, 2093.

Marks, n. und m., Mark.

Märks, m., Gedächtnis, Verstand, Z. VI, 528 extr., sonst Merke f. mnd., Lpz., Nordböhmen. s. mnd. W. III 75. Z. II, 234.

Mart, s. Marcht.

Mârte, f., eigentl. Mischung aus Speise und Trank; Bîrmârte, Weinmârte (Kaltschale), s. Gr. W. VI₂, 1468.

Märtin, die gewöhnlichere Form für Martin. In der Neustadt Eisleben steht auf dem Breitenwege dem ehemaligen Rathause gegenüber ein steinernes Standbild; dasselbe soll einen Steiger Martin, genauer Martin Vogel, nach anderen jedoch Luthers Vater darstellen. Dasselbe gleicht dem Siegel der Neustadt und scheint weiter nichts zu sein, als ein Symbol und Wahrzeichen für die Neustadt als Bergmannsstadt. s. Grössler, Zeitschrift des Harzvereins 1880 S. 289.

Märtinshärnechen, n., ein hufeisen-
förmiges Gebäck, das zu Martini gegessen wird.

Märtine, Martini, 10. November.
Zu Martine schlacht där Arme seine
Schweine (natürlich ursprünglich
Schwine),
Zu Lichtmässen hatt er si uffjejässen.

Märzenblüme, f., — blimechen n.,
anemona hepatica.

Maschke, f., hat Giebelhausen für
Maske.

‚maschöke‘, es wärd än masch. = es
wird ihm übel, Pl. Ich kenne dies
Wort als M. nicht, doch ist es
zweifelsohne das wetterauische me-
schuge (= nicht recht gescheit), und
das schl. meschucke (tückisch). Vom
hebräischen מְשֻׁגָּה = Irrtum.

Matenk, n., eine Art weiter Mantel für
Männer. nd.: Mantäng, bayr.: ‚der
Mateng (Erlangen) weibliches Ober-
kleid. ‚(zu franz.: matin?)‘.

Materie, f., der regelrechte Ausdruck
für Eiter, welche Bedeutung schon
das lat. materia hat.

Matsch, m. weiche, schmierige Masse,
vornehmlich Strassenkot. Matsch-
wetter = ‚schmieriges Wetter‘. —
mattschj, adj. — es matscht = ist
schmierig (auf der Strasse); aus dem
ital. marciare.

mattern, sch. v., für martern (weit
verbreitet).

Matz, m. 1. Quark (dieses Wort ver-
steht der M. nicht, wie denn wiederum
Matz z. B. in der Oberlausitz ein
unverständlicher Ausdruck ist). **Matz-
bumme, Matzkuchen.** Im östlichen
Mitteldeutschl., nd., **Matte, f.** 2. un-
reinlicher Mensch; deminut. **Mätzchen,
Dräckmatz; Pipmatz,** Kosename
für Vögel. Regel 236 sagt, Matz

heisse ursprünglich der verschnittene
Eber; jedenfalls spielt auch **Matz** als
Abkürzung von Matthäus mit herein.
s. Gr. W. VI 2, 1768. Die 4 Matz-
dörfer sind: Augsdorf, Siersleben,
Thondorf, Hübitz, die 4 Butterdörfer:
Göritz, Barnstedt, Gührendorf, Nems-
dorf (bei Querfurt).

Mauer und umgelautet **Meier,** m.,
Maurer; Kirchenbuch von S. Andreas
in Eisleben Chron. Isl. S. 37 Meurer.
Die Form Meier hörte ich vornehmlich
im Südosten und Süden unseres
Sprachbezirkes.

Mauke f. Krankheit. Lpz.; bayr.:
Mauche, Pferdekrankheit. s. Haupts
Zeitschr. VI, 487.

Maul, 1) regelrecht für Mund, vergl.
Frässe, Lawwe, Rachen, Schnautze.
das Maul varbiten = schweigen
heissen. 's Maul hängen. 2. Kuss.
demin Meilechen, rhein., wetterauisch.

Maus, subst., mach mich küne Meise =
Hindernisse, gehört in Höhnstedt
und Wimmelburg; auch oberl. und
bayr.; s. b. W. 1665. Gr. W. VI 2,
1818.

Mauschälle f. Maulschelle.

mecksen, sch. v., schwer atmen, ächzen
där meckst was zesammen, ä kann
knapp nach mecksen; von meck, dem
Laute der Ziege, s. Gr. W. VI 2,
1837.

meff, nich meff sän kennen (keinen
Laut), Lpz., vergl. maffen — bellen.
Gr. W. VI 2, 1429.

meich mäch — mein ich, ein häufig
eingeschobener Ausdruck, der einem
Gedanken subjektive Färbung giebt,
— opinor.

Meier s. Mauer.

Meiran, Märan, m., Majoran.

Meis-chen, n. 1. Muskel am Ellbogen
2. Schmeichelwort für Kuh. vergl.

hess.: Mäuskalb, ‚wahrscheinlich verwandt mit Mötsche(kuh)‘ 3.Schmeichelname für ein Kind, eine Frau.

Meissen, Redensart: ä štit dô, wi dr dumme Junge von M., eine auch im Thüringerwalde gebrauchte Redensart.

Mêjlichkeit auch **Mîjl.** f. Möglichkeit. Redensart: 's is de Mejlichk., in dem Sinne: sollte man es für möglich halten. Fr. R., Lpz.

Mêle f. Mühle; das is« Wasser uff seine Mêle == er fühlt sich in seinem Vorhaben, Reden gestärkt, vergl. he hatt Ewwerwasser.

mengeliren, sch. v., mengen, varmengeliren. Lpz.

Mensche, n., pl.: Menscher = Frauenzimmer(verächtlich), auch für Geliebte. Ähnlich in Hessen.

mer = 1. wir (unbetont); 2. man.

mêre, adj., mürbe, mhd.: mürwe, mür.

Mêrschel, m., Mörser. Lpz.

mêrscheln, sch. v., in einem Mörser zerstossen, ganz zu Grunde richten, ganz ermüden; ä merschelte sich janz ob; îr sitt beide wi ausjemêrschelt. sich zermêrscheln (sich abmüden).

merscht, adv. meist, meistens.

Mêrsche (Mörse) ein Teich zwischen Helbra und Ziegelrode.

Meste u. **Miste** f. Fass, doch nur gebraucht für das Salzfass, Sölzmeste; ‚von mêzan, messen, das t ist ableitend‘.

metterweile = mittlerweile.

mettjin heissen = stehlen.

mêtzeln, sch. v., mit einem stumpfen Messer schneiden.

Miffchen, Handmiffchen, n.,gewöhnlich pl., Pulswärmer, gestrickte Manschetten. Deminut. zu Muff. Lpz.

Mîle, Abkürzung von Emilie. Wenn man eine Mîle ärgern will, sagt man:

Mile, Mîle, Schmile, Schmâle; was bedeuten diese Ausdrücke?

Mime f. Muhme; auch in weiterer Bedeutung schmeichelnd für ‚gute Frau.‘

Mine, Abkürzung für Wilhelmine.

Minnich, m., Mönch.

minnîj, adj., mündig.

Minz auch **Mîz, Mûz, Mike, Minke,** f., kosend für Katze: Mi(n)zekatze. deminut. Mizchen, vergl. bayr. Mutz, mauzen (miauen). schl.: Minzel; hessisch: Winze.

mischant, adj., böse. nth.: möschante; auch oberl., Andr. 103 extr., das französische méchant.

Missink, n., Messing.

Missverstandt im Chr. 1sl. a. 1601 p. 67: (es) fiel anfenglich ein M. ein = Missverständnis.

Miste, f., s. Meste.

mistmadennass, adj., vollständig nass, vergl. klatschermadennass.

Mite, f. Der Erdaufwurf, unter dem Kartoffeln, Rüben etc. während des Winters geborgen werden. Anderwärts gewöhnlich in der Bedeutung regelmässig geschichteter Haufe, Getreide, Heu etc. s. Gr. W. VI 2, 2177: aus latein.: meta.

Mittwoche, f. auch wie nhd. **Mittwoch,** m., nächste Mittwoche; auch meissnisch.

Mîz s. Minz.

Môchel, m., Mogul, prahlerischer Mensch. jrussmochlîj=prahlerisch.—

môcheln == betrügen, auch môkeln.

Môl, n., Ruhepunkt beim Spiel, s. Kicks.

môle, adj., weich, vornehmlich vom Obste, das längere Zeit gelegen hat, gesagt. de Bärnen sinn môle. Dann auch übertragen: vonn vêlen Jin janz môle sinn (erschöpft). In Lippe: mull, in Hessen: moll. Z. VI, 357.

môlen, st. v., mahlen, molere. wär êr
kimmet, där êr mílt. Früher fuhr
man von weiten Entfernungen nach
grösseren Mühlen (vornehmlich im
Riede [Helme- und Unstrutthale]),
um das Getreide dort mahlen zu
lassen. War die Mühle besetzt, so
musste man oft des längeren warten.
Möllendorf, Ortschaft, südwestlich von
Mansfeld. a. 1420 Mollendorf. Früher
gingen aus dem Grunde viele Leute
nach M., um dort Osterwasser zu
holen.
Molmeck, Dorf dicht an Hettstedt.
a. 1434 Molmecke, ‚zu dem Mühlen-
bache‘, nach Grössler, Zeitschr. d.
Harzv. 1886, S. 327.
Môn, m., Mond (der Mon heisst im M.
Mûn).
Moppel, m., Mensch mit dicken Backen;
bayr.: Moppel = Mops, niederl.:
moppen = das Gesicht verziehen. s.
Gr. W. VI 2, 2525.
Môrd, m., Marder; Wittenberg, oberl.,
Lpz.: Mard.
Môtscheku, f., kosend für Kuh.
Deminut.: Môtschchen. Môtsche-
kälwechen, der siebenpunktige
Sonnenkäfer Coccinella septem-
punctata (Lpz.: Gotteskühchen). —
Adelung, Wörterbuch 3, 292 u. 294
weist auf das wendische Modzo hin,
vergl. μόσχος.
Motterele, f., auch Motter, m. =
Schwatzerei, nur bekannt in den
Ortschaften an der Saale.
mottern, sch. v., schwatzen, (Thon-
dorf).
Mucke f. verdriessliches Wesen, Laune.
s. W.
Mucks, m., Micks-chen, n. Der kurze
halbunterdrückte Laut; he sät keinen
Mucks = keinen Laut (Ton des
Widerspruchs).

mucksen, gewöhnlicher muck-schen,
sch. v. das Maul aufthun, aber keine
Stimme hören lassen, böse thun,
grollen.
mucksmcischenstille = ganz stille.
Muff, m. 1. runder gewölbter Pelz,
um die Hände zu wärmen. Handmuff
s. Miffchen. 2. Maulhänger =
mürrischer Tadler. Lpz. s. Gr.
W. VI₂, 2622. b. W. 1573; auch
Muffel.
Mulks, m., eigentl. Molch, dann kleine,
böse Person. nd.: Molck.
Mulle f. Mulde. 1. langrundes Gefäss;
vom starken Regen heisst es: 's jîsst
wi mett Mullen. 2. eine muldenartige
Vertiefung.
Müllersdorf, Dorf nordöstlich vom
salzigen See = ‚Dorf des Milher‘.
Grössler, Zeitschrift des Harzvereins
1883, p. 124.
multum = viel, in Masse (aus dem
Lateinischen), in M. selten gehört,
s. Giebelh. der alte M. S. 26),
häufiger in Hessen und Bayern.
mummeln, sch. v., varm. = dicht
in die Kleider hüllen, auch hessisch.
Deminut. zu mummen.
Mundfelle, f., Mundfäulnis, Krankheit
im Munde.
munkeln, sch. v., 1. raunen, im geheimen von etwas reden. In Dunkeln
is jut munkeln, d. h. ‚man kann, ohne
gesehen zu werden, allerlei treiben‘.
2. unpersönlich 's munkelt = es ist
trübe und droht Regen. s. Gr. W.
VI₂, 2696 ff. — sich ausmunkeln,
sch. v. sich aufhellen.
munkiren, sch. v., mokieren. Lpz.:
Fr. R.: monkîren.
Murd, im Grunde Mord, m. Mord.
's wôr Murd unn Tutschlâk. — himmel-
murddunerwltter = ein Fluchausdruck.
murdsmässij = gewaltig, gross.

Müren hann = Furcht haben. Aus
der Gaunersprache genommen, hebr.:
מוֹרָא.

Mürenlädder, alle M. — alle Wetter,
Fluchausdruck (w. s.), statt Dunnerwätter.

murkeln, s. Workel.

murksen, sch. v. 1. stückweise und
ungeschickt abschneiden, z. B. Brot.
s. Gr. W. VI₂, 2716. Z. V, 179.
2. quäken, z. B. von Fröschen. s. Gr.
W. VI₂, 2717.

Murre, f., in der Kindersprache kleine
Kammer, das Bett, das Lager. Im
Chr. Isl. a. 1652 S. 217 heisst die
Dienstwohnung des Neustädter Po-
lizeidieners die Murre. Wo noch?
Abstammung?

Murz, m., Verstand, Sitte vergl. Giebelh.
Alter Mansfelder 19: Sinst dö dächten
wül de Leite, mir hätten keinen

Murz inn Leiwe; verderbt aus latein. :
mores.

Mūsch, n. = Moos.

Muschkāte f. Muskate,
Was hilft där Kū Muschkāte,
Se frisst mōl Hawwerštrū.
Lpz., schwäbisch, Provinz Preussen.

Mutten auch Motten, pl., nur in ein
paar Redensarten: ä hatt Mutten
inn Koppe (Eigensinn), zusammengestellt: Lust unn Motten = Lust
und Willen. — Mottenkopp =
eigensinniger Mensch. Das Wort
ist dasselbe, wie das hd. Mut, s.
Z. IV, 277, 29.

Mutz, m., Bezeichnung für jemand,
dem die Haare vermutzt, schlecht
abgeschnitten sind. Mutzkopp; ob-
mutzen, varmutzen.

Mūz s. Minz.

Mūzjon f. Bewegung, sich M. machen,
latein.: motio.

N.

nache = nahe. Komparativ: nájer,
dr näjste. bcinacho = beinahe. —
de Näjte = Nähe (auch in der Mark,
ahd. nâhida). Bei Rinkart Indul.
conf. S. 32 findet sich: So werd
jhrs ehr jo was nähr lahn == wohl-
feiler, billiger lassen. s.mnd.W.III,144.

Nacht, f.; der Nacht = nachts; bei
nachtschlafender Zeit, nd.: nachts-
läpende tid, auch mhd. etc., s. Gr.
W. VII, 214.

nächten, adv., vergangenen Abend.
Gr. W. VII, 173.

Nackfer, m., seltener Nackber, in
Hettstedt: Napper (nd.: Naber) Nach-
bar. Bei Rinkart Indulg. conf 25:
Nackber, ibidem 41: Neuber.

näcksch, adj., spasshaft und interessant
neckisch.

nannich == noch nicht.

närlich, dürftig, kaum; zusammengestellt sehr häufig: knapp unn
närlich, auch knappnärlich, seltener
kaum unn närlich. Das Wort ist
allenthalben in Deutschland verbreitet,
s. auch Chr. Isl. a. 1631 S. 126.
Eine andere Bedeutung, welche auch
sonst sich findet, hat Pl.: närliche
Reden firen,,ärgerliche'. s.Gr.W.VII,
308. Vilmar, kurhessisches Idiot. 280.

Narre, m., Narr; ich kucke wi ä N. ==
ganz erstaunt.

närren, gewöhnlicher närrln, sch. v.,
hänseln, ärgern; ann einen rumnärreln.

Narrenspél, n., Narrenspiel. Narren-
špél will Raum hann = weites Feld,
weiten Spielraum.

närrsch, adj, närrisch. 1. verrückt,
sonderbar. 2. erpicht, janz n. uff
etwas sinn.

Nâse, f., dän leift's (trippt's) vnn der
Nase inn's Maul (fällt alles von selbst
zu), auch schl. — **dicknâs-ch(t)** =
dicknäsig, hochtrabend.
nasewels-ch und **nasewelstch** = naseweis.

Nâterschen f. Nähterin. Über das
Suffix -schen (älter -isca, altnord.
-ska), das sich im M. nur an diesem
Worte findet, sonst thür. u. nd. ist,
s. Regel 82.

Nauke nnd **Napplan** sollen nach einem
sagenhaften Berichte a. 1199 auf dem
Kupferberge bei Hettstedt zum ersten
Male den Kupferbergbau getrieben
haben (der Bergbau ist jedoch sicher
älter).

Naundorf bei Besenstedt und bei
Strenz = das neue Dorf.

Nâwechen, n., auch **Nâwllchen** =
wenig Geld; das iss mei ,letztes
Nâwechen, di pôr Nâwechen kannste
an besser ânwengen. Lpz.: Näbigen.
Deminutiv zu Nabe (hohle Mittel-
stück des Rades)?

Nazion f. Nation, dann verächtlich
Gesindel, Sippschaft, altmärk., Lpz.
s. Gr. W. VII, 425.

,**nebens'** im Chr. Isl. a. 1634 S. 144
nebst (gleich darauf nebenst), ibidem
S. 217 benebens. nd : nevens. s.
W. unter nebst.

Neckchen, n., Eckchen, Endchen, s.
Giebelhausen, Berggeist S. 77: ä
ganzes Neskchen von der Sehtadt.
Es ist in anderen Dialekten nichts
ungewöhuliches, dass ein n vor-
geschlagen wird. So kennt das

Hennebergische nast für Ast, nos =
Aas etc. s. Z. V, 451 ff. Zeitschrift
des Harzverein 1875 S. 142 A. 5.

Neckendorf, eingegangenes Dorf
zwischen Eisleben und Bischofrode.
Ältere Namensformen fehlen. ,Der
Name des Dorfes, bei welchem Berg-
bau getrieben wurde, enthält (ob zu-
fällig?) den Namen des Necke oder
Neucke, eines der sagenhaften Ent-
decker des M. Bergbaus'. Grössler,
Zeitschrift des Harzvereins 1883,
S. 127. (Necke = Ecke? siehe den
vorigen Artikel; vergl. ahd. hnak —
Gipfel, vergl. Pfeiffers Germania 29,
S. 310).

Neehausen, Dorf nördlich vom süssen
See = ,zu deu neuen Häusern' oder
,zu den Häusern des Nivo'. Grössler,
Zeitschrift des Harzvereins 1883,
S. 117. — Im Volksmunde Nihausen.

Neffen, pl., Blattläuse. nth., hessisch.

nei, nâ = nein.

neine — neun. Diese Zahl wird öfter
in Fluchausdrücken angewandt: nein
ditrich, alle neinditrichstes, alle nein
Dunnerwätter' alle nein unn nein-
zijster, nein un neinzij Dunnerwätter;
su änne neindunnerwätter Jeschichte.
Siehe Fluchausdrücke. — Uff alle
neine — sehr heftig, ungestüm (vom
Kegelspiel hergenommen). neinmol-
klûk — überaus klug (ironisch).

neischiren, adj., neugierig. bayr.,
hessisch, oberl.: neuschierig; ,sich
scheeren' (= sich kümmern) scheint
in dem Bewusstsein zu haften,
Andr. 89.

Neidhâmmel — neidischer Mensch. nd.

nölen, sch. v., zaudern, langsam handeln,
langweilig reden. nth., schl., Lpz.;
nd.: nölen nälen, dänisch: nöle.
s. schl. W.

Nellereie f. Nörgelei.

nesseln, sch. v., schwach regnen. Lpz.:
nieseln. b. W. 1758.

Nestkike, f., das Nestjüngste, der Letzt-
geborene von den Geschwistern,
eigentlich Nestküchlein. mnd.: Nest-
kuken. nth.: Nestkiker.

nêtschen, sch. v., saugen, trinken, s.
nûtschen.

Neue Sorje wird eine Häuserreihe in
Bornstedt ausserhalb des eigentlichen
Dorfes genannt. Dieser Name findet
sich auch im nd. zur Bezeichnung
obensolcher Wohnungen. So trägt in
Königsberg i. Pr. eine Strasse diese
Bezeichnung. s. Berghaus, Sprach-
schatz der Sassen 780.

Neu-Vitzenburg, Ort östlich vom
salzigen See — ,Burg des Vizo' oder
,Weissenburg'. Grössler, Zeitschrift
des Harzvereins 1883 p. 119.

nich, auch niche — nicht; öfter tritt verstärkend doppelte Negation ein: es
schiett kei Seier niche; ä will vunn
nischte nischt wissen; ich löse mich
uff nischt nich ein; ich mache jör
kei Häl (Hehl) nich draus; vergl.
närjend wör kei Schwein ze fingen.
Im 16. Jahrhundert findet sich im
Chr. Isl. nit, was schwerlich jemals
M. gewesen ist (heute bekanntlich
noch in Hessen etc).

Nickel, n., verächtliche Bezeichnung
eines Frauenzimmers; **Putznickel** =
putzsüchtiges Frauenz., oberl., Lpz.,
nd.; b. W. 1722: ein scherzhaftes
Appellativ. Nach W. ist nd. nickel
ein kleines Pferd. vergl. engl. nag.
Gr. W. VII, 974.

Nicken, pl., Schelmereien, hessisch:
Nück, Fr R, b. W. 1721. — **Nick-
name** = Spottname.

nicken, sch. v., behaglich schlafen (vor-
nehml.v ersten Schlafe); **einnicken** =
einschlafen, Lpz.; mhd : nicken, nucken.

nidlich, adj., wie nhd., öfter ironisch,
das iss jo nidlich, etwa = eine
saubere Sache. Musje Nidlich — ein
sauberer Patron.

Nischel, m., Kopf; oberl., schl., Lpz.;
schweiz.: Nischen Gr.W. VII, 856. —
M. auch Nuschel (in Friedeburg); in
manchen M. Ortschaften ist das Wort
gar nicht bekannt (Hettstedt, Dederstedt, Steuden, Gräfenstuhl).

nischt = nichts. he kunnte zu Nischte
nich kummen; farr nischt unu wedder
nischt = für gar nichts, umsonst,
du satt (sollst) mich das nich farr
nischt unu wedder nischt jesät
hann.

Nisse f. plur. Lauseier, Läuse; auch
nhd., griech.: κονίς.

nôcht, nôchtern, nôchtert, nôchtchen,
nôchterne, donôch, dernôch, der-
nôcht, dernôchtchen, dernôch-
terten = danach, nachher. Im Chr.
Isl. a. 1628 S. 111: hernacher.

Norwein, im Grunde **Lorwein, Lor-**
wern, pl., f. Exkrementklüglein; im
Osterlande Normel, s. Vilmar, kurhess.
Id. 285., b. W. 1756, Gr. W. VII,
887. Entstanden aus Lorbeer.

Nôt f. Naht. nach dr Nôt — nach der
Reihe, ohne Unterbrechung, aus-
nahmslos. s. Z. IV, 477, vergl. dazu
das ähnlich klingende nhd. ,nach
Noten' tüchtig, stark. s. Andr.
276 ff — uff de Nâte sân (sehen),
scharf auf die Finger sehen. b. W.
1768. — **Schweinschneidernôt** f.
schlechte Naht.

Notell, n., im Chr. Isl. a. 1602 S. 77
Aufzeichnung, Urkunde, latein.: no-
tula.

nu — nun. Die längere Form nûne
(seltener nûnechen) gebrauchen besonders die Kinder beim Verstecke-
spielen, wenn sie andeuten wollen,

dass man sie suchen kann. Eine Abschwächung ist no.

Nuckelchen, n. Kosewort mit ironischer Färbung ‚mein Schäfchen'; zusammenhängend mit **nuckeln**, sch. v., an dem Nuckel (Brust) seugen, nutschen, am Finger etc. — Nuckel heisst in M. der Zulp, Saugbeutel, s. b. W. 1724, Gr. W. VII, 974.

nuddeln auch **niddeln,** sch. v., 1. langsam handeln ‒= där nuddelt was zesammen. 2. halblaut sprechen, Pl. westerwäldisch: notteln, Lpz.: nudeln. vergl. isländ.: nudda ‒ taedioso operi vel rogationi inhaerere. Gr. W. VII, 976.

nûdeln, sch. v., stopfen, mästen (die Gänse), auch übertragen auf Kinder. nth. nudele oder frücke.

Nulp, m. Saugbeutel.

Nulpe f. Tabakspfeife. schl.; Gr. W. VII, 978 hat nulken = saugen. s. ibidem 981.

nûpeln, sch. v., auch nuppeln — saugen.

nurreln, sch. v., 1. ‚zusammenwursteln', unordentlich zusammenlegen. 2. etwas langsam thun. Sonst nicht nachweisbar? Es sind vielleicht zwei verschiedene Worte. Beim ersten ist ein k vorn abgefallen, das zweite gehört zum Stamme von ‚nergeln'.

nurt — nur, schon bei Rinkart Ind. conf. 67; auch die nhd. Form im M.

nusseln, sch. v., 1. durch die Nase, oder sonst unverständlich reden. schl.: nûseln, bayr.: nuschela. 2. am Ohr zausen, es scheint hier ein vollständiger Wandel von z in u vor sich gegangen zu sein (neben zausen findet sich auch züsseln), oder gehört das Wort zu nussen — prügeln? s. Albrecht 177. Gr. W. VII, 1010, Z.`IV, 46.

Nût f. Not. Zu merken sind Ausdrücke wie: se blûsen êre hârtzte Nût derwedder (aus Leibeskräften). Giebelhausen, Berggeist 26. — Källnär perschelten de hârtzste Nût, Kaffê, Brôten, Fleisch unn's Brût. Giebelhausen, Alter Mansf. 80. — Man kann de schwîre Nût kreien, Ausruf des heftigsten Ärgers und der Verzweiflung. Die schwere Not bezeichnet eigentlich die Epilepsie. — schwîre Nût, Schockschwire Nût sind ver wünschende Ausdrücke.

nûten, adv. nûten brauchen — nöthig haben. 's tût nûten, auch mit Umlaut nîten; es iss (vunn) nîten. s. Lexer, II, 108.

nûtschen auch (mit kurzem Vokal) **nutschen, nutscheln,** sch. v., saugen, z. B. an Fingern, auch an Zuckerwerk. schl., bayr., s. nêtschen.

O.

Obbiss, m., Abbiss. du bist des Deiwels Obbiss, etwa = aller Teufeleien voll. s. Giebelhausen, Berggeist 92. Ebenso in Ruhla; Regel S. 156 erklärt ‚du bist dem Teufel aus den Zähnen gefallen'. Sonst heisst auch eine Pflanze Teufels Abbiss (scabiosa succisa, Wegewarte, nackte Jungfer). s. Gr. W. 1, 13.

obdâkeln, sch. v., vornehmlich part. objedäkelt = ausgemergelt, abgenutzt, z. B. gesagt von abgelebten Frauen s. mnd. W. 1V, 505.

obhôlen, st. v., abhalten, für aushalten ich hôl es farr Kelle nich mî ob.

objân, st. v., abgeben, in dem Sinne von schelten, strafen. Gr. W. I, 44.

Objank, m., Abgang; Objank machen = abgehen.

obklappern, sch. v., Stelle für Stelle durchmusternd suchen; mir hann's janze Holz objeklappert, sagen die Jäger, die nach einem waidwunden Wilde den ganzen Wald abgesucht haben.

obknappsen, sch. v., abkneipen, vornehmlich am Lohne, Preise etwas kleinlich abziehen. Lpz.

oblên, sch. v., ablegen; dann Ausdruck für: von der Arbeit (im Schachte) entlassen.

obmôlen, sch. v., malen; lôs dich obmôlen, auch mit dem Zusatze: uff Leschpappîr mett Kaffesatz, etwa: lass dich auf der Ausstellung sehen (spottend).

obmurksen, sch. v., erstechen (mehr der Kindersprache angehörig), s. murksen. kurhess.: murzeln.

obnâmen, st. v., abphotographieren, dann in dem Sinne von obmôlen, wo vergl.

obrumpeln, sch. v., abrumpeln, abscheuern (mit Getöse). Lpz. s. rumpeln.

obrunksen, sch. v. 1. abschneiden (Brot), wenn das Messer nicht schneidet. 2. auszanken. s. runksen.

obschrammen, sch. v., abgehen, sich forttrollen. nth. In Gr. W. fehlt diese Bedeutung.

obselvîren, sch v., observiren, beobachten; Lpz.

obsternat auch obsternatsch = hartnäckig. kurhess., Lpz., Fr. R. Das latein. obstinatus.

obteifen, sch. v.. abteufen, einenSchacht neu in die Tiefe graben; zu tief.

obtrumpen, sch v., so ausschelten, dass kein Wort des Widerspruches gewagt wird.

obwörten, sch. v, abwarten. Redensart: abwörten und dann Tê trinken — mit dem Sinne: „Juble nicht zu früh, warte das Ende ab'. Lpz.

ockerôtchen, adv., akkurat, genau; in Hettstedt: ackelringelratso.

Odden, m. Atem, mhd.: âten; odden = atmen; kurzättmij.

odder für ‚aber' ist in M. schon alt (bei Rinkart in der Form ader oder ar), auch hessisch, schl. Der M. setzt auch awwer für ‚oder'. s. Weinhold, schl. W.

Oeste = Ortschaft südöstlich von Gerbstedt, slavischen Ursprungs.

offenbar, adj., di offenbâre Sie = offene See, auch schon im Chr. Isl. a. 1654, S. 221. nd., s. mnd.: W. III, 228.

oftermals, = oftmals. bayr.

Olenpeter = oleum petrae (Petroleum) findet sich einmal bei Giebelhausen; auch in anderen Dialekten. s. Andr. 92.

ôlt, adj. alt. der Ole = Äckerôwer = Eichelober im Schafskopf, der Äckeringer = Eichelunter — Därr iss so ôlt, wi dr bêmische Wald, Pl.; in Schlesien ‚so alt wi der ungarische Wald', Bezeichnung unberechenbaren Alters. — In erweiterter Bedeutung heisst ôlt hässlich, garstig, su ä ôler dummer Mensche (der Mensch kann jung sein), das iss ä ôles (garstiges) Štickjen (Musikstück).

ônjefär = ungefähr, mhd.: âne gevaere.

Opern machen = lustige Sachen treiben.

ordenär, adj., gewöhnlich (meist im tadelnden Sinne), farr ordenär =

wie es gewöhnlich ist. — das iss
ordenär billij, där Junge iss ordenär
jescheit == ordentlich, förmlich. s.
orndlich.

Orgelfeifen, Redensart: där hatt
Kinger wi de Orjelfeifen, zur Bezeichnung der abstufenden Körper-
grösse.

orndlich, adj., ordentlich, in derselben
Form Lpz., Böhmen, Erzgebirge. —
änne orndliche Ur == wirkliche, nicht
nachgemachte. där tût orndlich bise
(förmlich); in beiden Bedeutungen
steht auch ordenär, wo vergl.

Örner, Gross- und Burgörner zwischen
Mansfeld und Hettstedt. a. 973:
Arneri == zur Herdstätte des Arno,

oder wahrscheinlicher ,zu den
Schnittern'. Im Volksmunde: Irner
auch Irnorn.

Ortscheit, n. Holz, vermittelst dessen
die Egge gezogen wird.

Ortunge, f. Ort, die Stelle im
Schachte, wo das Flötz angehauen
wird,

Osse, m., Ochse (Bornstedt).

Osterhase, d. O. legt artigen Kindern
bunte Eier.

Owwend, m., Abend. Seltsamer Weise
heisst das Wort öfter Nowwend.
Ich hörte deutlich alle Nowwende.
Diese Erscheinung auch sonst. s.
Z. III, 126.

P.

(vergl. auch B.)

Pack, n., Gesindel (verächtlich).

Päckchen, n., jeder Mensch hat sei
Päckchen auch Pärtchen.

Padde f. Kröte. nass wi änne Padde.

paddennass, nd.

paddj, adj., lauwarm. s. baddj.

pâfen, sch. v., knallen, laut schiessen,
daneben auch paffen, welches vornehmlich von dem Laute gebraucht
wird, der entsteht, wenn man Tabacks-
rauch mit Gewalt aus dem Munde
stösst. oberl.

Pakäsche, f., Scheltname: schlechtes
verächtliches Volk, franz.: bagage.

Panzen, m., Haufe. **panzen,** sch. v..
einen Haufen zu stande bringen. di
Panze ist der Ort, wo in der Scheune
das Getreide gepanzt wird. nd,
hessisch, Lpz.; got.: bansts; slav.:
le penza.

Panzert, m, Panzer.

päpeln, sch. v., gemütlich erzählen.
Lpz. s. pappern. Z. VII, 144.

päpeln auch **pöppeln,** sch. v., uffp.
z. B. ein Kind ohne Mutterbrust mit
Kuhmilch etc. auferziehen, dann überhaupt zärtlich auffüttern. Lpz. —
varpäpeln == durch Aufpäpeln ver-
wöhnen. Von pap == Naturausdruck
der Kinder für die Bewegung der
Lippen, und folglich für das Essen.
s. pappen. s. b. W. 398.

Päpernuss, f., kleine, runde Pfeffer-
(nd.: peper-) nuss von schlechtem
Teige, gewöhnlich aus den Teigresten
gebacken. schl.: Pimpernüssel.

Päppe f. Mund. Lpz., schl.. thür., von

pappen, sch. v., essen (in der Kindersprache).

pappern, sch. v., schwatzen und zwar
viel und schnell, vergl. dazu päpeln

(man achte auf die tonmaleude lange und kurze Silbe). Lpz. s. pâpeln.

Pappûschen auch **Pampûschen**, pl., leichte Halbschuhe ohne Absätze und ohne Band uud Schnallen. bayr., schl.: **Papôtschen** (Potschen), Fr. R.: **Pampûschen,** franz.: baboucher, ungar.: **Paputs,** neugriech.: κακούτζια.

Pâr, u., mir wâren ä Pâr (ein Kampfpnar, wir geraten zusammen).

pârrschen, sch. v., sich sputen, beeilen, das nhd. pirschen; auch bayr. b. W. 280.

Part f. plur. **Parten** == Teil, Abteilung; dieses Fremdwort hat sich vollkommen eingebürgert; farr meine Part == für mein Teil; änne janze Part Jiter. latein.: pars.

Pârtchen, u., Deminut. zu Part s. Päckchen

Parte, f., im Chr. Isl. a. 1602 p. 78: ein Mauer Stein, darin ein Creutzlein mit einer Parten gehauen gewesen == Beil. ahd.: parta. vergl. Hellebarde.

Parteschîr, m., Passagier, Lpz.

Partickel, m., Bauch, Wanst, sich'n P. vull frëssen. Lpz. zu latein.: particula.

parzj gewöhnlich **pârzj,** adj., kurz, wegwerfend, parzj sân, zu dem in anderen Dialekten vorhandenen: sich bärzen == sich hervordrängen, sich brüsten. s. b. W. 284. Gr. W. II, 247 u. 555.

Pasche ist im Chr. Isl. a. 1537 S. 15 eine Abkürzung aus Paschasius.

pass, 1. pass jân == Achtung geben, s. passen. nd.; vergl. achtchen jân. 2. ze passe kummen == zur rechten Zeit kommen, gelegen sein. Lpz.: vergl. hessisch: Pass == Gesundheit.

passeltant, farr p. == zum Zeitvertreib, vom franz : pour passer le temps. Lpz. In Pommern: pasterluntant.

passen, sch. v., warten, lauern. Lpz., nd.

passuink, passend. s. leuink.

pastant im Chr. Isl. == hinreichend stark. s. Chr. Isl. a. 1636 S. 164· Hatzfeld, weil er Paniern nicht Pastant gewesen hat seine reternda vber den Thuringer Waldt genommen, u. ibidem S. 155. vom ital. und mittellatein. bastâre == genug sein, vergl. basta == genug.

Paster, m., auch **Paste,** f., der grüne Ober im Schafkopfspiel. Das Wort scheint nur an Pastor angelehnt zu sein, vergl. schl.: Bastaukarte, schl. W. 8.

Pateflmmel, m., ungeschickter, tölpelhafter, dummstolzer Mensch (Hettstedt).

Patenjeschenk, u., genitalia.

Patsche s. Patschhand.

patschen, sch. v., herumtreten iu nassem Schmutze und dadurch einen Schall hervorbringen. **Patsche,** f., eigentlich ein Fleck Schmutzes, dann in d. Redensart: in dr Patsche sinn == in der Verlegenheit, Halle, Lpz.; s. Z. V. 329, 247.

pätschen, sch. v., leise knallen, die Flinte pätscht, wenn nur das Zündhütchen losgegangen ist.

Patschhand, f., auch **Patsche,** kosende Form für Hand, auch **Pätschchen.**

pattelu, sch. v., iu der Erde wühlen, z. B. gesagt von Hunden, die einer Maus nachstellen. nth.: baddele. Lpz. s. Albrecht S. 83.

pelzen, sch. v., prügeln. dorchpelzen. **Pelze** f. Prügel; allenthalben.

pêpeln, sch. v., gewöhnlich sich varp. == sich verweichlichen. nth.; von **Pöpel** == vermummte, dicht eingehüllte Person. s. b. W. 400. vergl. päpeln.

peppen, sch. v., essen, die umgelaitete Form von pappen. Rinkart, Indulg. conf. hat Pepp = Stück Brot. s. b. W. 398.

pêrscheln, sch. v., mit Mühe fortschaffen, schleppen. ä Štein furt perscheln; auch absolut, du wärȝt schîne p. missen (dich anstrengen). In Kärnten im Lesachthale: sich perren (perzen) = sich bei der Arbeit stark abmühen. s. Z. VI, 485.

Petermann, ein gewisses Zeug, halb wollen, auch bayr. s. Z. VI, 421, 11. Bei Grimm (W. I. 1366) Beiderwand.

pf lautet im M. wie f., wo zu vergl.

Pfeifhausen, Ortschaft östlich von Gerbstedt = ‚zu den fünf Häusern‘.

Pfützthal, Dorf an der Saale bei Salzmünde, im Jahre 1125: Bucedale = ‚zum Pfützenthal‘, von Pfütze. s. Grössler, Zeitschrift des Harzvereins 1883 S. 104.

Philipps im Chr. Isl. im 16. Jahrh. regelmässig für Philipp.

pickern, sch. v., s. flackern.

Plesdorf, Ortschaft im Norden von Gerbstedt; im Jahre 1400 Boystorp ‚Dorf des Boio‘.

Pike, änne Pike hann = Ärger, Groll. französ.: la pique = Groll.

Pilke, f., ‚Deutsches Billard‘. Der Form nach eineDeminutivformzuBall.Früher gespielt in Wimmelburg und Holderstedt (was schon nth. Gebiet ist). Noch heute in Lengefeld und Wettelrode auch auf der Arendsburg (bei Weissensee) und bei Halberstadt gespielt. Schon um 1550 in M. beliebt. Der Eislebische Superintendent Sarcerius eifert dagegen. vergl. Notstände der evangelischen Geistlichkeit in der Grafschaft Mansfeld etc. von Herm. Rosenburg, Eisleben.

pilpern, sch. v., tonmalendes Verbum vom Geräusch des tropfenden Wassers. Sonst nicht nachweisbar. Dasselbe Verbum hat auch die Bedeutung ‚hin- und herkurieren und einnehmen‘, in welcher Bedeutung es vielleicht mit Pulver in Anlehnung an das onomatopöetische Verbum zusammenhängt.

Pimpam auch **Pimpan**; Kinderreim ·
Es war ämol ä Mann,
Där huss Pimpan,
Pimpan huss ä,
Jrusse Färze luss ä,
Kläne jab ä zu.
Das bist du.
(Dȋ frässt du, so heisst es in Thondorf), schl. ders. Namen. derselbe Reim. s. schl. W. Anderswo Pumpan, Pumpas, Pompot, Pumphut. Siehe die Bemerkungen, welche Grössler: ‚Nagelsteine und andere merkwürdige Steine‘ in: Aus der Heimat, Sonntagsblatt des Nordhäuser Courier, 1887 No. 37. giebt. vergl. Veckenstedt: Pumphut, ein Culturdämon der Deutschen, Wenden, Litauer und Zamaiten. Leipzig 1885.

pimpern, schl. v., unvollkommen auf einem Instrumente spielen. onomatop. Verbum. s. b. W. 391.

pimplich auch **pumplich**, adj., weichlich, verwöhnt leicht zu Krankheiten geneigt. — **pimpeln**, sch. v., immer kränkeln oder krank thun. Pimpelfritze, Lpz., oberl., schl.: pampern und pimpern.

Pinke, f. Geldbüchse. aus där P. špélen, derart spielen, dass aus der P., in welche man gemeinschaftlich Geld zusammengeschossen hat, die Gewinner bezahlt werden. Lpz.; aus dem poln. pek s. schl. W.

pîpe, das iss mich janz pîpe == ganz
einerlei. nth. vergl. ich pfeife (nd.
pîpe) auf diese Sache.

pîpen, sch. v. 1. rufen, schreien wie
ein Vogel. 2. kränkeln aus Weichlich-
keit, kränklich thun bei nur geringem
Übelbefinden. hessisch, Lpz. —
pîpj == immer kränkelnd; vergl.
pimplich, varpîpeln, pêpeln.

Pîpps, m., ,Schnupfen d. h. Verstopfung
der Nase mit verhärteter Zungen-
spitze, bei Hühnern, überhaupt bei
Federvieh'; von pituita. Auch sagt
man von einem Menschen, den
,etwas fehlt' he hatt'n Pîpps.

Pîpps, m. Das Innere des Kerns bei
den Pflaumen etc.

pîpsen, sch. v., einen sehr schwachen
Ton von sich geben; auch von
Menschen, die ganz entkräftet sind,
sagt man: se kennen nich mî pîpsen.
Dasselbe Wort in Siebenbürgen. Z.
IV, 409, 53, zu pipen.

Pîscaborn, Dorf westlich von M.
a. 1420 Besekenborn, Dorf des Bisiko;
nach Grössler: ,lebhaft aus springender
Born'.

pîschen, das i ist kurz, sch. v., in Schlaf
bringen, einwiegen (die Kinder), ein-
pischen; vom Laut psch. s. b. W. 412. —
He iss dumm jebeit unn alwern je-
pischt == er ist ein Dummkopf.

pischpern, sch. v., flüstern. schl., Lpz.;
Hessen: pischpeln, Göthe: pispern.

Pîtsch, m., ein Flurname in Bornstedt,
auch das nebenfliessende Bächlein
hat den Namen Der Name, dessen
Etymologie mir unbekannt ist, s.
pitschen, scheint auch sonst für Flur-
stücke in der Niederung vorzukommen,
so bei Holdenstedt und Winkel (nth.
Gebiet).

Pîtschel, m., Büschel, Haufen. ä
Pitschel Höre. Lpz.: ,für Büschel'.

pitschen, sch. v., stark trinken; aus
dem poln.: pić == trinken. s. Weinhold d. D. 9. Davon

Pitschke, f. ä seift wi änne Pîtschke
(sehr stark).

Pittersbärk, m., Petersberg bei
Halle.

Pittersilje f. Petersilie, an bitter angelehnt. In Thondorf: Pitterzilje.

Pitz f. Busen in gemeiner Rede. Nach
Weinhold dasselbe als biz == Biss.

Plack, m., die Plage, häufige Zusammenstellung: Schunk unn Plack. — sich
placken. s. W.

Plân, m., nur dän Plân nêmen, sagt
man, wenn jemand den Körper nur
oberflächlich wäscht. (Er wäscht
nicht die Unebenheiten).

Plânschjen, n., Substantivum zu
planschen.

Platz, m., ein dünner, flacher Kuchen
aus Brotteich. Lpz. ,Zu platt oder
aus poln.: placek == flacher Kuchen'.
Kluge, Ety. W. — Im Kirchenbuche
S. Andreae zu Eisleben wird im
Jahre 1581 ein ,platzbecker' erwähnt.

Platzbickse, f., Knallbickse auch
Klappbickse, Spielzeug der Kinder,
meist aus ,Holler'.

Platzbrâme, f., Ausdruck für Dummkopf in Heiligenthal.

Platze, f., de Platze kreien == bersten
vor Ärger u. dergl. oberl.

platzen, sch. v., 1. auf eine bestimmte
im M. überaus beliebte Weise kegeln.
Die Kegel sind viel grösser und
werden viel weiter auseinandergestellt
als beim gewöhnlichen Kegelspiele.
Die Spieler stehen etwa 15 Schritt
vor den Kegeln und werfen mit der
,Kaule' den Kegel. Nach einer Er-
kundigung des Herrn Professor
Grössler in Gastein wird in Steiermark genau wie im M. ,geplatzt'.

s. schmarräkeln. 2. mit der Flinte knallen.

plâtzeren, sch. v., hauen, schlagen.

Plâtzere f. Hiebe.

Plauze, f. 1. Lunge, Brustkasten, uff där P. hann. Lpz. Z. IV, 492. Gr. W. 11, 169. vergl. poln.: pluca == Lunge. 2. Bett. Diese Bedeutung ‚mag aus der Vergleichung des Bettes als Eingeweide der Bettstelle sich ergeben haben'. schl. W. 71, Lpz.

plauzen, sch. v., mit Geräusch hinfallen. hennplauzen. s. W. unter Plotz.

plâzen, sch. v., ‚schlagen, dass es schallend auffährt'; bei Güthe platzen. **Plessir,** n., sehr beliebtes Fremdwort. franz.: plaisir.

Plimme f. Messerklinge. Lpz. Dasselbe wie Plempe.

Plinze, f. auch där Plinzen ein ‚im Schaffen' bereitetes plattes Gebäck. vergl. russisch: wlnisch == kleiner Pfannkuchen. s. Gr. W. II, 128.

Plumpe f. Pumpe; diese Form, angelehnt au die Interjektion plump, s. Jütting 102. ist weit verbreitet. oberl.

plumpen, sch. v. 1. die Plumpe in Gang bringen. 2. hinfallen. heunplumpen, gewöhnlich plumpsen.

Plumpsack, m., ungeschickter, unbeholfener Mensch. Lpz.

Pold, Abkürzung aus Leopold, **Polde** aus Leopoldine.

Pôlen, dô iss Pôlen offen besagt, dass ‚Aufregung, Verwirrung verbreitet ist', schl. In anderem Sinne Wander Sprichwörter - Lex. III, 1371. — pollsche Wärtschaft == Unordnung. in pollschen Bochen (für in Bausch und Bogen).

Polleben, Dorf nordöstlich von Eisleben == ‚Erbgut des Pollo oder des

Bonn'. s. Grössler, Zeitschrift des Harzvereins 1883 S. 114.

pomadj, adj., langsam, bequem; dies Wort gründet sich auf bomäle (w. s.) unter Anlehnung au Pomade.

pomâle s. bomâle.

Pôpel, m., vertrocknete Blüte (beim Apfel etc).

Pôpel, m., trockener Nasenschleim, **Nôsenpôpel, pôpeln.** — pôpelij == gering, unanständig, gemein. — Von diesem Worte ist eigentlich zu trennen, wird aber in der Volksvorstellung damit verbunden **Pôpelmann,** ein Hausgeist, mit dem die Kinder geschreckt werden. Man hört: An Wasser tanzt där Pôpelmann, vergl. Grimm, Mythol. 473. Auch gebraucht von einem wankelmütigen Menschen. Berlin: der Popel. ein verkleideter Mensch.

Pork, m., männliches Schwein. latein. porcus; s. Z. VI, 53.

posamentiren, sch. v. 1. varpos. == vergeuden, durchbringen (zum Posamentier tragen. 2. rumposäm. ‚sich herumtummeln'. Giebelhausen, Berggeist 26.

Posseltur, f. Positur, sich in P. setzen. anderswo Possentur.

Possen, m,. neckischer Streich, Schabernack; ich tû es dich zun P., he lâwete mich zun P. Dasselbe Wort wie hd. Posse, s. W.

Postkalläsche, f., hörte ich iu Ritterode für ‚Plaudertasche'.

poten, sch v., pfropfen s. boten.

Prae, das Prae hann == Vorrang haben. Lpz.: ‚wohl vom latein. prae'.

Prâcher, Prager, ist der Kollektivname für wandernde Bettelmusikanten. slavisch heisst Pracher der Bettler (altsloven.: prositi == betteln), das Wort ist sodann volksetymologisch

an die Stadt Prag angelehnt. vergl.
Brückner, die slavischen Ansiedelungen
in der Altmark und im Magde-
burgischen, S. 21; Z. VII, 217.
prafekt, adj., perfekt.
Prafîser, m., Provisor.
praforsch = mit Kraft, par force. Davon:
Praforschîjkeit f. Kraft.
Praforschkûl, m., ‚säuerlich gekochter
Weisskohl‘. nth.
prâksch, adj., hochmütig, aufgebracht,
Giebelhausen, Alter Mansf. 133: de
Sacksen schlûchen prâksch de Auen
nedder. Pl. giebt ein Verbum präk-
schen = zanken an. Es ist zu vergl.
prêkeln = unaufhörliche, kleinliche
Vorwürfe machen; ferner auch
wetterauisch: brôges (jüdisch-deutsch)
= verdrossen.
Präsendent, m., Präsident, s. visentiren.
prästiren, sch. v., präsentieren; allenthalben.
prausen im Chr. Isl. a. 1636 S. 158
Anmerkung: die Reuter hetten nicht
allein gestuzet, sondern auch die
Pferde angefangen zu prausen, dass
keines aus der stedte gehen wollen =
sich eigensinnig stellen. s. Z. VI, 13,
Gr. W. II, 407.
prawîren, sch. v., probieren.
prêkeln, sch. v. (Bornstedt) derselben
Bedeutung wie
prenkeln, sch. v., einen mit Bitten
angehen, peinigen, quälen (Erdeborn)
Lpz.: brankeln. s. brenckeln.
presch, adj., schnell, im Galopp.
preschen, sch. v., presch vorwärts-
eilen; auch trans.: he preschte mich
inn de Stadt. — schl., Lpz., Regel
S. 169.
Presssilze, f., s. Silze.
Priamelartig ist, was Pl. aufgezeichnet:
Ä Haspel, dâr nich leift,
Ä Bârkmann, dâr nich seift,

Ä Hund, dâr nich billt,
Änne Frau, di nich schillt . . .
Der Schluss fehlt leider.
Prinzendippetat, einmal bei Giebelhausen = Präcipitat-Salbe; auch
sonst, s. Andr. 93.
prisen, sch. v., praet. pruste = vor Hitze
kochen, stark schwitzen; zu oberd.:
broeseln, brotzeln = sieden, kochen.
s. brisen.
pritschen, sch. v., 1. mit der Pritsche
schlagen. 2. jepritscht sinn =
betrogen, hintergangen sein.
profentiren, sch. v., profitieren, allenthalben verbreitet. s. visentiren.
Pröste Mâlzeit! ‚gilt neben dem
Gruss auch als ironische Ver-
weigerungsformel, ebenso wie: jô
morjen!‘ Kleemann.
prösten, sch. v., ich wäre dich was
prösten, Formel für die schnöde Ab-
weisung, etwa ‚ich werde Dir was
anderes thun‘. Auch in Koburg, s.
Z. VI, 142.
protzen, sch. v., stolz thun. Protzer,
m., Grossthuer. bayr., s. W.
Prôwe f. Probe. nicht de Prôwe =
nicht das Geringste du hast nich
de Prôwe jelârnt; das iss de Pr.
(ironisch) = dass ist der Ausschuss
(sehr schlecht).
puchen, sch. v., im Chr. Isl. a. 1525
S. 4 plündern, auch mnd.
pucken, sch. v., poohen, s. Giebelhausen,
Berggeist 103. hess.: bôken, nth.:
puckere.
pûdeln, 1. schlecht schwimmen.
2. einen Fehlschuss thun, auch trans.
’n Hasen pudeln. vergl. nd. pudeln =
im Gehen schwanken, poln.: pudlo =
Fehlschuss. s. b. W. 382.
pudelnârrsch, adj., sehr närrisch.
Puffbône, (bûne), f., grosse Bohne,
mit der die Kinder Frühjahrs auf

der Strasse spielen. nth., Göthe. s.
Gr. W. II, 491.
Puffer(t), m., ein Gebäck, das aus ge-
riebenen Kartoffeln mit Fett im
‚Schaffen‘ gebraten wird. Ein älterer
Name für dasselbe Gebäck ist Kluus-
kuchen. nth., Gr. W. II, 493.
Puffjacke, f., das Festkleid der höheren
Bergbeamten, der gemeine Bergmann
trägt dafür den Kittel.
Pumpe, f., gebraucht für Lunge, Brust
(in dieser Bedeutung nicht Plumpe),
s. Blösebalk.
pumpelweich, adj., sehr weich. s.
pimplich.
pumpen, sch. v., borgen, ‚vielleicht
figürlich bei jemand anklopfen‘. Wohl
erst in’s M. eingedrungen. s. b. W. 392.
pumpern, sch. v., trans. u. intr. poltern.
bayr., Lpz., schl. u. s. w.
pumplich s. pimplich.
punktum, unn domett punktum (es ist
abgemacht, unwiderruflich) du bleiwest.
Puppe f. Puppe. bis inn de Puppen =
bis ins Unbegrenzte, ad infinitum.
Berlin, Lpz., oberl., Wander, Sprichwörterl. III, 1426 giebt eine auf der
Lokalität Berlins basierende Erklärung, welche bei der weiten Ver-
breitung der Redensart kaum richtig ist.

puppern, sch. v., unruhig sein vor
Angst oder Erwartung; s’ Härz
puppert mich farr Freide. —
puppersch, adj., voller Erwartung,
begierig. Lpz.: bubbern, buwern,
‚Verstärkung von bebbern‘. Z. V. 160.
purren, sch. v., bezeichnet das Geräusch,
das die Vögel durch ihren Flügel-
schlag hervorbringen, = fliegen.
schl. W. II. 73. Purrhinnrer, kosend
für Hühner. Purrvochel.
Püste f. Atem. de Püste jît ’n aus.
varpüsten = ruhig zu Atem kommen,
sich erholen. — ich will dich was
püsten auch husten, in selbiger Bedeutung wie prösten, wo vergl.
Lpz.; — pästen, sch. v., blasen, nd. —
Pästerür, n., Blaserohr. Z. VI,
285, 644.
Püte f. Fote, Fuss, Hand. Fedder-
püten = Vorderfüsse. nd.
putt putt, Lockruf für die Hühner.
schl., nth.: pût, oberpfälz.: budl, pul.
kärntnisch: puta = Henne. s. b. W.
312. — Puttchen, n., kosend für
Huhn. Putthinnrer, kosend für
Hühner.
putzj, adj., possierlich, drollig. ’s iss
ä putzjer Kärl. Lpz.

Q.

Quäcke, f., ‚ein in Wurzeln und
kriechenden Ranken sich schnell aus-
breitendes Unkraut‘. triticum
repens.
Quackwaust, m., auch Quackbaust,
Quackbansch (Thondorf), ein
Schimpfwort; entweder zusammenhängend mit mhd. queck, got.: quius =
lebendig, vivus, oder mit mnd.

quackeln = unbedachtsame Worte
reden. vergl. auch in der Eifel:
Quack = sehr kleiner Mensch. s. Z.
VI, 17; b. W. 1391.
Quaddel, f. kleine Hautanschwellung
von Mückenstichen etc. nth., Z. V.
160. Quaddelfrisel, n., ist im M.
der Name einer meist periodisch
wiederkehrenden Hautkrankheit.

Quadder auch **Quáder**, m., dicker
feuchter Strassenkot. hessisch: Quat.—
Dünnerer Kot heisst wie in Hessen:
Schmatter, m.

Quák, m., Schrei, ä Quák tûn. **quáken,**
sch. v., schreien.

quákeln, sch. v., dummes Zeug reden,
nd., s. mnd. W. III, 395. Interessant
ist die Angabe Kleemanns: ‚quákele
nennen die oberdeutschen Bewohner
des Eichsfeldes das Sprechen ihrer
niederdeutschen Nachbarn‘.

qualmen, sch. v., qualmen, insbesondere
Tabak rauchen. Z. VI, 19.

Qualster, m., zäher, dicker Schleim.
s. W.

quantweise == nach und nach. ab und
zu, gelegentlich. Giebelhausen, Berggeist 56: Fráte quantweis nach
rácht vélen. mnd.: quantwise ==
nur zum Schein, nicht im Ernste;
s. mnd. W. III, 396. Andr. 276.
von **quant** == Schein, Tand. oberl.:
gewandsweise.

Quánzel findet sich nur als Eigenname.
eigentlich — dicker Bauch. s. kurh.
Id. 309.

quappeln, sch. v., sich hin- und herbewegen, von weichen, fetten Körpern
gebraucht. nd.

Quark, m., schlechte, wertlose Sache,
was de sûst, iss alles Quark (eigentlich — Käse, in welcher Bedeutung
der M. aber das Wort nicht kennt,
s. Matz).

quárkeppj, adj., querköpfig, verdreht.

Quárlequitsch und **Quárlewitsch,** m.,
Zwerg, kleiner Elbe. Vielleicht zu
hess.: Perlebitz, Berlewittchen, das
Vilmar (kurhess. Id. 295) als Entstellung des alten pilwiz (Grimm,
Mythologie, 441) erklärt. Auf der
anderen Seite ist zu berücksichtigen
schl.: Quargmännlein, die Zwerge,

thür.: Querlich. s. Kuhns Zeitschr. I.
202. oberl. sind Querxe ‚kleine
Dämonen, eine Spanne lank, die in
unterirdischen Höhlen wohnen, in
den sogenannten Querxlöchern‘. Anton
11, 17. In Sachsen ist Querlequitsch
der Spitzname des Städtchens
Königstein. — Quárlequitsch bezeichnet dann im M. überhaupt eine
kleine Person.

Qartir, n., Quartier, ein sehr häufig
gebrauchtes Fremdwort für Haus.

quáseln u. **quasseln,** sch. v., dummes
Zeug reden. Quaselpéter, Quasel-
fritze, Quaselmeier. mnd. dwasen.

quat, adj., schlecht, unansehnlich;
Giebelhausen, Nischt wie lauter Hack
und Mack, 1. Heft. S. 1: Ä Junge
su vum quaten Jören ‚wenig, schlecht,
hier noch nicht sehr alt‘. Pl.: ä
quades Mäjen == ein nicht viel ver-
sprechendes Mädchen. b. W. 1397,
Lexer II, 316. mnd. W. III, 397.

Quátschchen, n., Gerede, zu

quátschen, sch. v. 1. dummes Zeug
reden. **Quátsch,** m., **Quatschkopp.**
schl., Lpz.; mnd.: dwasen. 2. sich
tönend hin- und herbewegen, 's
quatscht mich inn Leiwe; auch trans.
Wasser hennquatschen == hinngiessen,
so dass es tönt.

quátschen, sch. v., heftig ertönen
lassen, vornehmlich vom Thürzuwerfen.
Quátsche f. Schlag, Hieb. kurhess.
Idiot. 308, vergl. auch hessisch:
Watsche. — **quátsch,** Interjektion
zur Bezeichnung eines Geräusches.

Quátschke f. Pflaume, Zwetsche. Ist
nicht M., sondern findet sich nur in
den Grenzorten nach nth. hin. Der
M. und Härzer sagt Flaume und
Flûme.

queinen, sch. v. (Pl. hat: he quinet,
nd. Form), weinen.

6*

Quéke, f., für das gewöhnliche Quecke hat Kreidner.

Quelmes, m., ein dicker Mann. Abstammung?

quengeln, sch. v., winselnd bitten, nörgeln. obd. quenken, qnenkeln. Verwandt mit zwingen (ad. tw wurde qu); M. auch quenkeln.

Quenstedt, Dorf zwischen Aschersleben und Hettstedt; a. 993 Quenstedi ,zur Wohnstätte der Frau, Mutter oder Königin', ,zu got.: quino', s. Grössler, Zeitschrift des Harzvereins 1886 S. 332. Das Dorf liegt schon ausserhalb des M. Sprachgebietes.

quentern, sch. v., unnütz umbergehen. vergl. questen. mnd. W. 1II, 395 extr. giebt verquentelen == vertändeln, unnütz verschwenden.

Querfurt (M. Quärfort), ein dem M. im Südwesten naheliegendesStädtchen, leitet Andr. 185 von quern == Mühle ab; doch wohl zunächst Furt über die Querne, wie der Bach heisst, der bei Querfurt fliesst.

Quése f. Blase, die man von schwerer Arbeit in die Hände bekommt. **quésenkeppj u. -jt**, adj., eigensinnig. Quesenkopp == eigensinniger Mensch. Quesen sind Bläschen im Kopf. s. Z. V, 160, 520, 21. Firmenich I, 185 Anmerkung 16. **questen**, sch. v. unruhig hin- und hergehen, vornehmlich durch die wiederholt geöffnete Stubenthür. Lpz., Zeitz. s. b. W. 1897.

Quilschina, Dorf bei Salzmünde. a. 1295: Quiltschene, slavischen Ursprungs (poln.: chvaliny).

Quintipse f. vulva, scheint von fremdher eingedrungen, ich hörte es in Bornstedt. s. kurhess. Idiot.

quischen == zwischen. (Der Lautwandel ist derselbe wie in Quätschke u. Zwetschke). Im Chr. Isl. a. 1532: zcwuschen.

Quitschbérbaum, m., Eberesche; engl.: Quickbeam.

quitschen, sch. v., ,einen feinen, widerwärtigen, schneidenden Ton geben oder hören lassen'. s. W.

quitschern, sch. v., zwitschern.

R.

rachehart, adj., ganz verwundert, ganz erstarrt vor Verwundern, Schrecken. mhd.: rac == starr, steif. 2. IV, 282.

Rachel f. Spalt (im Schieferflötz), meist senkrecht und mit Wasser gefüllt; s. b. W. II, 18.

Rachen, m., grobe Bezeichnung für Mund. hölt'n Rachen, vergl. Maul, Schnautze, Lawwe.

rächt, adv., recht, es nimmt adjektivische Endungen an, ä rächter dinner Stock.

Racker, m., Schimpfwort milderer Art derart, dass es wiederum auch als kosend gebraucht wird. Eigentlich ,Schinder'.

rackerij, adj., erzürnt, zornig. Lpz., zum vorhergehenden Worte. vergl. ratterij.

Råd, n., pl. Redder auch Råde. — Rädderjebackenes, Backwerk in Form von Rädern, s. Blätterjebackenes. — 's iss jlei zun Radschlön == es ist nicht auszuhalten, es ist zu toll.

Râ(ò)dehacke f. Hacke zum Ausroden. mnd.: Rodehacke; zum a - Vokal vergl. mnd. rât = das Gerodete. — basoffen wi änne Radeh. = sinnlos betrunken.

Räff, n., Schulmappe, die auf die Schulter geschnallt wird. Dann Schimpfwort für ein Frauenzimmer, ôles Räff, s. b. W. II, 66; Vilmar, kurh. 1d. 319.

râkeln u. rêkeln, sch. v., sich hin- und herdehnen, bewegen. s. W.

ralksen, sch. v., rülpsen (Bornstedt).

Rammelburg, Schloss und früher Burgbezirk an der Wipper. a. 1259: Rammenenborgh.

Rammesnase f. gebogene Nase, namentlich der Pferde. hessisch; nth.: Rammeskopp = gebogener Kopf.

Ramp u. Rampsch, m., in Rampsche = in Bausch und Bogen, z. B. kaufen. rampen und rampschen = in Bausch und Bogen etwas kaufen, zählen, messen etc. hessisch, mnd.

Râa, m., Regen. Rânbochen = Regenbogen. Aberglaube des alten Fahrsteigers Eisentraut: Wû ä Rânbochen uff där Ärde uffštit, dò iss Jäld (do finget mer Schätze), Pl.

rân, sch. v., regnen.

Rand, m. 1. Mund, den R. hölen, ist wohl erst von fremdher eingedrungen. 2. ze Ranne kummen = zu Stande kommen', fertig werden; ze Ranne hölen = sparsam zusammenhalten.

râne s. reine.

Rânemâde f. Regenwurm.

Ranft, m., Brotrand, hess., bayr., Lpz.

rankern, sch. v., unruhig herumwerfen. Lpz., oberl. zu renken. Z. V, 124, 3.

Rauksche f. Schelte. obraukschen, sch. v., ausschelten. s. runksen. s. Z. VI. 193.

Rauksche, Raugsche, Ranschke f. Futterrübe. Das Wort ist nicht M., sondern nth.; bayr., die Rauden, kärntnisch: roune. Z. VI, 196.

Ränzel u. Ranzen, m., Leib, Bauch, sich 'n R. vull sanfen. s. Partickel. râpen, sch. v, raffen, eilig fassen. Lpz. rappen. Das p ist nd.

rappelvull, adj., sehr voll; voll das es rappelt (klappert) s. Z. V, 188.

Räpphiane f. Rebhuhn.

râpschen, sch. v., hastig ergreifen, zu râpen. b. W. II, 132.

râr, adj., selten, vorzüglich, trefflich, ein sehr häufig gebrauchtes Fremdwort. — Râretät f. Seltenheit.

Râsche f. Wut, Hitze, sehr häufig gebrauchtes Fremdwort. franz.: rage. raspeln auch râspeln, sch. v, vornehmlich sich herausraspeln, sich uffraspeln = sich herausbewegen, vorwärts schreiten. sich aus'n Loche ranaraspeln; ä raspelte sich 'n Bärk nân; auch übertragen, sich aus'n Schullen (Schulden) ranaraspeln. In etwas anderer Bedeutung im bayr. s. b. W. II, 158.

rassaunen, sch. v., wild lärmen, mhd. sich rasúnen. Fremdwort. s. W.

rasseldärre, adj. rasseldürr, sehr dürr, dürr, dass es rasselt. s. Z. V, 187.

Rassine f. Rosine. jrosse R. inn Koppe hann = grossartige Pläne, s. Wander, Sprichwörterlex. III, 1731.

Râtskauf, m., Ratkauf, vorteilhafter Kauf, s. Z. VI, 80. s. Rôt.

ratterij, adj. ärgerlich, laut schimpfend. rumrattern, sch. v., ärgerlich, schimpfend herumlaufen. Breslau: retterich. s. rackerij; zu rattern, sch. v., rasseln (vornehmlich vom Geräusch der laut dahinfahrenden Wagen). Dasselbe Wort als rasseln.

Râtz, m. 1. das Geräusch, wie es entsteht beim Zerreissen von Leinwand. 2. Riss im Kleide.

Rätz, m., in der Redensart: schlöfen wi **ä** Rätz. Das Wort Ratz == Ratte kommt nur in dieser Redensart im M. vor.

ratzekâl, rattenkâl (Thondorf), adv., radikal, ganz und gar, vollständig. Andr. 88.

Raub, m. uffn Raub etwas basân, besehen in aller Eile.

rauch, adj„ raub, auch im Chr. Isl a. 1586. mhd.: rûch (vergl. Rauchwerk).

Rauch, m.; Redensart: Rauch unn Strauch, **z.** B. essen, vertragen == alles, auch das Schlechteste.

Raude, f. Hautkrankheit der Hunde, Katzen etc. 2. Schimpfwort gemeiner Art, su änne dreijeduppelte Raude. Dieses Schimpfwort gehört vor allem dem Grunde an, in den meisten anderen M. Orten ist es unbekannt.

Rausch, m., **Reischchen,** n. 1. Schlaf, **ä** Reischchen machen, anderswo heisst R. bekanntlich Trunkenheit. 2. Reischchen == ein wenig Feuer, **ä** Reischchen inn Uwen (Ofen) machen. Lpz.: Läuschchen, dasselbe bedeutet oberl. Huschel (Anton 8, 24), vergl. Scheierchen. — Giebelhausen, Alter M. S. 88 hat: **ä** Räuschchen lachen, wo die Bedeutung nicht ganz klar ist. — Belege aus anderen Dialekten kenne ich nicht.

Râwe, f. u. m., Rabe, wechselt in unserem Sprachbezirk mit Krâje w. s.

râwenjar, adj., kochgar. sich r. ärjern. Die Vorsatzsilbe râwen dient zur Verstärkung, **s.** b. W. II, 4.

Robâller, m., Rebell.

rechtfertigen, sch. v., wird im Chr. Isl. öfter für hinrichten gebraucht.

recken, sch. v., reichen. nd.

Redde, m., Rüde, männlicher Hund.

Reddel, n., Redensart: basoffen wi ä R., Deminutivform zum vorigen Worte.

Reidewitz, Dorf südöstlich von Gerbstedt, slavischen Ursprungs, poln.: radawice == froh.

Rêjel, m., Riegel; **&** Rej. Späck, Brût == ein grosses langes Stück. Schockréjel == ein Haufe Wellholz, der ein Schock Bündel enthält.

reife, adv. Bei jemand reife ânkummen == übel ankommen; wohl von auswärts ins M. gedrungen.

reine, râne, adv., alles r. obmachen == alle Schulden bezahlen, he iss r. == ohne Schulden, — ich binn r. wi jereddert — vollständig, mer kenne reine aus dr Haut fären, där Wâk iss reine alle. s. Andr. 272.

Rolnefâse, f. „gemeiner Rainfarn (Tanacetum vulgare L.)'.

reinewâck, râxewâck, adv., in Wirklichkeit, zweifelsohne, ganz und gar. där iss reinewäck basoffen, das hä'ch r. varjessen, unses Korn iss r. alle.

Reischchen, n., s. Rausch.

Reise f. nur in.: änne Reise Wasser == eine Tracht, d. h. zwei Eimer Wasser, die man am Trageholz hängen hat. s. b. W. II, 140.

reissnink == reissend, reissninge Jicht, s. Jénink.

reiteln, sch. v., fest zusammendrehen.

Reitel, m., Knebel, vor allem der Knüppel, „mit welchem man einen mit Holz beladenen Wagen zusammenspannt, um der Last Halt zu geben'. — Auch der Stock am Pfluge zum Reinigen der Pflugschar heisst Reitel.

Remêdjen, pl., Geschichtchen, vornehmlich solche, die zur Nutzanwendung dienen sollen (Piscaborn). nth.

rên, sch. v., regen. Zusammengestellt rên unn bein (das i wird in dieser

Zusammenstellung nur ganz schwach gehört) — regen und biegen, jeden Fenk, däa a rên unn bein kunne, wengete drân.

rêneflren, sch. v., renovieren. Andr. 88.

rengeniren, sch. v., regieren, lenken, bewältigen, aus regnieren, latein.: regnare. s. kurh. Id.

renken, sch. v., strecken, dehnen.

reppermentiren, sch. v., Vorwürfe machen, franz.: réprimander.

resselut auch **resselflrt** = entschlossen. lat.: resolutus. Z. III, 280, 45.

rosseniren, sch v., ein sehr beliebtes Fremdwort, franz.: raisoner.

rêsten, sch. v., rösten. Pl. führt die Priamel an:

Erzähle keinen Traum,
Beschmutze keinen Baum,
Röste kein Brot,
So lässt dich Gott nie leiden Not.

Merkenswert ist, dass auch im M. Lande das Brot zu rösten für einen Frevel galt, wie das noch heute im Vogtlande und Hessen der Fall ist. Eine ganz ähnliche Form des Verses findet sich in Hessen. s. kurhess. Idiot. S. 331, Grimm Mythologie₄ 452.

rorendiren, sch. v., revidieren, s. visentiren.

Rewinzchen, n., Rapunzchen, auch **Rawinzchen,** Lpz.

Rick, n., = ‚Gestell, um etwas der Reihe nach daran, darauf zu hängen, zu stellen‘. Kannrick, eigentlich das Gestell für Kannen, dann Wandkorb. Uff dän Kannricke rum jin — hohe Gedanken, die nicht auszuführen sind, haben, überspannte Vorstellungen haben.

rickwärtzj, adv., rückwärts, eine Vermischung des adverbialen Genetivs und der abgeleiteten Adjektivform rückwärtig: so vorwärtzj, heimwärtzj, hennwärtzj.

Rid, n., heisst die Niederung an der Helme, s. W. unter Riet.

Rife f. streifenartige Vertiefung.

Rije f. Riege ist für den M. der regelrechte Ausdruck für Reihe, welches Wort er nicht gebraucht. Es ist nd. In der Turnsprache scheint es erst von Jahn aus dem nd. eingeführt zu sein, vergl. Jänicke: ‚Über die nd. Elemente in unserer Schriftsprache. Wriezen, progr. der höheren Bürgerschule 1869.

rippeln, sch. v., nur mit dem Reflexivpron. sich rühren, sich regen. schl., hess., Lpz.; nd.: sik reppen.

Rissdorf, Ober- und Unterrissdorf, 2 Dörfer östlich von Eisleben = ‚Dorf des Riso‘ oder ‚Dorf an einem Abhange oder einem Wasserlaufe‘. s. Grössler, Zeitschr. d. Harzvereins 1883 S. 125. Im Chr. Isl. a. 1559 heisst Oberrissdorf: Risdorf auf dem Berge.

Riss, m. 1. im plur. Witze, Schwänke; öfter zusammengestellt: Risse unn Jeschichten. Lpz. — Daher ein jerissener Kärl. 2. Zeichnung bloss in Linien; daher farr'n Riss stin — für den Schaden stehen, die Verantwortung übernehmen. Wohl hergenommen von dem Risse, der beim Bauen der Häuser oder beim Orientieren im Schachte angewandt wird. Doch siehe Wander, Sprichwörterlex. III, S. 1694.

Rister, m. 1. Lederfleck am Schuh, Stiefel, bayr., hess., schweizerisch, in Lippe, s. Z. VI, 366. 2. Handhabe am Pfluge.

Ritter, m., arme Ritter, ein Gebäck, das ‚aus Zwieback in Wein geweicht und in Butter gebraten‘ besteht. Lpz., Görlitz.

Ritterode, kleine Ortschaft westlich von Hettstedt, die volksmässige Aussprache ist Riddijeröde.

ritz rátz auch **ritz rátz,** malt den Ton, der durch das Zerreissen von Leinwand entsteht, dann dient es zur Bezeichnung der Eile, mit der etwas entsteht. Lpz.: ritsch, ratsch.

Röblingen, Ober- und Unterröblingen am salzigen See — ‚zu den Nachkommen des Hraban'. Grössler, Zeitschrift des Harzvereins 1883 S. 117.

röden, sch. v., reden. Die Endung der Ortsnamen auf rode ist Dativ Singular von dem Substantiv röt — Rodung und bedeutet ‚zu der Rodung'. ‚Die auffallend geringe Zahl der mit der Endung rode ausgestatteten Ortschaften im M. Seekreise zeigt, dass derselbe sehr alter Kulturboden sein muss, ganz im Gegensatz zum Gebirgskreise, in welchem die Zahl der auf Waldrodung hindeutenden Ortsnamen verhältnismässig sehr gross ist'. Grössler, Zeitschr. d. Harzver. 1883. S. 121.

Rock unn Stock, häufige Zusammenstellung, ä hatt R. unn St. varlören — alles; där nimmet mich R. unn St. etc.

Rödgen, Vorwerk nördlich von Mansfeld. a. 1387: Rödichen — die Rodung.

Rollsdorf, Dorf zwischen den beiden Seen — Dorf des Hruodolt (— der ruhmvoll waltende), s. Grössler, Z. d. Harzver. 1883, S. 125.

Röm. Redensart: was jit mich R. án, hä ich kei Haus drinne. s. Wander, Sprichwörterlex. III, 1717.

Rondel, n., Rundteil.

rösch, adj., feucht säuerlich, de Bärn sinn rosch (Höhnstedt); oberl.: riesch, schwäb.: rösch. s. Z. VI, 194.

Rösenjörten in der Redensart: ä sitzt nich inn ä R., er ist nicht in guten Verhältnissen, angenehmer Lage; auch im Chr. Isl. a. 1601 S. 76. Der Ausdruck ist ein Überbleibsel aus den mittelalterlichen Erzählungen von dem Rosengarten z. B. des König Artus. s. auch Wander, Sprichwörterlex. III. 1780.

Röt, m., Rat. ze Röte hölen, z. B. jeden Fenk — zusammennehmen, sparsam damit umgehen. ä Rötskauf machen — einen vorteilhaften Kauf. Lpz.: Rathkauf. vergl. die Stelle aus Hans Sachs, die Schmeller b. W. II, 164 anführt: Biss uber ein monat die mess kumb so kann ich alls miet raht verkauffen. Erfurt: Rathkauf.

Rottelsdorf, Dorf nordöstlich von Eisleben, ‚im Volksmunde bis vor kurzem Rottelndorf, im Jahre 1273 Rotelendorp. Dorf des Rodilo'.

Rotterey im Chr. Isl. 1525: die pauren zcu Franckenhausen, Thomas Müntzers rotterei (Bande).

Rotzleffel, m. Schimpfwort gemeinster Art; ‚grüner naseweiser. Bursche'.

Ruche f. Ruhe. Rinkart Indul. conf. 136 rug. Wenn jemand in die Stube kommt und will nicht Platz nehmen, so sagt man wohl: setzt eich dach ä Linschen, sinst nämt er mich jö de Ruche mett.

rüchen, sch. v., ruhen.

ruckeln, sch. v., intrans. u. trans, sich bewegen, rütteln. Weiterbildung von rücken.

Rummel, m. 1. ein wirres durcheinander, dafür auch Rummelei. f., 2. Lärm, s. W.

Rumpelkammer f. Kammer, wo altes Gerümpel liegt.

Rumpelkasten, m., Bezeichnung eines schlechten Klaviers, von **rumpeln,** sch. v., ein dumpfes Geräusch ertönen lassen. Davon rumpeln gewöhnlich obrumpeln = waschen, scheuern (mit Getöse). Lpz.

Rumpelschoss, m., glücklicher Schuss. ä R. machen. Schon im Chr. Isl. a. 1528 S. 6.

Rumpln, Dorf an der Saale, slavischen Ursprungs, zu poln.: rupin.

rungeniren, sch. v., ruinieren, sehr weit verbreitete Form, wohl an runger (runter) angelehnt. s. Andr. 85.

Runksen u. **Runkschen,** m., grosses Stück, z. B. Brot, Kuchen. hessisch: Runke, schl.: Runks, westerwäldisch: Ranke, bayr.: Rank.

runksen, sch. v. 1. obrunksen = abschneiden, z. B. Brot, wenn das Messer nicht schneidet. 2. auszanken, gewöhnlich obrunksen (wo s.) Lpz., zu vergl. ist schl. Runks = grober Tölpel.

Runkunkel, f., Bezeichnung für eine alte hässliche, zusammengeschrumpfte Frau. Die Bezeichnung geht durch ganz Deutschland. s. kurhess. Idiot. von runken (corrugare) und Kunkel = Weib.

ruppj, ad., ruppig. 1. unanständig, im speziellen knauserig. 2. schlecht gekleidet. s. Z. V, 291.

Ruppijel, m., Schimpfwort, vornehmlich für einen kleinlichen, knauserigen Menschen, sü ä Ruppîjel vunn ä Menschen. Der ‚Rupfen‘ ist im bayr. Spottname eines kleinen schwachen, jedoch streitsüchtigen Menschen.

rupps, Interjektion zur Bezeichnung der Schnelligkeit, z. B. rupps, do wor ich ûwene (oben).

Rûrspärlink, m., Rohrsperling, ä schimpt wi ä R. Lpz., Andr. 102.

ruscheln, sch. v., Schwesterwort zu rascheln.

ruschlij, adj., leicht aufgeregt.

Rûst, m., Russ, wetterauisch.

Rûtkâle und **Rûtkâlechen** = Rotkelchen. ä hatt Rûtkâlechen jefangen, vexierende Redensart, wenn jemand von der Kälte eine rôte Nase bekommen hat. hessisch etc. — Rutkâlechenbrut = Frucht des Pfaffenhütchen, auch das Pfaffenhütchen selbst.

Rûtschke f. Binse. mnd.: rusch, hannov.: Risch, hessisch: Risken, vergl. latein ruscus.

rutz, Interjektion, um die Schnelligkeit auszudrücken, ä schoss varbei unn rutz wor dür Hase wäck. s. ritz.

S.

Sache, f. 1. Bedenklichkeit, grosse Umstände, mache keine Sachen. 2. pl. Sachen = Kleider, Anzug. — seine siwen Sachen = seine geringe Habe.

sâchen, sch. v., sägen. **Sâche** f. Säge.

sachtchen, adv., sacht. vergl. die ähnlichen Deminutivbildungen: bôlechen, dernôchtchen, dichtchen, farleichtchen, fremmchen, ockerôtchen, schînechen, stillechen, vortchen.

Sack, m., jemanden Sack unn Säl (Seil) winschen, (dass er gesäckt und gehangen werde), Sack unn Säl vôrwärfen, Sack unn Säl varlîren. Lpz.: Sack unn Sêle, s. mnd. W. IV, 4. — **Ânsacken,** sch. v., anfahren, ausschelten, hessisch, oberl. — De Katze inn Sacke kanfen = blindlings, anfs Geratewohl. — jemand inn Sacke hann — vollständig über einen Herr sein. — ze sacken krein = zu fassen kriegen, anpacken. — das iss je drussene su dunkel, a wenn mer inn ä Sack kemb. — **Frässack,** m., Vielfrass. — sackjröb — sehr grob. — **sacken,** sch. v., ‚das ausgedroschene Getreide in die Säcke messen'.

sackerlôt, sapperlôt, — **sackermänt, sappermänt, sackermacht** = verflucht; die ersten Ausdrücke sind aus sacre nom, die zweiten aus sacramentum entstellt. s. **Fluchausdrücke.** Es werden von diesen Formen auch Adjektiva gebildet z. B.: änne sackermäntsche, -machtsche, -lôtsche Krankt (Krankheit).

Safîle — Sophie. s. **Fike.**

Salfête f. Serviette, nth., hessisch; mnd.: Salwjett; stimmt zu ital. **salvietta.**

sällen, adv., selten.

Salm, m., lange salbungsvolle Rede, mache nich sü ä Salm. Entstanden aus Psalm, von welchem Wort schon im ahd. öfter das p wegfiel. s. Firmenich I, p. 45 (bei Eutin).

sülsen, adj., seltsam (nicht etwa = selten, wie Giebelhausen angiebt), mhd.: sëltsaene.

sält — dort; Nürnberg, Lpz; schl.: salte, selte, hessisch: seld. s. b. W. II, 268; auch M. därsälte für derselbe. Nach Weigand ist das t superlativisch.

Salzmünde, Ort, bei dem die Salzke in die Saale mündet. Im Volksmunde: Salzminge.

sämij, adj., aus dicklichem Safte; von Seime (Honigseim). De Brötensöse muss sämij sinn.

Sammelsurium, n., ein wirres buntes Durcheinander. ‚Ein im Stande der sogenannten Gelehrten und Halbgelehrten' sehr üblicher Ausdruck. Das Wort hat schon Laurenberg. s. kurhess. Idiot.

sammet, sammets u. **mett sammet(s),** zugleich mitsamt, verbunden mit dem Dativ.

sân, st. v., säk, sachen, jesän = sehen.

Sandersleben, Städtchen im Anhaltischen, hart an der Grenze des M. Im Volksmunde: Schannerschlewwen, das sich auf eine ältere Form: Scandersslohen gründet. s. Chr. Isl. S. 29, 111, 113.

Sandhäse, m., der Kegelschuss, bei dem die Kugel, ohne das Laufbrett der Bahn zu berühren, auf des Sande derselben läuft. hessisch.

Sandmann, m., schläfernde Empfindung unmittelbar vor dem Schlafe. schl., Lpz., Berlin, westerwäld. auch nhd.

Sänf, m., Senf. Redensart: seinen Sänf wöderzu jân = sein gewichtiges Wort noch dazu fügen; mache nich sä ännen Sänf = breite Worte. s. Vilmar, kurhess. Idiot. 382. Bech XX. Lpz.

sank farson oder **farr sankfarson** = ohne weiteres, mir nichts, dir nichts, aus sans façon. s. **passeltant.**

Saukristel f. Sakristei, auch sonst, s. Anton 85.

sänzen, sch. v., sensen, übertragen hinger änen drein sänzen = hinter einem her laufen. Eine von den vielen Redensarten, die wir der

Beschäftigung mit der Landwirtschaft zu verdanken haben.

sapperlôt s. sackerlôt.

Sârbrennen, n., Sodbrennen. Diese verstümmelte Form auch nth.

Satte f. Milchasch. wie nhd.

Sattelhof, m., ein Rittergut, das in früheren Zeiten einen Sattel d. h. einen Ritter ins Feld stellen musste. Es gab halbe und ganze Sattelhöfe. Ein ganzer Sattelhof ist z. B. in Bornstedt.

sauer, wie lid. feucht, nass, saures Grass was auf zu nassen Stellen gewachsen ist. — **Sauerhämpel** = Sauerampfer ,rumex acetosa'.

Sauterbärk früher auch Süterbärk, der Name eines Flurstückes in Bornstedt; er bedeutet, was auch der Örtlichkeit entspricht, einen Berg im Süden (von Bornstedt).

Sâwelbeine, pl., krumme Beine.

Sawwer, m, Speichel, Geifer. **sawwern,** sch. v., den Speichel aus dem Munde fliessen lassen. sich basawwern = mit Speichel beschmutzen. Um das zu verhüten, benutzt man ein Seiwerlätzchen. Lpz., kurhess. Idiot. 325 u. 381. In Kärnten: sâfer, Z. VI, 197. b. W. II, 206.

Schaafsee, Vorwerk westlich von Schraplau; a. 1216: Scovesse. Die Deutung ist unsicher. s. Grössler, Zeitschr. d. Harzver. 1883. S. 105.

Schachtkickel, m., Berggeist, Bergmönch. s. Grössler, Sagen der Grafschaft Mansfeld No. 8.

Schackêlechen, n., Kleidung. einen bein Schak. nâmen. zu ahd.: schecho, mhd.: schecke, bayr.: Schacken.

schacken, sch. v. 1. trans. etwas in Bewegung setzen, bewegend fortschieben, fortsenden. Lôs de Schewwern unn de Wacken — Mant

jetrost ins Läwen schacken (Tauer). 2. intr. beim Reiten auf dem Pferde herumwackeln. Wenn man die Kinder auf dem Knie reiten lässt (schackert), so spricht man wohl: Schacke, schacke, Rillichen (?) (Lpz.: Reiter), Mer reiten uff dän Fillichen (Füllen), Biss mer jresser wâren, Do reit mer uff dän Fâren; Wenn mer jresser wacksen, Do reit mer uff den Sacksen. — Die ersten zwei Zeilen auch Lpz. Der Beachtung wert ist der Ausdruck ,auf den Sachsen reiten'. Wenn dafür in manchen M. Dörfern ,nach Sachsen' gehört wird, so ist das zweifelsohne eine künstliche Neuerung. Möglicherweise haben wir hier eine Erinnerung an die Niederwerfung der von Italien zurückkehrenden Sachsen durch die in unsere Gegend eingewanderten (Friesen, Hessen und) Schwaben. In einem Kinderreime wäre uns also eine Andeutung auf einen Vorgang, der sich in unserer Gegend vor rund 1200 Jahren abspielte, erhalten.

schackeniren, sch. v., ärgern. vom franz.: chagrin.

schackern, sch. v., auf- und niederbewegen, s. schacken.

Schâde, m., Redensarten: schâde, was dervur, mâk's kosten, was es will, ich kauf's (ich mache mir nichts draus), schâde was farr dän Kärl = ich schere mich nicht um den Kerl. vergl. das allgemein Verbreitete: Es ist schade um eine Sache.

Schaffen, m., Tiegel scheint nur im westlichen M. verstanden zu werden und mehr thüringisch zu sein. In Meran: Tschapfen. in Koburg:

Schuffen, bayr.: die Schaffen, b. W.
II, 377; zu schapfen = schöpfen,
also eigentlich Schöpfgefäss.

Schâke f. Schaf oder Kuhfuss; auch
schlechter Pantoffel, Schuh, hess.:
Schöken. s. kurhess. Idiot. 365. b. W.
II, 366.

Schâle, f. Giebelhausen hat Alter M.
37: Das färd hutte uffen rächten
Fedderbeine Schaale un zwei Ewwer-
beine. Es bedeutet eine hornartige
Erhöhung. s. b. W. II, 394.

Schallâre, m., Scholar, Schüler.

Schälle f. Maulschelle.

Schämber-Lîder, Schumperlid (Thon-
dorf) = Schalkslieder, eigentlich
schambare = der Scham baare Lieder,
Lieder ohne Scham, unzüchtige. s. b.
W. II, 417. schl.: Schentscherlied.
Lpz.: Sch(l)umperlied.

schämpern, sch. v. Giebelhausen,
Berggeist 26 hat: änne ganze Part
Kinger kribbelten un schämperten
rumhär = ‚liefen umher', wohl eines
Stammes mit schumpen, wo vergl.

schamster Diner = gehorsamster
Diener. Lpz.

schandiren, sch. v., schelten, zu
‚Schande', Lpz., Fr. R. s. b. W. II, 429.

Schandlûder gewöhnlich Schindlûder,
n., ein Schimpfwort.

Schanne f. Schande. ze Schanne =
zu Schanden, zu nichte, sich ze
Schanne machen. — 's iss änne Sinn
(Sünde) unn Schanne. — Keine
Schâm noch Schanne hann. —

Schannerschlewwen, s. Sandersleben.

Schâpel, m., unansehnlicher, abge-
tragener Hut, zu franz.: chapeau.

scharf, adj. ä scharfer Jast sinn =
streng u. durchgreifend vorgehen. Lpz.

scharwänzeln, sch. v., ‚sich mit Kratz-
füssen drehen, liebedienern', ‚zu
scharren und wenden'.

scharwärken, sch. v., ‚lebhaft umher
schaffen, arbeiten'. s. W.

Schassé f. Chaussee.

Schatte, f., der Schatten.

schättern, sch. v., laut sich erbosen,
der Hân schättert. bayr., Z.
IV, 3.

Schauben im Chr. Isl. a. 1602 S. 81:
es verlohren Weiber undt Jung
frauen im getrenge ihre Schauben
und Mäntel = ‚Rock oder sogenannter
Kittel der Weibspersonen', s. b. W.
II, 354.

schaurlj, adj., geschützt gegen Wind-
zug. s. b. W. II, 450.

schauwen, st. v., schobb, jeschowwen =
schieben. obschauwen = sich ent
fernen; allenthalben.

Schauwekarre f. Schubkarren.

Schâwer, m., Gerber. Pl. u. Giebelhausen, Alter M. 84. Häufig zusammengestellt: Schinger unn Schâwer. —
där Schâwer uun där Schinger, das
sinn Jeschwister Kinger. s. Wander
Sprichwörterlex. IV, 188, III, 229.

schäwwern, sch. v., keifen. nth. vergl.
bayr.: schebbern = klappern, tönen.

schefftern, sch. v., sehr geschäftig sein.
Verstärkung von schaffen. s. schufften.

schelb, adj., schief; in Kloster-Mans-
feld: schâf. Giebelhausen, Alter M.
79: scheife Äwene (Ebne); das b in
scheib ist hd. s. W.

Schelerchen, n., ein wenig Feuer, mer
wulln heite ä Sch. inn de Stowwe
machen. nth., Lpz.; englisch: shower.

scheine, st. v., schenn(e), jeschenn =
scheinen.

Schêks u. Schêker, m., Unsinn, auch
scherzhafte Lüge, aus dem hebräischen.

Schelle f Schale. Kartoffelschelle.

Schêm, m., Schemen, Schatten; ä taazte
nach sein eienen Schéme. mhd.: Schime,
nd.: Schem.

Schenkâge f. Schenkung; allenthalben. -âge ist französ. Endung. vergl. Stellâge, Kledâge. s. Andr. 98; auch im Chr. Isl. a. 1641 S. 200.

schenken, sch. v., wie nhd. Dann für säugen; de Mutter schenkt dän Kinge. — Schenke mich âmol = biete mir einen Trunk.

Schepps, m., Schüps. Scheppskristel == Bezeichnung für einen albernen Menschen. schl., Lpz.

Scherren, pl. im Chr. Isl. S. 3, Fleischbuden. mnd.: scharne oder schranne. Chr. Isl. S. 47 steht dafür: eine Fleischern == Fleischscharren.

Schêsse, f., der Schoss. f. auch bei Luther, bayr.

Schête f. eine Lage, ein Bündel langes Stroh; bayr.: die Schütt, Lpz.: Schütte.

schêten, sch. v., schütten, praet.: schotte, partic.: jeschott. Korn schêten = das ausgedroschene Getreide auf den Fruchtboden hinschütten; ehedem auch so in Hessen. — de Melch schett sich == gerinnt.

Schewwer, m., Schiefer.

Schicht f. die ununterbrochene bergmännische Arbeitszeit. Dann auch das Ende derselben, daher == Ruhe, Pause. änne Schicht var- oder ânfâren == eine Schicht im Schachte arbeiten; übertragen hat Giebelhausen, Berggeist 88: Wär lässt dän Môn seine Schicht varfâren. — de letzte Schicht varfâren == sterben. — Schichtenbuch == ein Buch, worin die Schichte verzeichnet sind. Schichtmeister, der bergmännische Beamte, der den Lohn für die Schichte berechnet.

Schick, m, Anstand, Bildung; off sein Schicke sinn == in seinem Fahrwasser sein, sich wohl fühlen.

Schild, m., uff'n Schille firen == in der Öffentlichkeit etwas zur Schau tragen. inn Schille firen == etwas beabsichtigen; beide Redensarten weisen auf die ritterlichen Sitten des Mittelalters zurück.

Schilewippchen, n., spöttelnde Bezeichnung für eine Frau, die schielt; eigentlich Schileweibchen. nd.

schillek, adj., schuldig, nd.: schüllig.

Schimmel, m., Redensart: där Sch. jit â jûten Schritt == die Sache hat einen guten Fortgang, meist ironisch. s. Wander, Sprichwörterlex. IV, 183.

Schlimp, m, Schimpf. Schimp unn Schanne, häufige Zusammenstellung. Die alte Bedeutung des Wortes == ‚Scherz‘ findet sich bei Riukart Ind. conf. 54.

Schindlûder, n., Schimpfwort; mit einem Sch. spélen == argen Spass mit jem. treiben; auch mett sein Leiwe Sch. spélen == arg gegen ihn verfahren.

schîne == schön. Du bist mich â schîner, ironisch: ein niedlicher Patron‘; sich schîne machen == sich putzen. Das n fällt öfter ab: schî Wätter, â schî Jlickauf, â schî Frêlen == Fräulein. — Schînheit jit zunn Manle ninn == wer gut isst, wird schön.

schînechen, deminut. zu schîn == schön. s. sachtchen.

Schinger, m., Schinder; Hirten, Schinder u. Häscher galten für unehrlich. där Härte (Schâwer) unn där Schinger, das sinn Jeschwister Kinger. s. Schâwer. — Was, dr Schinger, hast änn nur? == der Teufel. Das weiss dach jlei där Schinger, dich sall dach jlei där Schinger hûlen. — Dän Schinger de Keile obkaufen == einem

Händler schlechte Waare teuer bezahlen, sich betrügen lassen. Lpz.

Schipchen, n., Küchelchen. Der Lockruf für dieselben ist das tonmalende schîp, schîp!

Schippe, f. 1. Schaufel, Lpz., nd.; **schippen** ᴍᴍ schaufeln. 2. verdriessliches Gesicht, nth., Fr. R.

Schîsspri(ê)Jel, m., Schiessprügel, spottend für ein schlechtes Gewehr, Flinte. Der Name kommt daher, dass in der ersten Zeit der Anwendung der Handfeuerwaffen die Büchsen gelegentlich zugleich als Morgenstern verwendet wurden.

Schlachetût, m., ein ungeschlachter unförmlicher Mensch. Lpz. s. Andr. 76.

schlücht ᴍᴍ schlecht ä wärd sch ᴍᴍ böse, erzürnt. — ä wärd dich nich schlächt ânfâren (recht tüchtig). — änne schlächte Krankt ᴍᴍ ekelhafte Krankheit.

Schlächtekeit f. Schlechtigkeit. s. Weinhold, d D. 84.

Schlackerwätter, n., nasses, schmutziges Wetter. hessisch. In Niedersachsen: slakkerig Wetter. schl.: Schlickerwetter.

Schlafittchen in der Redensart bein Schlaf. kreien — beim Kragen. Eigentlich bedeutet das Wort die Schwungfedern des Flügels, mit denen der Vogel die Luft schlägt, dann das Gefieder, Kleider. s. kurh. Idiot.; nach anderen ist es entstanden aus schlaff und fat (Kleid). schl.: Schlafittel und sonst allenthalben. Im ,Schalk' vom 9. Novbr. 1884: Schlawittchen.

Schlâk, m., Schlag. Keinen Schl. tûn — gar nichts. — uffen Schlâk ᴍᴍ auf die Minute (von dem Schlage der Uhr hergenommen). — ä Schlâk machen ᴍᴍ ein günstiges Geschäft machen.

schlâkmatt, schlâkmîde — sehr matt müde. Der erste Bestandteil ist das mnd. slak ᴍᴍ schlaff, schwach. s. mnd. W. IV, 226; mhd.: slach ᴍᴍ welk

Schlampe f. Frauenzimmer mit unordentlicher Kleidung. s. W. — **schlampen,** sch. v., von Kleidern gesagt, die schlecht sitzen. s. Schlumpe.

schlappern, sch. v. Weiterbildung von schlappen.

Schlapps, m, grosser ungeschickter Mensch, ohne Haltung, nth.; bayr.: Schlapphans. b. W. II, 530. s. Weigand unter schlappen.

Schlauf, m., eine seltene Form für Schlauch, vergl. Schluft und Schlucht.

schlaunen, sch. v., aus der Schlaube (äusserste Fruchthülle) herausbringen. Schlaune f. Fruchthülle, nd.: sluwe. slûe, nhd.: Schlaue, Schlaube.

Schlawwer, m., Schleim. schlawwern, sich baschlawwern — sich mit Schleim besudeln. nth., nd.: slabben. s. Sawwer.

Schleifwâk, m., versteckter Weg, ᴍᴍ Schleichweg. s. Schlauf.

Schlenker, m., schleudernde Bewegung. **schlenkern,** sch. v. — jactare s. B. Beine, Arme. ahd.: slenkirên. — ä Schlenker machen (übertragen) einen tollen Streich machen.

Schlenze, f., Flüsschen, dass bei Friedeburg in die Saale mündet. Urkundlich Silenza; es war der südliche Grenzfluss des Schwabengaues. Der Name wird auf die Silinger zurückgeführt, einen den Vandalen verwandten Stamm, dem die Schwaben den südlichen Teil des Schwabengaues überliessen. s. Zeitschr. des Harzver. 1876 S. 108 ff. Derselbe Volksstamm gab Schlesien (Silesie) seinen Namen.

schlenzen, sch. v., müssig herumgehen; hessisch, Göthe.

Schlepple ist im Chr. Isl. S. 7 ein Schützenpreis. ‚Vermutlich ein Putzgegenstand für Frauen‘.

Schlesinger = Schlesier, schlesisch; schlesinger Leinewand, auch schlesingische L.

Schlicker, f., seltener Schurre, die Rutschbahn, welche die Knaben im Winter durch fortwährendes Gleiten bilden. Das entsprechende Verbum ist sich schlickern (sonst schlittern s. W.). Es mögen hier eine Reihe verschiedener Ausdrücke für dieses Vergnügen der Jugend samt den Ortschaften, in denen sie vorkommen, aufgezählt werden. In Berlin, Potsdam, Magdeburg, Schönebeck, Calbe a/S., Löbejün: schlittern; in der Gegend von Hannover, Kassel, Artern, Nordhausen, Mühlhausen i. Th., Osterode a. H.: schurren; in dem Landstriche, der durch die Städte Sangerhausen, Merseburg, Hettstedt, Aschersleben, Quedlinburg, Halberstadt, Althaldensleben und Klötze bezeichnet wird: schlickern; ferner in Weissenfels, Zeitz und östlich davon der Elbe zu, bei Dommitzsch, Torgau und Liebenwerda: schusseln; in der Dresdner Gegend und südlich davon: tschinnern und tschindern; in und um Köthen: schlissern; in Querfurt: schullern; in Eckartsberge: schorlen; bei Heiligenstadt: zischen; in Obersachsen: zescheln; bei Jüterbogk und Wittenberg: schluttern; in und um Freiburg a/U.: schollern und schorren. In Gotha heisst es: schubern; im mittleren Hessen: schúben, schuffeln; in der Gegend von Sagan (Schlesien): schindern oder nach anderen Mittheilungen:

schünschein; bei Mülhausen i. E. schliffen, bei Mühlhausen in Ostpreussen: schurgeln; in Schmiedefeld: zuschen; in Heinrichs (Thüringer Wald): schoschen; in mehreren Gegenden, namentlich Württembergs auch in Ungarn bei Pressburg: schleifen; in einigen Teilen Schlesiens: käscheln. Weiterhin finden sich in Erfurt und Sömmerda die Bezeichnungen: glännern; in Rudolstadt: klännern; in Halle und Umgegend: glandern; in der Nähe von Bremen und im Holsteinischen: glitschen; i. Neuhaldensleben: glissern; in Schlesien: glittern; in Schwerin in Mecklenb.: glitschen; in Suhl: schumeien; in Oberhessen: reideln; an der Pegnitz: hätscheln; in Nordfrank.: schabeiten; in Ungarn (Heanzer Mundart): riseln; in Pilsen (Böhmen): rollen; in Dopschau (Ungarn): schinzeln. Sonst sind noch die Ausdrücke: bleiern, schleudern, zindeliren vorhanden.

Man sagt: vom Wassertrinken ströme ein Schlicker in den Hals, wo Schlicker = Schlitter, wo s.

schlickerlj, adj., schlüpfrig.

Schliff, m., die nicht ausgebackenen speckigen Teile im Kuchen, Brote. Davon: Schliff backen = Unglück haben, sich getäuscht sehen. Lpz.; b. W. II, 510.

Schlippe, 1. f., enger Raum zwischen zwei hohen Gegenständen, von schlippen = schlüpfen. 2. m., im Chr. Isl. a. 1558 S. 23: Rockschoss und dem Ähnliches: etzliche Weiber seint mit traurmenteln vnnd einem langen schlippen gevolget. s. kurh. Idiot. S. 355. mnd. W. IV, 243.

Schlisselbickse, f., kleine Pistole, die aus einem Schlüssel gemacht wird, sie wird mit Vorliebe von Knaben bei den Johannisfeuern losgeschossen. **schlissen**, st. v. Diese alte Form für nhd. schleissen kommt nur noch vor in der Redensart: Feddern schl. = reissen. mhd. slîzen; hessisch. **Schlitter**, m., abgespaltener, dünner, langer Span. sich ä Schl. inn Finger reissen; wechselt mit Splitter (wo vergl.), auch übertragen gebraucht von einem dürren, langen Menschen. Die Form ist nd.; hd.: Schleisse, von sleizen, s. schlissen.

schlöfen, st. v., schlefft, — schlûf, — jeschlôfen:

　Wär fri uffstît, sei Jût varzäret,
　　　(där frisst sich arm),
　Wär lange schlefft, den Jott ernäret
　　　(hällts Bette warm).
Schlöfmitze, f., schläfrige Person.
Schlopp, m., Haufen; s. Giebelhausen, M. Sagen und Erzählungen S. 65. Deminutivform: Schleppchen.
schlöschleierweiss, schlöweiss = schneeweiss. Lpz.; hessisch: schlöszweiss, bayr.: schlotteweiss (Formen, die im M. ganz unbekannt sind). Während die letzteren an ,Schlossen' angelehnt sind, scheint der M. Ausdruck mit ,Schlöe = Schlehenblüte', (Pl.) verbunden zu sein. vergl. ags. slâge, engl.: sloe. s. Andr 273 init.
schluckreife, adj., notdürftig reif, vom Getreide gesagt.
Schlükfärze, f., Bezeichnung für Heckschlehe in Heiligenthal.
Schluft f. Schlucht. Diese Form, die ursprünglich die hd. ist, verschwindet jetzt im M. immer mehr. Allein jedoch ist sie noch im Gebrauche von den hohlen Stellen im gebackenen Brote. s. Chr. Isl. a. 1598: Galgenschlufft, ibidem a. 1569, 1605, 1611.

Schlampe f. nachlässige, unordentliche Frauensperson. Lpz.; hess. und bayr. s. Schlampe. ,zu schlapp durch Einführung der Labialliquida', schl. W. 83. **schlumpscherweise auch schlumperweise** = zufälliger Weise, wider Verhoffen, ohne dass man dazu thût. dô kamp ä schl. dôzu. bayr. u. hess.: slumpweise. s. kurb. Idiot. b. W. II, 524. ,von schlump, glücklicher Zufall'.
Schlunk, m., Schlund.
Schmacht, m., Durst (selten).
Schmadder, m., weicher nasser Schmutz, nth.: Schwadder.
schmaddern, sch. v. 1. schmutzig sein. 2. flüchtig, schlecht schreiben. **Schmälhans.** Redensart: Schm. iss Kichenmeister = es giebt nicht viel zu essen. s. Wander, Sprichwörterlex. IV, 254.
Schmalzerode, Dörfchen südlich von Eisleben. a. 1400: Schmaltzerode. Im Volksmunde: Schmulzerode.
Schmärjel, m., flüssiger Schmutz in der Pfeife, nth.
Schmärl, m. 1. kleiner unbrauchbarer Fisch in allen Bächen (s. dagegen bei W. die Schmerle). 2. dürre langgewachsene Person.
schmarräkeln, sch. v., bedeutet in gewisser Weise Kegel schieben. Man tritt näher als beim Platzen (wo vergl.) an die Kegel. Jetzt ist das Spiel beinahe ausser Gebrauch, Es ist auch unter demselben Namen in Steiermark, Salzburg und Bayern bekannt. s. b. W. II, 553. Illustrierte Welt, Stuttgart 1884, 1. Heft, S. 7. Die Etymologie ist nicht klar. Vielleicht steckt im 2. Teile häkeln, das ja beim Kegelspiel eine spezifische Bedeutung hat (vergl. den Artikel), der erste Bestandtheil vielleicht zu

italienisch: smarrire. — Es gab auch beim Schmaräkeln Schmaräkellieder.

schmarrâkeln, sch.v., schlecht schreiben, auch schmiräkeln.

schmatzen, sch. v., laut küssen. Schmatz, m., lauter Kuss, hessisch, schl., bayr. etc.

schmauchen, 1. prügeln, 2. Schmauch machen, dann (Tabak)rauchen. nd.

Schmêde f. Schmiede. Schmĕdd = Schmied. schmêden (ä schmĕdd) = schmieden.

Schmeichflîje für Schmeissfliege, baschmeichen und Jeschmeich führt Pl. an statt Schmeissflîje etc.

schmeissen, st. v., das gewöhnliche Verbum für werfen.

schmeissaj, adj., schmal, hager; ä schmeissjes Jesichte hann; niedera.: smetsk, bayr.: geschmaissig. s. b. W. II, 558.

schmêren, sch. v., schmieren; auch übertragen = trinken. — ânschm. = betrügen. — Schmére auch Schmire t. Schmiere, das iss änne schîne Schm. = ,schöne Geschichte, Bescheerung'. Lpz.

Schmuddel, m., Schmutz, schmuddelich = unsauber. nd.

Schmulme f. das hohe Gras vornehmlich im Roggen.

Schmurks, m., Schmutz klebriger Art. ä hatt Schm. inn Hören, ann Rocke, uffen Hute. zu bayr: schmirkeln = nach Fett riechen. Desselben Stammes wie Schmärjel, wo vergl.

Schmurze f. Hiebe, Haue. 's setzt Schm., schmurzen, dorchschmurzen. vergl. mnd. smurten = die Luft benehmen, ersticken.

Schmûs, m., leeres Gerede. **schmûsen,** sch. v., Vom hebräischen: שְׁמוּעָה.

Schnâke, f., lustiger Einfall, Posse. Schnâken unn Schnurren ist der

Titel von Erzählungen, welche Kreidner im M. Dialekte schrieb. Göthe, s. b. W. II, 565.

schnällen, sch. v. (selten), springen, laufen.

Schnäppe f. Schnauze an einer Kanne. (ursprünglich = Schnabel).

Schnäpper, m., eine Person, die gern und lebhaft plaudert. vergl. bayr.: schneppern = schwatzen. mhd.: snappen, Lexer II, 1024.

schnarken, sch. v., schnarchen. nd.

Schnärrelele, f., Kleinigkeit, Unwesentlichkeit, alle Schnärr. machen, vergl. Jeschnärrle.

schnârz, Interjekt., von dem Geräusche, das entsteht, wenn man linnenes Zeug etc. auseinander reisst. — Schnârz, m., Riss im Kleide. — zerschnârzen, sch. v., zerreissen. s Râtz.

schnärzen, sch. v., laut, aufgebracht reden; trans. auschnärzen = anfahren, invehi. s. Z. VI, 256, 6.

schnärzj, adj., laut und erregt redend, auch vorlaut.

schnattern, sch. v., mit dem Schnabel klappern, so schnattern die Gänse, dann laut und gleichmässig (gleichsam nach dem Takte) schwatzen.

Schnauten hann = Schnupfen haben. Pl., ahd.: snûden = mit Beschwerde atmen, ahd.: snuder = Nasenverstopfung. s. b. W. II, 568.

Schnâwel, m. 's iss was, sacht (sagt) Schn. (unn hatt ä Frosch jefangen), Redensart gebraucht, wenn man irgend etwas, auch das Geringste von einer Sache erlangt hat.

schnawwelîren, sch. v., essen (Kindersprache).

Schneisse, f., ein durch den dichten Mittel- und Niederwald gehauener Durchgang. s. Jeŝtelle, Jeschnäte;

zu schneiten == abhauen. b. W. II, 585. Z. VI, 18.

schneissen, sch. v., abnagen, fressen, essen, zu schneiten == abhauen s. Giebelhausen, Hack und Mack 1, 9.

schnelteln, schnäteln, sch. v., ausschn. — die kleinen Zweige abschneiden. Lpz., s. b. W. II, 584.

schnibällen, sch. v., mit Schneebällen werfen. oberl.: schneebällern.

Schnlebger hat Rinkart Indul. conf. 20, zusammengezogen aus Schneeberger (Groschen).

schniffeln, sch. v., bezeichnet den unangenehmen Laut beim Einziehen der Luft in die Nase, dann davon — durch den Geruch etwas suchen, ausstöbern. — Schniffel, m., ein Mensch, der überallhin vorwitzig seine Nase steckt.

Schnikäke f. ,Schneedole'. s. Käke.

Schnikênlj, m., Schneekönig, wie derselbe im Winter von den Knaben aufgebaut wird. sich freien wi ä Schnik., gesagt von grosser Freude.

Schnipel, m., Feierkleid, Frack, Lpz.; bayr.: Schnippel. s. Z. V, 75.

Schnippchen, ä Schn. schlôn (schlagen), == jemanden eine Nase drehen. Schnippchen ,ist eigentlich das laute Schnellen des wider den Daumen gedrückten Mittelfingers'.

schnippeln, sch. v., kleine Stückchen schneiden. bayr., Lpz. s. W.

schnippen, sch. v., schnellen mit den Fingern, ä schnippte ä Papirkijelchen furt == er schnellte es mit dem Mittelfinger und Daumen fort. bayr. schnipfen und schneppen.

Schniwälle, f.. ein Haufen zesammengewehter Schnee, von walen == walzen. wälzen, s. b. W. II, 884.

schnodderij, adj. schnodderije Redensarten ,spitze, herausfordernde, beleidigende R.'; Berlin, Fr. R. von nd. Schnoder == Rotz.

schnuckzen, sch. v., schluchzen. Z. VI, 481, schnucken (Lippe).

schnûdeln, sch. v., liederlich leben, sich i.d. Kneipen herumtreiben. Schnûdelei. Schnuppe f. Schnuppe. das iss mich Schnuppe == einerlei, weitverbreitet, s. Pipe, Worscht.

schnuppern, sch. v., laut die Luft in die Nase ziehen. s. schniffeln.

Schnupptewack, m., 's iss wäck wi Schnupptewack == wird gebraucht, um die Schnelligkeit des Verschwindens zu bezeichnen. Lpz.

Schnûre, f., vunn der Schnûre läwen == vom Kapital, vom Grundstock des Vermögens. s. b. W. II, 581. — ewwer de Schnûr hauen == genommen von der Richtschnur der Zimmerleute, auch ewwer de Strenge (Stränge) hauen == sich gehen lassen, des Guten zuviel thun, hessisch. — 's jit ewwer de Hûtschnûre == es ist zu arg, zu übertrieben.

schnurpsen, sch. v., tonmalendes Verbum, bezeichnet das Geräusch. welches entsteht, wenn jemand in einen sauren Apfel beisst, oder wenn jemand auf hart gefrorenen Schnee tritt, oberl., Lpz.: schnorpsen.

schnarpeln,

Schnurre, f., eigentlich das brummende Geräusch z. B. des Spinnrades. Da von ,s jit inn dr Schnurre == rasch hintereinander, vergl. es geht wie am Schnürchen. — Sodann bezeichnet das Wort auch ,einen auf einer Schnur tanzenden Knopf oder Bleiplatte'. Kleemann.

schnurren, 1. zesammen sch. == sich zusammenziehend kleiner werden, s. Gr. W. III, 283. 2. umherziehend betteln, s. W.

Schnurrfeiferel f. Possen, Unsinn. vergl. mhd.: snürrinc, Possenreisser, und

schnurrij, adj., seltsam, wunderlich, das misste schn. zujin, s. Z. V, 295.

schnurrstracks u. schnurrstreichs = auf der Stelle, sofort.

Schochwitz im Volksmunde Schochewitz, Dorf nördlich vom salzigen See, slavischen Ursprungs, zu poln.: čechovice. In der Nähe von Sch. auf dem Luppberge wurde noch im 15. Jahrhundert ‚der gute Lubban‘ verehrt, indem man ihm Knochen darbrachte. s. Grimm, Mythologies I, 492. Lubbe ist nach Grimm = plumper Riese, nach Jakobs ist es ein slavischer Götze, zu vergl. ist bayr.: Lüppereie, mhd.: lüpperie = Zauberei, s. Z. VI, 61; b. W. 1497. s. Grössler, Sagen der Grafschaft M. No. 82.

Schöde, m., ein Schülerausdruck auf dem Gymnasium zu Eisleben = Lump; hess., zu hebr.: שָׁאט = Verachtung,

schöfel, ziemlich häufig gebrauchtes Fremdwort = gemein, niederträchtig, auch übertragen: ä iss schöfel = unwohl, vom talmudischen: שָׁפֵל = niedrig.

Schöfkopp, m. 1. Dummkopf, 2. ein Kartenpiel. In diesem ist Schellen Trumpf und die vier Ober haben die höchste Geltung, dann folgen die Unter. Es wird zu vier gespielt; zusammen spielen die Personen, welche den Eichel- und Grünober (den Olen unn de Paste, [Paster]) haben. Das Spiel wird auch Wendsch (Wendisch) genannt. In Hessen heisst Schafkopf das Spiel, das man sonst schwarzen Peter nennt.

Schöflädder, n., Redensart: wî Schöfl. ausreissen = sehr schnell fortlaufen, nth., thür., Lpz.

Schöfzippel, m., ein Schimpfwort, dummer Mensch. Vielleicht ist der zweite Bestandteil verwandt mit bayr.: Zaup, Zaupel = ein Schaf, das zwei Mal wirft. s. b. W. II, 1141.

Schöss, m., Schuss; auch soviel wie ‚Hexenschuss‘; dann dån Sch. hann albern, verrückt sein, auch hessisch.

Schosskelle, f., der Sitz vorn am Wagen, auf dem die Fuhrmann sitzt und von dem er die Pferde lenkt. Lpz., Lausitz (hier auch blos Kelle). Gr. W. V, 1, 511.

schrammen, sch. v., rennen, gehen. s. obschrammen. Lpz.

schråpeln, sch. v., zesammenschr. = mühsam zusammen arbeiten, zusammenscharren. Lpz. s. W. unter schrappen.

Schraplau, im Volksmunde Schrappel, Städtchen, südöstlich von Eisleben; gedeutet als Habichtswald (im 8. Jahrhundert: Scrabanlôch, loch = lucus, Hain) oder als Erbgut des Scraban. s. Grössler, Zeitschrift des Harzvereins 1883, S. 114. — He hatt in Schrappel študirt, wu dr Esel ewwers Jatter kukt, sagt man von jemand, der bis an den Hals studiert hat. Pl.

Schrauwe, f. es iss änne Schr. bein lucker = er ist verrückt, Lpz. und sonst allenthalben.

schråwen, st. v., mit den Füssen aufstampfen, festen Schrittes gehen. Findet sich vereinzelt bei Giebelhausen: Alter M. 118: Alles, was do låwet, Zum Mittachbrüte schråwet; M. Sagen und Erzählungen S. 137: Su trät Fride, där nach schrowwe, Bei ä Dukter inn de Stowwe. schrowwe ist das starke praeter.

7*

Das Verbum heisst kurh.: schrappen, mnd.: schrapen; es ist gewöhnlich schwach, es lassen sich jedoch auch sonst starke Formen nachweisen. s. kurh. Idiot. unter schrappen.

Schrecken, m. Redensart: ä Enge mett Schrecken nåmen. Das Unjezifer basamet sich mett tausend Schrecken.

Schreckenberger, m., eine silberne Münze mit dem Bilde eines Engels, welche drei bis vier Groschen galt. Sie hat ihren Namen von dem bei Annaberg gelegenen, sogenannten Schreckenberg empfangen und ist zur Zeit Friedrichs des Weisen geprägt worden. s. Zedler, Universallexikon XXV a. 1743 S. 1114. — Die Münze wird öfter im Chr. Isl. erwähnt.

Schrelwens, n. Schreiben; ähnlich Seimens, Ummesåns.

Schrēje, f., schräge Richtung.

schrumpen, sch. v. und schrumpeln — runzlich zusammentrocknen, hd.: schrumpfeln. — schrumpelicht, adj., zusammengetrocknet.

Schrūt, m., Schrot, grobes Mehl zum Füttern des Viehes; solches Mehl mahlen heisst:

schrūten, sch. v., dies Verbum hat ausserdem noch die Bedeutung: 1. wälzend fortschieben, dann mit Mühe fortbewegen, herbeibringen, änne Last anbei schrūten, å varsuchte sich inn de Hichte ze schrūten. 2. essen, vergl. hessisch: Bröt schröten, — grosse Stücke Brot abschneiden und in grossen Bissen verzehren; auch Lpz.

schucken, sch. v., Wasser sch. — durch Bewegen heraufpumpen, zu schackern.

schufften, sch. v., tüchtig arbeiten. nth. vergl. schefftern, zu ‚schaffen‘.

Schūk, m., Schuh. de Schūe stin lösen (lassen) — sterben, in Siersleben.

schummeln, sch. v., mit der Sichel abmähen.

schummerlj, adj., dämmerig, nth.; wohl kaum M.; ehenso Schummerstunne (stunde).

schumpen, sch. v., langsam, unordentlich gehen. vergl. schämpern. vergl. bayr.: schummeln (verächtlich) hin- und herlaufen.

schūne = schon. In Walbeck hörte ich deutlich: schonn, desgl. in Bornstedt: schunne; Erfurt: schonne.

Schunk, m., das Schinden, Abarbeiten; Schunk unn Plack.

Schunkel f. Schaukel. nd.: Schuckel.

schunkeln, sch. v., schaukeln. Seltsam ist der Einschub des n.

schuppen, sch. v. 1. schieben, fortschieben, s. b. W. II, 438. 2. sich schuppen = sich jucken, kratzen.

schuppern, sch. v. sich sch. = einen gelinden Schauer vor etwas haben, ungern an ein Geschäft herangehen. s. westerw. Idiot. 177, b. W. II. 438.

Schūr, m., Possen, Schabernack, zun Schūre låwen, ä Schūr tûn. — 's iss Schūr sagt man beim Kegelspiel, sobald der König allein stehen geblieben ist (ist auf einen Schub Schur geworden, so gilt das auf der Langkegelbahn 32, wenn auf mehrere, 16). Zu scheren. s. Z. II, 28 extr. — Davon zu trennen ist ‚die Schūr‘ hann, welches gleich ist dem franz. du jour, (Sonntags haben auf einem Hüttenwerke die Beamten du jour).

schurijeln, sch. v., schurigeln, nd.: schurégeln.

Schurre, f. = Schlicker, wo zu vergl.

schurren, sch. v., gleiten, eigentlich auf der Eisbahn, sodann ganz gewöhnlich für ‚rutschen‘. Gemein deutsch ist der Ausdruck nicht, er findet sich nicht bei W., auch nicht in der Oberlausitz.

Schurzefäll, n. Das Fell, welches Maurer, Zimmerleute etc., um ihre Kleidung zu schützen, tragen.

Schütenteffel, m., Bezeichnung für Menschen, die nichts nütze sind, auch Schütenhüter (der die Schoten = Erbsen hütet).

schuttern, sch. v., erschüttern, trans. und intrans.; das janze Quartir schuttert.

Schutz, m., der Seitenraum der Scheunentenne; auch die Vorrichtung zum Stauen der Wassers. s. Kleemann.

Schůwejack, m., Bezeichnung eines Menschen niedrigen Charakters. s. W. (‚von schubben und jacke').

schwaddern, sch. v., auch **schwappern**, meist ewwerschw. = überfliessen; sehr häufig: jeschwapperte vull. s. jeschwipperte.

Schwâde, f., Reihe abgemähten Grases oder Getreides. nhd.

schwadroníren, sch. v., sehr viel gebrauchtes Wort = viel sprechen, von mhd.: swadern mit ‚romanisierender' Endung.

schwadweise = in der Weise der Schwade, de tůten Saldâten lâken schw. dô.

schwüllwisch, s. schwillwisch.

Schwamm, ‚scherzende Bezeichnung für alte, abgedankte Soldaten', he iss bein Schw. jekummen. nth., s. Kleemann.

Schwânebolrock, m., ‚rot und gelb gestreifter, wollener Frauenrock. Kleemann.

schwânen, sch. v., 's schwânt mich, ich ahne vorfühlend. Der Schwan galt als weissagender Vogel.

schwank, adj., biegsam, änne schwanke Järte; emporstrebend, ä schwanker Torm. s. b. W. II, 640.

Schwânsfäddern trân = mutlos sein, weil man Unheil ahnt. Ein Walkyrie wird svanhvit (schwanweiss) genannt und trägt Schwansfedern; vergl. die Redensart: ‚Es wachsen einem Schwansfedern = es schwant mir. s. Gr. Myth.₃ 398.

Schwanz, m. 1. nich ä Schwanz vunn ä Hasen hammer jesân (nicht die Spur). 2. där Kaffé hatt ä Schwanz, er schmeckt ‚bockij', von einer bockigen Bohne. — **schwänzeln**, sch. v., geziert einhergehen.

schwapp und **schwapptij**, eine Interjektion des Schalles; ich kricht en ze sacken unn schwapptij jâb 'ch 'n änne Fâke, dass'n Hîren unn Sân varjunk.

Schwappel, m., sehr fetter, feister Mensch. **schwappen, sch. v.**, schwankend an den Rand schlagen (von Flüssigkeiten), s. jeschwipperte. — **schwappeln, sch. v.**, hin und her sich bewegen z. B. von der zitternden Bewegung der dicken Backen. — schwappelfett. s. b. W. II, 643.

Schwarm, m. ä hatt dn Schwarm = er ist verrückt, bayr.: der Schwurm s. b. W. II, 647.

Schwârte, f. 1. wie nhd. dicke, harte Haut. Späckschwarte, Schwartenworscht = Presssilze, s. Silze. — ä loff, dass de Schwarte knackte (auch krachte), bildliche Bezeichnung sehr grosser Anstrengung, s. Z. II, 278, 27 (= ‚Haut, Kopfhaut'). 2. das Brett, dessen eine Seite rundlich ist, weil sie die Aussenfläche des Baumes bildete. hessisch. 3. = Suada, Suade = geläufige Redefertigkeit, s. Andr. 109.

Schwåwelbanne f. Schwefelbande, Gesindel, auch schriftdeutsch. **schwåweln,** sch. v., im Scherze lügen, aufschneiden, vôrschwåweln; bayr.: schwaibeln, ‚mit Beziehung auf die Redeseligkeit der Schwaben'. **Schwåwe,** f., Gestell, um etwas aufzuhängen. **Schwêden.** Eine Erinnerung an die verheerenden Züge der Schweden im 30jährigen Kriege hat sich erhalten in der Redensart: Bett, Kinger, de Schwêden kummen; Lpz., Hessen. — Man hört auch im M., wie überall in Deutschland, ôler Schwêde (= alter Freund). Dieser Ausdruck soll herkommen von Suitier, welches ein Studentenausdruck ist für einen lustigen Bruder. s. das Magazin für die Litteratur des Inn- und Auslandes, 53. Jahrgang, No. 31, S. 487. **schweimelink(s)** auch **schweimelij,** adj., schwindlig. vergl. hessisch: schwimeln = schwindeln, mhd.· swimen. — Oft allitterierend: schwarz unn schweimelink. **Schweinaes,** im Chr. Isl. a. 1536 S. 13: der Stadtvoit hat 3 sch. schweinaes malen lassen = ‚Schweineatzung, Schweinefutter'. **Schweineprister,** m., Schimpfwort allgemeinerer Bedeutung. Andere Zusammensetzungen mit Schwein sind: Schweinebanne (bande), -hund, -luder, -pelz, -wärtschaft. Dräckschwein. **Schweinsschneidernôt** f. schlechte, ungeschickte Naht. **Schweinswende,** ein ehemaligerMönchshof und Hütte unterhalb Bornstedts, ein Grenzmal der Grafschaft. Im 9. Jahrhundert: Suiniswinidun. **Schweisswärk** und fast noch gewöhnlicher **Schmeisswärk** (Höhnstedt,

Wolferode, Grund) in der Redensarten: sei Sch. treiwen = eine Sache mit Ernst und Mühe treiben. Diese Komposition (Schweiss und Werk) ist mir in anderen Dialekten bis jetzt noch nicht aufgestossen. **Schwengel,** m., wie nhd.; auch übertragen: Ladenschwengel = Spottname für einen Kommis. **schwenzen,** sch. v, umherstolzieren. s. b. W. II. 643. s. schwänzeln. — sich uffschwenzeln = sich aufputzen, eigentlich ‚den Schwanz in die Höhe binden'. s. Gr. W. I, 732. **schwichten** = geschweige, in Rollsdorf: jeschwichte; nth.: schwigden. **schwillwisch** hat Giebelhausen, doch zumeist in (Bornstedt, im Grunde, in Volkmaritz) schwällwisch = spöttelnd lächelnd; ä kuckte mett schwillwischen Blicke ewwer seine Brille wäcken. Ich kann das Wort anderwärts nicht nachweisen. s. b. W. II, 631; zu Schwalbe? **Schwimel,** m., ein lockerer, leichtsinniger Mensch, der viel zecht; auch **Schwimelante** mit romanisierender Endung. Das betreffende Verbum, heisst: schwimeln. mhd: sweimen = sich schweifend umherbewegen. **schwinge** = geschwind. **schwippe,** adj., elastisch, behende; in Mecklenburg swipp = rasch, vorlaut. Z. III, 134; 283, 108. **Schwirniter,** m., Bezeichnung eines geschickten, sich einschmeichelnden Menschen. Oft hypokoristisch: 's iss ä kleiner (Schock)-schwirenîter. — Die schwire Nût bezeichnet eigentlich die Krämpfe. **Schwittersdorf,** Dorf nordöstlich von Eisleben = ‚das Dorf des Suithart'. Im Volksmunde: Zwittersdorf.

Schwittjê, m., leichtfertiger verschwenderischer Mensch, von la suite = Gefolge, Sippschaft.

Schwucht f. grosse Anzahl, Last, Bürde; änne Sch. Saldaten. schl.

schwul = schwül (ohne Umlaut).

Schwuletät f. Verlegenheit, in Sch. sinn; eine seltsame Bildung von schwûl mit fremder Endung.

Schwulst, f. 1. Geschwulst, mnd. swuls(t). 2. Mühe, Sorge. där hatt seine Schwulst auch Schwucht (wo vergl.).

schwunken, sch. v., schwanken.

schwûte, Zuruf an Wagenpferde, wenn sie links gehen sollen. Gewöhnlicher heisst es dafür hi. schwûte hörte ich in Wolferode. Wimmelburg, Höhnstedt, Arnsdorf, Zappendorf. Giebelhausen (Alter M., S. 33) hat:

Fest in Bêjel, fest in Zêjel,
Nach der ôlen Reiterrêjel;
Zucke schwute, zucke hotte,
Aussen Schritte kumm zun Trotte,
Denn zun Traw' un zun Kaloppe.

Seeburg (im Volksmunde Sibork), Schloss an der Ostseite des süssen Sees. Wahrscheinlich identisch mit dem schon aus d. J. 743 genannten Hoch-Seeburg, s. Zeitschr. des Harzv. 1873, 85 squ. 1874, 287. 1883, 118.

Seier, Sâer, m., Seiger, die gewöhnliche Bezeichnung für Uhr, von sikan = sinken (von dem Abwärtssinken des Wassers und des Sandes).

Seifensâder, m., Redensart: mich jît ä S. uff = ein Licht (hyperbolisch), schl., böhmisch.

Selmens, n., das Säumen. ûne (ohne) Seimens.

Sell (Sâl), m.; ann â dinnern Sâle trecken = nachgiebig werden.

Sêle, f., Redensart: einem was uff de Sêle bingen = eindringlich anempfehlen, zur Pflicht machen. — seiner Sêle â Stûss jâu = etwas tief in den Beutel hineingreifen, s. Rinkart Ind. conf. 42.

sellen, sallen, sullen, verb. praeter. praes. = sollen. sellen unn missen, häufige Zusammenstellung, ä sellte unn misste kummen = unter alleu Umständen musste er kommen.

sengeln, sch. v., hinwerfen, hinstossen, prügeln. **Senge** f. Prügel; oberl.; zu sinken?

sengerij, adj., brandig, zu sengen s. bränzlij.

Senkel, m., auch **Schnirsenkel** = ,das Band, welches zum Schliessen des Korsetts oder der Schuhe gebraucht wird'. von senken, schon mhd.

sent, senter (Grund), auch zent, zenter (Heiligenthal) = seit, Präposition mit dem Dativ, oder Konjunktion. Im Chr. Isl. S. 20, 268: sider. zenthär = bis dahin (adhuc), dersent, dersentert = seitdem. b. W. II, 316. W. unter sint (vergl. sintemal = sint [seit] dem Male).

settigen, im Chr. Isl. a. 1602 S. 79 = befriedigen: Als sich aber Magdtebugk daran nicht wollen settigen lassen.

setzen, sch. v., Redensart: 's setzt was Warmes, awwer nischt Jekochtes = Prügel. Lpz.

Sêweker, m., Siebmacher. s. Bênecker.

sewwene = sieben. Jetzt dringt (auch im Grunde) immer mehr die neuere Form siwwene ein, in Volkmaritz u. s. w. hat sich das ältere sewwene zäher gehalten. bise **Sewwene** = böse Sieben, Bach, der durch Eisleben fliesst, früher meist Willerbach oder Wildeflutgraben.

Nach Grössler, Zeitschr. d. Harzv. 1876 S. 78 = böse Sava (slavisch), oder eine slavische Übersetzung von Wilderbach (ziva heisst im Slav. wild). **Sewwenhitze** = Siebenhitze, eine Vorstadt Eislebens. Nach Grössler a. a. O. slavischen Ursprungs, — ein kleiner Wasserlauf, oder der kleine wilde Bach oder die Ansiedelung an einer Save oder einem wilden Bache. Auch eine Vorstadt von Allstedt heisst Siebenhitze, s. Grössler, die Sagen der Grafschaft M. No. 238. **sichtj**, adj., süchtig, = die Heilung hindernd. Nach dem Volksglauben sind die Nähnadel, Scheere, Spiegel, süchtig; berührt man mit ihnen die Wunde, so wird sie schlimmer. Von Sucht = Krankheit.

Sicksen, meiner Sicksen, Beteuerungsformel, deren Abstammung unsicher ist. s. Andr. 279, b. W. II, 218.

Sieben, böse S. s. sewwene.

Siebigerode, Dorf südlich von Mansfeld, um das Jahr 1040: Sibichenrode == zur Rodung des Sibicho. Im Volksmunde: Ziwickrode.

Siecken, f. = Seuche, öfter bei Rinkart, so Eisleb. Ritter 24.

Siersleben, sprich Sirschlewwen, Ortschaft zwischen Hettstedt und Eisleben. a. 993: Sigerslevo = ‚Erbgut des Sigiher‘.

silen, sch. v., sich silen = sich im Kote herumwülzen, auch sich ann dr Wand rum silen, auch sich sülen. got.: sauljan, ahd.: salawên. s. Schade II, 739. s. Sûl.

Silze f. Sülze, Wurst aus dem gallertartigen Teilen des Schweines; auch **Presssilze** od. **Schwartenworscht.** — **Presssilzenkopp** = Mensch mit

einem Kopfe von der Dicke einer Presssülzenwurst. — Zu Salz. **Simps** s. Sumps. **simmeliren**, sch. v., sinnen, nachdenken. Andr. 85. **sinkenink**, adj., sinkend. sinkeninge Nacht. **sinkenings**, adv., s. lénink. **Sinn**, m., inn Sinne fingen = bereit finden; lôs dich nich inn Sinne fingen uns zu varröten. — Dän Kingern iss ze Sinne = sind gesonnen. **sinn** = sein, was de Kinger sinn = was die Kinder anbetrifft. oberl. **sinst, sinsten, sinstern, sunst(en)** = sonst. Im Chr. Isl. a. 1525: sust ibidem a. 1601: sonsten, Rinkart, Ind. conf, 23: umbsüst = umsonst. **sire** = schr. Komparativ särrer (auch schl., oberl.); ä sirer schiner Tåk, vergl. rächt.

Sittchenbach, jetzt Domäne, früher Cisterzienserkloster, südlich von Eisleben; um 900: Sidichenbechin. **Sitzjeläjenheit** f. Sitzplatz. **siwwene** s. sewwene. **skaliren*)**, sch. v., schelten, entstanden aus skandalieren. — Ganz anderen Ursprunges ist das Wort im Chr. Isl. a. 1523. S. 3. Niclas Thöne ist uffm margkt scalirtt, das ist uff eyn leytergesetzt, z. latein. : scala=Leiter. **Skât**, m., das bekannte Kartenspiel, ist im M. auch jetzt noch nicht volkstümlich; der M. spielt noch seinen Schôfkopp. sich inn Skat lån = sich krank darnieder legen. **Socke**, f., kurzer Strumpf. ä iss mett där Socke jeplåzt = er hat einen Klaps, ist dumm; im Braunschweig.: Er ist mit den Socken geschossen. s. Wander, Sprichwörterlex. IV, 591. — Dazu

---

*) Anlautendes **sk**, **sp** und **st** werden wie **schk**, **schp** und **scht** gesprochen. Das übliche Zeichen für diese Aussprache š konnte aus äusseren Gründen nicht überall gedruckt werden.

socken, sch. v., eigentlich in Socken gehen, dann uuordentlich gehen, obsocken.

sôl, Pl. führt an: sohl aufsteben = siech, krankhaft aufstehen. Mir ist der Ausdruck unbekannt. Vielleicht = sôr zu bayr.: sôren = vertrocknen, hinsiechen. s. b. W. II, 323.

Solf, m., dicker Rahm. **Solfkuchen,** nth. In der Oberlausitz nicht verstanden, ja selbst in manchen M. Dörfern (Höhnstedt) unbekannt.

Sôlz, n., Salz, Sôlz unn Brût macht de Backen rût. — Man formt Häufchen Salz mit Fingerhüten; derjenige, dessen Haufen zuerst schmilzt, stirbt zuerst. vergl. Grimm, Mythologie₃ 1072: qui cumulos salis ponunt et per hoc futura pronosticant.

Sôlzmiste f. Salzfass, s. Meste.

Sônemann, Sônemännchen, mein lieber Sohn, meist im ironischen Sinne.

Sotte, f., auch **Sutte,** zumeist **Mistsotte** = Jauche; hessisch, bayr.

Späck*), m., Speck; ä hatt Sp. inn dr Kammer = ist wohlhabend. Wenn der Kuckuk ruft, soll man den Speck anschneiden, daher die Redensart: Kuckuk, schneid'n Späck ân.

spâjen, sch. v., verhöhnen. s. b. W. II, 660: speyen = ludificare aliquem. — Spâje sinn = neckend; s. W. unter ,spâh'.

Spâle f. Spalte auch Spôle.

Spân, m., pl., Spéne = Geld. nth., bayr., Koburg; scheint erst jüngstens ins M. eingedrungen; vergl. auch Spûn. Redensart: ewwer'n Spân bazâlen = zu teuer.

spannnel, adj., spannneu, völlig ncu; völlig neu; schon bei Rinkart Ind. conf. 52; s. Z. V, 21. mhd.: spannen. s. funkelnachelnei.

spânsch, adj., spanisch, dann fremdländisch. sich Spânsch vorkummen = sich absonderlich vorkommen, s. Wander, Sprichwörterlex. IV, 652. — inn Spânschen Bock spannen = jemandes Kopf zwischen die Beine klemmen.

Späränzjen machen = Umstände, Umschweife. Fr. R.: Sperenzen; von mittellatein.: sperantia — Hoffnung, volksetymologisch auf sperren bezogen. Andr. 109.

Sparre, f. u. **Sparren,** m., Sparren; ä hatt Änne Sparre zu vêl = ist verrückt.

Spärrlawwe = Breitmaul, Schimpfwort.

Späss, m., 's iss nich zunn Spässe, häufige Flickredensart = es ist voller Ernst.

Spell, m., (nicht n) Stäbchen zum Anspiessen. Worschtspeil, das Pflöckchen, mit dem die Enden der Wurst zusammengedreht werden. Es findet sich das Wort auch mit altem Vokal in der Form Spil.

spêlen, sch. v., spielen, sich wohenn Spêlen = sich wohin begeben.

spellen, sch. v., spalten. Lpz.

Spelltor, n., ein Dorfausgang in Bornstedt, wo früher nach der Bornstedter Chronik wirklich ein Thor war; von Spelt (triticum spelta).

spendîren, sch. v., spenden, schenken **spendâwel** = freigebig; ä hatt de Spendirhôsen âne = ist freigebig (so auch Lpz, nd.: Spendirbüxen).

spickcnîren, sch. v., auch **spickelîren** = aufpassen, genau zusehen; es liegen die beiden Worte spekulieren und spionieren zu Grunde.

Spîkedink, n., Gespenst.

spîken und **spûken,** sch. v., spuken.

Spildung, f., im Chr. Isl. a. 1631. S. 261 = Aufwand, zu ahd.: spildan =

vergeuden, bayr.: spilden. s. Schade
II, 851. b. W. II, 666.

spinnen, st. v.:
Spinne, Mâjen, spinne,
Denn das Hemd wärd dinne,
Ungerreckchen kreit ä Loch,
Spinne, Mâjen, spinne. —
Spinnen iss ä klâner Jewinn,
Feddernreissen brenget alles wedder
\   inn.
Spit, m., Pl. führt an: Spiet = Spott,
ich kenne die Form als M. nicht,
vergl. nth.: spittisch, in Braunschweig:
Spit, Firmen. I, 181; in Lippe: spit,
s. Z. VI, 484.

Spittakel, m., Spektakel, Lärm.

spitz kreien = bemerken. Lpz., nd.,
ist wohl erst eingedrungen ins M.

Spitz, m., kleiner Rausch; auch bayr.
Z. V. 73, 112; scheint ebenfalls von
fremdher eingeführt.

Splint, m., Spind, Splint. Dachsplint,
die dünne Holzscheibe, welche den
Ziegeln unterlegt wird. s. W. unter
Spind. — nd.

Splitter, m., Spaltstück, vergl. Schlitter;
wie dieses bezeichnet es auch einen
dürren und mageren Menschen. s.
b. W. II, 668. — **splitternackt** u.
splinternackt = ganz nackt ,wie
ein abgesprungener Splitter'.

Sponde f. gewöhnlich Bettspondo ==
Bettgestell; latein.: sponda.

sponsiren, sch. v., herumschlendern;
eigentlich um ein Mädchen werben;
lateinisch: sponsare.

sprangelweit, adj., sehr weit, de Têro
stit spr. nffene == sperrangelweit;
Lpz., Erzgebirge.

Spreikorb, m., Spreukorb, grosser
Korb, ich frêss, alle Stâren, ä janzen
Spreikorb vull Kräppeln.

*) siehe die Anmerkung auf Seite 104.

Sprêjel, m., Sprenkel beim Vogelfang.
bayr.: Sprugel, sonst auch Spriegel.

sprickelicht, adj., gesprenkelt, gefleckt,
vergl. mhd.: spreckel.' s. b. W. II, 700.

spuchtewiren, sch. v., buchstabieren.

Spucke f. Speichel, welches Wort dem
M. unbekannt ist.

Spûk, 1. Gespenstererscheinung. 2. Lärm,
Spektakel. — **vôrspûken, sch. v.,**
wird gesagt von einem Ereignisse,
das als Vorbote eines bedeutenderen
gilt. Lpz.

Spûle, f. Fedderspûle == Federkiel.
2. am Spinnrad der Teil, um den
sich das Garn wickelt.

spülen, sch. v., essen; es ist das nhd.
spülen. Wo findet sich diese Bedeutung noch?

Spûn, m., Span; die Richtung des
Holzes, in der es spaltet; das iss
wedder'n Spûn unn de Ordnunge,
auch wedder de Jôren (Jahrringe);
das jit mich ewwern Spûn. Mache
kâne Spîne, (Spêne) == Umstände.
Neuerdings sagt man ,vornehmer'
Spân; vergl. Spân.

spûren, sch. v., spüren. nffspûren.

sporrn, sch. v., spornen, jespurrt —
gespornt.

staben*) im Chr. Isl. a. 1553 S. 11 u.
a. 1560 S. 27 einen Eid, die Eides-
formel artikulieren, vorsprechen, was
ursprünglich wohl unter Berührung
des richterlichen Stabes geschah.

stâch (kurz zu sprechen) dient als Vor-
silbe zur Verstärkung; **stâchrâwen,**
dumm, stâchbasoffen; ähnlich: ä
iss stäch vull vunn Leisen, auch
stäch vull Leise; vergl. in Aschaffenburg: stichdunkel.

Stackêtenflicker, m., eigentlich, der
den Lattenzaun flickt, dann der zu
nichts mehr zu gebrauchen ist; s.
Kremper, Krippensetzer.

Stäken, m., Stange, doch nur übertragen: das Färd iss ä rüchter lanker Stäken, auch von Menschen. mnd., hessisch.

stäken, sch. v., herummstäken — ohne eigentliche Beschäftigung herumstehen, herumschlendern. vergl. westerw.: stäikeu — nicht vom Flecke kommen (s. westerw. 1d. 230) und nhd.: stocken.

stälen, st. v., stehlen; doch nicht recht volkstümlich, dafür mausen, där kann mich jestollen bleiwen — ich mag nichts von ihm wissen. s. Wander, Sprichwörterlex. IV, 803.

Standrêre f. Standröhre (eine Pumpe, mit einem hölzernen Gefässe, in dem sich das ausfliessende Wasser sammelt). oberl.: Stande, Ständer.

stännern, sch. v., ständern, bald hier, bald dort herumstehen.

stanto — sofort, sogleich.

stäpeln, sch. v. 1. gehen (Kindersprache) Lpz. b. W. II, 773. 2. uffstäpeln — in geordnete Haufen legen, aufstapeln.

Stären, m., Stern. Oft gebraucht in Fluchausdrücken, unter welchem Kapitel zu vergl.

Stärnkucker, m., Schimpfname für jemand, der beständig aufwärts sieht, Z. VII, 301.

stärpen, sch. v., stülpen.

starr unn stelf, eine allitterierende Redensart: st. unn st. friren; ä worre st. unn steif.

starren, sch. v., starren, steif sein, vunn Drücke starren, jestorrende vull sinn — übervoll, auch jestarrte vull; vergl. jerammelte.

stärrln, sch. v., mit der Stange stossen, stochern, inn dän Loche rummstärrln; de Eppel (Äpfel) vunn Zanken runner stärrln.

Stärwe f. das Sterben; mer kann dî St. krein.

Stärwenswärtchen, n., Kei St. sän — gar nichts sagen, vergl. Lpz.: es war kee Sterbensmensch da.

Stät, m., Putz, Stät machen — sich putzen. — 's iss ä wärer Stät (herrlich, prächtig), Lpz.

stätsch, adj., widerspenstig. s. W. unter stätig.

statt und statts — statt. Das s ist auch oberl., nd.

stattewîren, sch. v., statuiren, beschliessen.

Stauche, f., auch Stauch, m., Erschütterung.

Staupe, f., ein kurzer Krankheitsanfall. Lpz.; hessisch: Stuppe. s. W.

stäweln, sch. v., munter einherschreiten. zusammengestellt: jespurr(n)t unn jestäwelt — vollständig fertig; eigentlich mit Sporen und Stiefeln versehen; denn stäweln ist eines Stammes mit Stiefel (Stewwel), mnd.: gestavelet, s. mnd. W. IV, 394. Meist hört man dies Verbum nur im Partizip, während die anderen Formen von stäpeln (wo vergl.) genommen werden.

stäwelnackj, -nackjt — vollständig nackt. s. Z. V, 192. Der erste Bestandteil ist nicht recht klar.

Stäwwel f. Stütze. mnd.: stivel.

stäwweln, sch. v. 1. stützen, den Zanken stäwweln, auch sich breit inn de Têre stäwweln — sich breit hinstellen. 2. sich stäwweln — sich sträuben, sich gegen etwas stemmen (vergl. stipeln). zu mnd.: stiven, hd.: stifen, s. b. W. II, 737, init.

stecken, sch. v., jemand was stecken — heimlich erzählen, oberl.; oder auch — jemand die Wahrheit gründlich sagen.

jem. ânne stecken — hinter die Ohren schlagen

Stedten, Ort bei Schraplau — ‚Zur Wohnstätte‘.

steil, stâl == steil, gewöhnlich dafür **stickel.**

steipern, stâpern, sch. v., staubartig schneien. **Steiperwetter** == heftiger Schneefall mit Wind, übertragen ’s jit wi ä Steiperwetter == sehr schnell. hd.: stöbern, b. W. II, 719 zu stieben. Bemerkenswert ist, dass im M. das Wort nicht steiwern heisst, s. Z. VI, 485.

Stelzel, m. == Stizel, w. s.

Stenker, m., Zwietrachtstifter. umhär stenkern == in einer schlechten Absicht umhersuchen. nhd. **stenzen,** sch. v. 1. fortjagen. 2. (seltener) ummhär stenzen == umhergehen ohne Zweck. trans. auch bayr., hessisch, schl., Lpz. Weinhold vergleicht engl. stint == coercere.

Stêpel, m., unnützer schlechter Baum, Baumstamm; zu stîpeln.

stêpern, sch. v., stöbern. Das p ist auffallend, vergl. steipern.

steppern, sch. v., forttreiben, ich sall dich jewisse furtsteppern.

Steppsel, m., Stöpsel, dann kurzer dicker Mensch.

Steuden, Dorf südlich vom salzigen See, slavischen Ursprungs, ‚zu poln.: studna == Brunnen‘.

Stewwel, m., Stiefel. ä Stewwel vartrân == eine gehörige Portion vertragen; ä trunk sein St. (tüchtig). — **stewweln,** sch. v., gehen s. stâweln.

Stich, m., kânen Stich mî tûn == gar nichts. — ä hatt ’n Stich == ist verrückt. das Bîr hatt ’n Stich == ist verdorben.

Sticke f. Stück. 1. das iss ä jrôwes St., su ä Sticke == verächtliche Be-

zeichnung für ein Frauenzimmer. 2. Musikstück, meist Stickchen. **stickel,** adj., steil, där Bärk jit stickel rán. ahd.: stecchal. s. W., Z. VI, 485, 39, 77. — Das Wort scheint dem Osten unseres Sprachbezirkes unbekannt.

sticken, sch. u. st. v., stecken, wi stickst änn? — ich sticke hir rungene: seltener stecken.

Stifvater, m., he iss sein Leiwe kei St. niche — lässt sich nichts abgehen. Lpz.

stillechen, adv., still. s. sachtchen; s. Z. VI, 280, 53.

Stimpel, m., Rest eines abgehauenen Astes, Stumpf.

stîn, st. v., ’s stît mich Ms ûwene rán == ich habe es gründlich satt.

stinink == stehend. Erfurt: stinöng. s. lenink.

stipeln, sch. v. == stäwweln. 1. stützen. 2. sich st. == sich sträuben. In Lippe ist Stipel die Stütze. s. Z. VI, 486. s. Stêpel.

Stösser(t), m., Stössert, Raubvogel, Habicht; bayr.: Stössel, b. W. II, 797.

stiwen, st. v., stäuben. Lpz.

stilwitzen, sch. v., stehlen, mausen. wäckstiw. W vergleicht altslav.: schtipati == zupfen, abpflücken. Lpz. Berlin, Henneberg, Breslau.

Stizel, m., auch mit neuem Vokal Steizel == ein kleiner viereckiger Kuchen, sonst Strizel.

Stock, m. in St. bleiwen == zu Hause bleiben, wohl vom Bênenstock hergenommen. — stockduster == so düster, wie im Stock, Stocknacht == sehr finstere Nacht, Stockbême == Stockböhme, Bezeichnung eines sehr thörichten Menschen.

Stolprjân, m., einer, der oft stolpert. Ähnliche Bildung mit der lateinischen

Endung auf **ânus** (oder jan — Johann)
ist Dummerjân, vergl. im nhd. Grobian.
Stoppel, f., där Wind jit ewwer di
Stoppel, häufiger Hawwerstoppel ==
es wird herbstlich; hessisch.
stoppeln, sch. v., Ähren in den Stoppeln
nachlesen, dann überhaupt eine Nach-
ernte halten, z. B. Kärschen, Kartoffeln etc. **stoppeln.** bayr.:
stupfeln.
Storch, m., dô bröt mer einer ä St. ==
da hört doch alles auf; sehr weit verbreitet.
storjen, sch. v., schwatzen, hessisch. s.
Vilmar, kurh. Idiot. 402. Z VI, 19.
Wohl vom ital. storia -- historia.
Storl, m., dünner schlechter Stock,
bayr.: Storren. s. b. W. II, 779.
storpeln, sch. v., stolpern; auch
sturpeln.
Storzel, m. == Storl. Lpz.
strâf, adj., straff; där Junge iss schûne
ä Bisschen strâfe. nd.: stref.
strâkeln, sch. v., ausstrecken, recken,
Der Vokal findet sich auch sonst
lang, s. Z. V, 179, 210.
strackto == ungesäumt, stracks.
strambach, in dem Fluchausdrucke:
Jott strambach auch strambock oder
strôbock — Gott straf mich; auch
Strâlebeckchen. s. Fluchausdrücke.
Strank, m., Strang. Redensart: wenn
alle St. reissen -- wenn alle Mittel
fehlschlagen. — Ân Strank zîn ==
eins mit einander sein, s. Wander,
Sprichwörterlex. IV, 891.
Straue f. Streu.
Strâb, n. auch m., der Punkt, wo die
Schiefern losgehauen werden; ich
lôe var'n Strêwe.
Strich, m., jem. uffn Striche hann ==
nicht leiden können, wohl vom Jäger
hergenommen, der dem Wilde nach-
streicht; uff'n Striche sinn — munter,

gesund sein, oberl. — kän Strich nich
sân. s. Stich.
Strickstrêlen, pl., 's rânt wi Srick-
strêlen -- Stricknadeln (Strahlen).
Strife f. Streifen, auch mnd. f.
striffeln, sch. v., gewöhnlich ruffstriffeln
== heraufschlagen, vornehmlich die
Hosen, damit dieselben nicht schmutzig
werden; weitere Bildung von streifen,
s. uffstreifeln.
Strippe f. ,Schlinge oben am Stiefel
zum Ziehen'; streng hd. Strûpfe.
strippsen, sch. v. stehlen. nth. s. strîzen
Stritzbickse f. kleine Büchse aus
Hollunder, aus der die Kinder Wasser
hervorspritzen. s. kurh. Idiot. 404.
b. W. II, 821.
stritzen, sch. v., spritzen, schwäbisch.
b. W. II, 821.
strizen, sch. v., 1. schurigeln, auf
alle Art peinigen. 2. stehlen. Lpz.
s. strippsen.
strôfen, sch. v., strafen. Jott strôfe
kän Menschen, lebhafter Ausruf, ohne
sonderliche spezielle Bedeutung. —
Mer hann seine Bärn jehirij jestrôft
-- haben tüchtig zugelangt.
Strûkopp, m., Strohkopf, Dummkopf.
Strump, m., Strumpf; uff'n Strumpe
sinn -- sich wohl befinden, uffen Str.
brengen == in Stand setzen; sich uff
de Strîmpe machen -- fortgehen,
Strunk, m., kurzer, dicker Stengel,
Kôlstrunk; niederländ.: der stronck,
s. W.
strunzen auch **strinzen,** sch. v., müssig
umherschlendern. **Strunze** f. faule
Weibsperson (oberl., hess.). **Bättel-
strunze,** f. — mnd.: strunsen, bayr.:
stranzen.
strûpeln, sch. v., sich str. == sich
zanken. eigentlich sich die Haare
ausraufen. s. W. unter Strupf.

Stubichen und **Stübichen**, im Chr. Isl. a. 1528 S. 6 ein Weingemäss, zu mittellatein.: stopa.

Stump, m., Stumpf; mett Stump unn Stél z. B. ausrotten.

Stunzen, m., ein kleines Schöpf- oder Melkgefäss mit einem Griffe; hess.: Stunz, thür.: Stunze.

sturpeln, sch. v. = storpeln, stolpern. sturpelij.

sû = so. Merke: su unn därjleichen = so dergleichen. sû wî — sobald. sumett dass = so dass. — su ä (so ein): 1. sehr häufig für sulche, sucke, su ä Wäckworf. 2. = ungefähr, su ä Sticker dreie. — In älterer Zeit wird für su fast immer gebraucht esu (so bei Rinkart), ‚welches, wenn es nicht etwa aus einem unbetonten al entspringt, schwer zu deuten ist.' s. b. W. II, 204. —

suchen, sch. v. Pl. führt ein umgelautetes sichen (so schon mhd.) und zwei Weiterbildungen sichern und sickern (das ck ist nd.) an.

Sucht f. Dunst, Schwüle. Diese Bedeutung kenne ich aus anderen Dialekten nicht.

sucker = solcher hat Giebelhausen regelmässig (ebenso wecker), jetzt ist die Form im Verschwinden, desgl. sucher, die gewöhnliche Form ist solche. Aus Siersleben meldet man mir: sutte, pl.; schl.: siche (tales).

Sûl, m., ist der Name eines Wäldchens in Holdenstedt (schon nth. Gebiet) = ‚Morast; es gehört zu silen, sich im Moraste wälzen; s. silen.

Sumps, **Sums** auch **Simps**, m., Aufheben, mache nich su ä S. — nth., zu latein : sumptus.

Sundheit für Jesundheit ruft man dem, der geniesst hat, zu; im ags. und altfries. fehlt das ge- auch.

Sunne f. Sonne. De Sunne schmeisst dän Bärkmann umme. — Deine Ur jit nach där Blankeuhämer Sunne (Blankenheim ist ein Dorf zwischen Eisleben und Sangerhausen) d. h. geht falsch.

Sunntâk, m., Sonntag; ä varstit su vél a wî de Kû vunn Sunntache (= gar nichts); hessisch.

superklûk, adj., überklug, eine gelehrte Wortbildung.

suppen, sch. v., triefen, Feuchtigkeit von sich geben. Giebelhausen, Alter M., S. 113: Wû (auf dem Kuchen) de Kärrschen wî de Puppen, Su ä kleines Linschen suppen. s. kurh. Idiot., b. W. II, 319.

Sûse — Susanne, ist Gattungsname geworden, wie Lise, wo vergl., vergl. lecken.

T.

(vergl. auch D).

Tâk, m., Tag, nu wärd's Tâk = jetzt wirds klar. —

tâkeln, sch. v., sich ufftâkeln = sich auffällig aber geschmacklos putzen. vergl. Takelwerk.

Täller, m., Teller. In Hedersleben sagt man zufolge eines schriftlichen Berichtes ‚Tellter.' Wenn diese Form nicht etwa von einem Eingewanderten gesprochen wurde, so ist sie eine im M. sich findende Spur einer Erscheinung, die sich vom Harz bis nach Mecklenburg findet, dass nämlich ll zu ld wird, sobald er folgt; s. Mundartliches aus Cattenstedt am Harz von Damköhler, Helmstedt progr. des Gymnasiums S. 14. **Talps,** m. Tölpel; **talpen,** sch. v. ungeschickt greifen, s. Gr. W. II, 700. **Tambauer,** m., für Tambour hat Giebelhausen. Auch sonst (Erfurt) ist das Wort so umgebildet, s. Andr. 91. **Tämpel,** m., Tempel; jem. zunn T. hinausschmeissen = zum Hause heraus, im Anschluss an die Erzählung, wie Jesus den Tempel reinigt, s. Marcus 11, 15; Lucas 19, 45; Johannis 1, 15. **Tämperele** f. ,Quengelei, Herumtappen. s. Giebelhausen, Berggeist 45. oberl.: rumtämpern = nicht von der Stelle kommen

Tanne, f., der gemeinsame Name für alle Nadelhölzer. Die Bezeichnung derselben wechselt in Deutschland von Landschaft zu Landschaft. **tâpern,** sch. v, langsam und unbehiflich sein. s. Tapps. **tappeln,** sch. v., 1. trippeln, kleine Schritte machen, zu tapfen. 2. (unpersönlich) glücken, zu (er)tappen. **Tappen,** f., plur., Tappen krein = Strafe erhalten, oberl., Fr. R.; ital.: tappa. **tapper,** adj., tapfer. Äusserst selten im M., der Grund dazu ist, dass es im nd. nicht vorkommt. **Tappêt,** n., uffs Tappêt brengen = vorbringen, zur Sprache bringen; uffen Tappête sinn = zur Stelle, bereit auch gesund sein; zu latein.: tapetum s. W. **Tapps,** m., ungeschickter Mensch, Tölpel. schl.: Täps. Rinkart, Ind. conf. 42 hat dafür Tilletapp, was

auch bayr. (s. b. W. 499); vergl. Talps. **tappschen,** sch. v., zufahren, zugreifen. s. talpen. s. Z. VI, 276, 57. **Tarnister,** n., Tornister, ein sehr gebräuchliches Schimpfwort für weibliche Personen. nth. **Tâte,** m., Vater (selten), in der Kindersprache; sonst Deite. Allenthalben, s. Gr. W. II, 914. **Tâts,** m., Kopf, ich jâe dich änne uffen Tâts. Lpz., von franz.: tête. **Tatsche,** f., grober Ausdruck für Hand. Linktatsche, Lpz.; schl.: Tötsche. **Taufe,** f. Die Kinder, die vor der Taufe niesen, werden recht klug. **taupeln,** sch. v., auch in älterer Form tuppeln = Tauschhandel treiben, feilschen. Taupelfritze, der gern taupelt; sich forttaupeln = sich heimlich entfernen. Das Wort heisst sonst kaupeln, vergl. im bayr. kauten. **tausend,** es iss ä tausendstes Jelicke, dass de jekummen bist (auch Lpz.). — verstärkend: tausendsaperlöt. auch **tausendfäjtj** = tausendfach (s. fäjtj), dann verwünscht, verflucht. das iss je änne tausendfäjtje Körte. In Piskaborn: tausendflijtj. **Tauwendrâck,** m., wird als Name eines neugeborenen, ungetauften, bis dato namenlosenKindes gebraucht. nth. **Teffel,** Christöphel, sodann Bezeichnung eines ungeschickten Menschen. **teik, tâk,** adj., weich. s. W. **Teite** f. Zitze. s. Hunneteiten. **Teiwel,** m., s. Deiwel. **Têjenicht,** m. Taugenichts. ,têlen = stehlen'? Siersleben. **Tepper,** m., Töpfer, su ä Tepper = ungeschickter Mensch. **têsen,** sch. v., tösen, befangen sein. vartêsen z. B. die Zeit = ,die Zeit durch kopfloses Hinbrüten, auch durch

nutzlose Arbeiten hinbringen'. Kleem.
têsj = tösig, befangen, unklaren
Geistes. s. b. W. 548.

Teutschenthal, Dorf im Südosten des
salzigen Sees; im 8. Jahrh. Dussina,
1481 das Deussenthal, slavischen
Ursprunges, zu poln.: dešno. Grössler,
Zeitschrift des Harzvereins 1883
8. 105. Archiv für slavische
Philolog. V, 359.

Têwert, m., männliche Taube, nhd.:
Täuber. s. Regel, S. 179.

Têwes, m., Toben, Getös; schl., Lpz.
têwesen, sch. v., Lärm machen, toben,
seltener tôwesen. s. Z. VI, 276, 57.

Têwij, m., Teppich (Siersleben).
tewweln, sch. v., bezwingen, nth.
többele, bayr.: tobern, mhd.: touben,
zu (be)täuben.

Thaldorf, Dorf östlich von Gerbstedt =
,im Thale gelegenes Dorf' oder ,Dorf
des Tallo'.

Thôndorf, Ortschaft östlich von Stadt
Mansfeld. a. 973 Duddondorf = Dorf
des Dudo (Tiuto, thiuda = Volk).

tickschen, s. dickschen.

tif, adj., teffer, dr teffste = tief.

Till s. Dill.

Tille, f., ,röhrenartiger Einsatz, Metall-
hülse in dem Leuchter', Lpz., schl.

tippeln, sch. v., s. dippeln.

tippen, sch. v., leicht berühren, ântippen;
mer braucht 'n nurt anzutippen unn
ä brellt. hd.: tupfen.

Tippen, n., Bezeichnung eines thörichten
Frauenzimmers, su ä dummes Tippen!
nth. düppen n. heisst im nd. der
Topf. s. Z. III, 260, 18. Gr. W. II.
1567, vergl. Tepper = Töpfer (ungeschickter Mensch).

Tir, n., Thier; wenns d'es su furt
treiwest, wärds arme Tir bôle jenunk
bei dich hecken (wirst du in bittere
Armut geraten). Lpz. s. Albrecht

222. Altenburg. s. Wander, Sprichwörterlex. IV, 1153. Hinter dem
Ausdrucke: das arme Tir liegt jedenfalls eine tiefere Bedeutung.

tîren, sch. v. hat Giebelhausen, M.
Sagen und Erzählungen S. 78:
Wî Heier das knapp hatt jehîrt,
Hatt druff sei Härze jleich jetîrt;
Wî he wulle krein dän Bissen.
— sich bewegen, sich um etw. bemühen,
eifrig streben. nd.: tieren = munter
sein, s. schl. W. 98.

Tischer, m., Tischler. mhd., nd., Lpz.

titschen, sch. v., tunken, neintitschen,
de Nase ewwerallhinn titschen. schl.,
Lpz. Ablautform zu tutschen.

Tiwwe f. weibliche Taube.

Tocke s. Docke.

Tolde f. Krone einer Blume. mnd.: tol,
bayr.: Dolden.

Tollpatsch, m., Tölpel.

toltern, sch. v., jemand stossen, dass
er taumelt; auch intr. hin- und hertaumeln. **Tolter** f. Schub, Stoss,
nth.: Talter. Sonst habe ich die
·Form nicht nachweisen können;

tolzen, sch. v., stossen, prügeln. **Tolze**
f. Schläge, Prügel.

Tommes = Thomas (in Stadt Mansfeld).

Topp, m., Ein, wie scheint, allenthalben
verbreitetes Lied ohne Ende wird
auch im M. gesungen. Es beginnt
Wenn der Topp awwer nû ä Loch
hatt,
Liwer Heinrich, liwe Lîse etc.
Der weitere Text ist zu finden bei
Firm. I 186 squ. s. Tupp.

Tôr, n., Thor, stîre mich nich su ân,
wi de Kû 's neie Tôr. Lpz. In
Königsberg: Das grüne Thor.

Torkel, m. 1) Hin- und Herschwanken,
där hatt'n Torkel. 2) blindes Glück.
torkeln, sch. v., hin- und hertaumeln,

'a torkelt = es glückt, s. b. W, 620, westerw. Idiot. 258.

Tort, nur in Redensarten: jemanden etwas zunn Torte tûn (zum Schabernack), Tor(t) unn Damp antûn, s. Damp; ä läwet mich zunn Torte; zu franz.: tort = Unrecht. s. b. W. 626. s. auch

Torwazlon f. Chikane; zusammenhängend mit torwiren, tortewiren, sch. v., jemand dringend bis zum Ueberfluss peinigen, bitten. Lpz., oberl., Anton 13, 17 setzt es gleich dem latein.: turbare; möglicherweise hat Tort (s. den Artikel) mit eingewirkt.

tôwesen, sch. v., toben, s. tewesen.

Towis = Tobias.

Trâche f. Bahre.

Trâcheholz, n. Das Holz, das über die Schulter genommen wird, um die Wassereimer zu tragen.

Tracht f. Last, änne Tracht Wasser, auch änne Tracht Schläje, zu tragen.

Trâekorb, m., Tragekorb. Im M. Lande ans Weiden geflochten nnd viereckig, im Südharz (Bräunrode) rund mit einer ‚Nase.'

Trâf, m. = ·Schlag, Hieb (selten). In Tirol: treff, Z. IV, 448, ebenso Lpz.

Traktemânt, n., Souper; es jiwwet nich ärrend Traktemänte.

Trallasch f. Plaudertasche, Zungendrescherin, Giebelhausen, M. Sagen und Erzählungen S. 56. Der erste Bestandteil gehört zu dralen = schwatzen, eigentlich langsam sein, vergl. holländisch: dralen = zaudern; Lasch heisst im bayr. (verächtlich) eine Weibsperson, s. b. W. 1520. — In Aschaffenburg findet sich dasselbe Wort in der Form Trallatsch. s. b. W. 660. — Übrigens braucht man das Wort Trallasch auch in der

Bedeutung ‚kräftiges Frauenzimmer' (Esperstedt, Wolferode), und das Volk bringt es zusammen mit draller Arsch.

trälle, adj., gedrungen aussehend und dabei beweglich. nhd.: trall.

trampeln, sch. v., stark auftreten. Kûstallstrampel, Schimpfwort für Kuhstallmagd, Bauerndirne.

Trân, in der Redensart: inn Trâne sinn = in Gedanken sein, geistesabwesend, auch bezecht sein. nth., Lpz., Berlin.

Trâne f. Thräne, übertragen, ein weichlicher Mensch.

Trânechen, n., Thränchen, ein paar Tropfen, ich häe nach ä Par Trânechen Bir inn Jlase. Dafür auch Trâne.

Trapp, m., uffen Trapp brengen = jemanden ‚Beine machen', fortjagen.

Trappe f. Fussspur, wetterauisch, s. W., von trappen = fest auftreten.

Trappeneier, in der Redensart: ä treimt vunn Trappeneiern.

träschâken, sch. v., umherlaufen und und schwatzen. · ɭu bayr. heisst drischaken zuschlagen s. b. W. 570.

trâschen, sch. v. sich obträschen in grosser Aufregung sich abarbeiten. —

Trâsch, m., Unruhe, aufregende Arbeit, oberl., Lpz.; zu traschen eigentlich schallend aufschlagen, dann mit Geräusch etwas thun.

trâtschen, sch. v. 1. greifen, bei Giebelhausen, M. Sagen und Erzählungen S. 119. 2) ‚schallend aufschlagen', auch anderwärts.

Traue f. Trauung.

Traue, f., für Treue hat Giebelhausen, Alter M. 101.

Trauer, f. Die Trauer dauert so lange, als eine Erbse auf dem Dache kollert. Pl.

Traumel f. Traube. Wo noch?

Trebitz, Dorf an der Saale bei Wettin, slavischen Ursprunges, zu poln. třebič roden'.

trecken, sch. v., das gewöhnliche Verbum für ziehen, nd.; oberd.: trechen. **trêdeln, treideln,** sch. v., trödeln, langsam sein; die Zeit vartrédelt aich. **Trejäkelären, Träjäkeläron, Trejäklern** f. Maulschwätzerin; ein seltenes Wort, das ich in Esperstedt, Wolferode, Wimmelburg und Piskaborn hörte. s. Giebelhausen, M. Sagen und Erzählungen S. 55. Ich habe das Wort in anderen Dialekten nicht nachweisen können; zweifelsohne ist es das französische Triacleur = ,Schwätzer, der zu betrügen sucht'. Bei Rinkart Ind. conf. 41 Dreiäckler ,von der dreieckigen Mütze'. Triacleur wird in Sachs Encyklopädisches Wörterbuch gestellt zu ,triacle corrumpirt aus thériaque' gr. ϑηριαχός.

trêje, adj., trocken, nd.: drögen, nth.: trîge, schl.: treuge. — **trêjen,** sch. v., trocknen.

treischen, sch. v. Giebelhausen hat M. Sagen und Erzählungen S. 31: Alle! unn ä Stormwind blûss! Das knitterte unn knatterte, Das treischte unn das blatterte. vergl. träschen, schl.: trêschen = schallend aufschlagen, klatschen. — Rinkart hat von demselben Wort Treischklatzsche und Treische = unnütze Schwätzerin, s. Rinkart Indul. conf. S. 25. 30.

trôwesch, grollend, verstimmt, missmutig, mnd.: drovich, hessisch: trübisch; zu trüb, doch s. Regel 177.

Trîne, Abkürzung aus Katharina, zumeist als Appellativum gebraucht zur Bezeichnung einer langsamen, trägen Weibsperson; du dumme Trîne, hessisch; b. W. 671.

Trinken, n., Füllbier, Kofent. hessisch. **Trippel,** m., Trupp, Haufen; Lpz. **trippeln** u. **trippen,** sch. v., in Tropfen niederfallen, nd.; hd.: tröpfeln. **Tritt,** m., inn Tritte sinn = betrunken sein. **triwweliren,** sch. v., mit Bitten angehen, peinigen. Lpz., bayr.; schon ahd. trebenôn, aus latein. tribulare. **Troppe** f. Tropfen. **Trôst,** m., nich rächt bei Trôste sinn, nicht recht bei Sinnen. oberl., Lpz., Altenburg, Provinz Preussen. **trucksen,** sch. v., Iterativform von drücken, mit der Sprache nicht herauswollen, auch zaudern, beim Handeln recht drücken (sparsam sein). s. kurh. Idiot. 78; b. W. 647. **trûdeln,** sch. v., trödeln. Lpz., Halle, Vogtland. s. trêdeln. **trulksen,** sch. v., sich abmühen, änue ôle Fraue kann lange tr., êr se ä Dreier vardînt. **Trûwel,** m., Lärm, unruhige Bewegung; allenthalben, französ.: trouble. **trumm,** in Wimmelburg ist folgendes Liedchen bekannt: Trumm, trumm Trittchen, Ich wäss ä Vochelnäst, De Junken di sinn flikke, Der Ole scheisst inn's Näst. **Tulke,** f. 1. Vertiefung vornehmlich gebraucht von dem Eindruck, der in Blech u. dergl. durch einen Stoss gemacht ist; de Jisskanne hatt änne Tulke. s. Z. VI, 174; schl., oberl. 2. Nase, nth. **Tullworm,** m., hat Giebelhausen (Alter M. 34) als Bezeichnung eines unbändigen Pferdes. **Tumb-Capittel** im Chr. Isl. a. 1601 S. 57 Domkapitel. **tûn,** st. v., tûk mant nich su, du bist varräten = sich gebärden, den Schein annehmen. Lpz. — Wie allenthalben, dient auch oft in M. dies Verbum mit dem Infinitiv zur Umschreibung des Präsens und Imperfektums.

Tupp, m., gewöhnlicher Topp, Topf; uff'n Tupp == genau, s. b. W. 614.

Turkel s. Torkel.

tuscheln, sch. v., geheim sprechen, etwas vartuscheln == verheimlichen. mhd. tüscheln ~~ verbergen.

tût, tûtj == tot, där Tûte, Tûtje, Tûtjte. — där tûte Mann ist ein bergmännischer Ausdruck für ausgebaute Schachtstrecken. Gebräuche und Aberglauben: Auf den Körper des Toten darf keine Thräne fallen, sonst hat der Tote keine Ruhe. — Den verstorbenen Kindern werden Milchzähne mit in den Sarg gegeben. — In dem Sterbehemde darf kein gestickter Buchstabe sein. — Das Waschbecken, in dem der Tote gewaschen ist, wird mit in den Sarg gethan. — Man stirbt in der Geburtsstunde, nicht aber am Geburtstage.

tûten, sch. v., auf einem Instrumente tönend blasen. Tûte f. Blasinstrument. — das Jetûte.

tuttmâm == einerlei, aus französ. tout le même.

Tuwwe, f., ganz vereinzelt in Eisdorf für Stunzen; zu Daube.

U.

uff == auf, uff en Bärje, de Têre ètit uff(en), auch uffene.

uffdunnern, sch. v., herausputzen. nth., schl, oberl., s. Gr. W. I, 634.

uffenân == hinauf, dän Bärk uffenân, ebenso ufferân, innenân.

uffjawweln, sch. v., ausfindig machen, erreichen; wû hasten de Kärschen uffjejawwelt. s. jawweln. Z. VII, 139.

ufflâsen, st. v., auflesen, durch Zufall bekommen; wû hast'n de Krankt uffjelâsen? Du wärscht durt au nach Krammuttchen ufflâsen.

uffstreifeln, sch. v., die Ärmel oder Beinkleider aufstreifen. s. ètriffeln.

ummejîn, st. v., umhergehen, im speziellen gesagt von Gespenstern, es jît umme == spukt. oberl.

Ummstandskommissar ==,ein umständlicher, langsamer Mensch'. Lpz.: Umstandsfritze.

ungerkitj, adj., unterkötig, von innen heraus heilend, Gr. W. V, 630, 1886.

ungerwâjs u. **ungerwâjens** == unterwegs.

unksen, sch. v., schwer stöhnen. In Lippe: üngern. s. Z. VI 490.

unn == und; pleonastisch steht es nach immer, sobald darauf ein Komparativ folgt: immer unn dimmer, immer unn ärjer, auch immer 'n leichter. Mutmasslich ist dieser Gebrauch aus der ursprünglich komparativischen Bedeutung von mer (in immer) zu erklären. — bitter unn bise == bitterböse. — Sehr oft schwindet im Zusammenhang der Wörter der Vokal von unn, vornehmlich in Zahlzusammensetzungen: eindreissij, dreinvärzig, simzwanzij (27).

Unband, m., ausgelassener Mensch, Wildfang, (meist von Kindern gebraucht).

unnbejampern, adj. 1. unmässig gross, ä unnb. Mensche. 2. Pl. führt an: es iss mich unnbej. == unwohl (nach dem Essen), so auch schl., s. b. W. 914. schl. W. 26.

‚un(n)geferlich' = ungefähr, findet sich im Chr. Isl. häufig im 16. Jahrh.

‚un(n)geverlichen' im Chr. Isl. a. 1559 S. 26: schadlos zu vortreten treulichen und ungeverlichen, ohne Gefährdung. aufrichtig; s. mnd. W. V, 55.

‚un(n)gezweifelt' im Chr. Isl. a. 1681 S. 76: (Dass kleine Lutherhauss) ist durch Gottes güte ungezweifelt zu einer gueten andeutunge erhaltenn wordenn = zweifellos.

unnmol schlôn = ‚fehlschlagen' hat Giebelhausen Hack und Mack II, S. 42. Wo noch?

unnmustern = unbehaglich, ‚ist thüringisch', auch bei Göthe.

Unnland, n., Land, worauf nichts oder nur Kärgliches wächst.

unnûte = ohne Not, ungern. mnd.: unnode.

unnrächte Kâle f. Luftröhre in der Rdsart: 's iss was inn de unnrächte Kâle jekummen.

Unnrôt, m., Unrat. Unnröt märken, Argwohn, Verdacht hegen. s. Lexer II, 1924.

unnschenmern = unscheinbar; vergl. dazu das Partiz. perf. jeschenn = geschienen.

Unnstreit, m., Uneinigkeit. Pl.

Unntâtchen, n., kleiner Mangel, Fehler. 's iss kei Unnt. dräne, nicht der geringste Fehler. Lpz., Z. VI, 403.

Unntêk, m., Unrat, Verstocktes, Verfaultes. zu nd.: dêg, nhd.: Teig. s. Dâks. Z. IV, 129, 21.

‚un(n)tüchtig' im Chr. Isl. a. 1533 S. 11: der hering ist untüchtige ware gewest.

uppsala, Interjekt. gebraucht z. B., wenn man jemand emporzieht.

Ur, n., Ohr. lankirjt, adj., lanköhrig.

Urt, m., Ort, im speziellen die Stelle, an der der Bergmann im Schachte Schiefern abhaut.

ussnewenk = auswendig.

Uwen, m., Ofen.
Kik kâk Uwenjawwel,
Nach dän Beitel richt 'n Schnawwel.

ûzen s. huzen.

V.

(vergl. auch F.)

var, Präposition, = vor und für, s. far.

var-, Präfixum, = ver-. 1. Es steht öfter statt des nhd. er, so in varseifen (ersäufen), varkullen (erkälten), varmânen (ermahnen), varschrecken (erschrecken), Varlaub (Erlaubnis). In anderen Dialekten ist dieser Sprachgebrauch noch häufiger, so in der Oberlausitz s. Anton 14,9. 2. var wird öfter Fremdwörtern vorgesetzt: vardeffendiren (verteidigen), varseba-

stiren (subhastieren), varrentiren (rentieren), varrungeniren (ruinieren); so werden in ähnlicher Weise nach nhd. Kompositis wie ‚verschwenden', ‚verbrauchen' im M. noch gebildet: varposamentiren, varklaviren, varsingen u. s. w.

varbellen, sch. v., verstauchen, so beschädigen, dass eine Geschwulst entsteht; zu ‚Ballen' s. Lexer III 72, Z. IV, 217.

Varbindnis, n., Bündnis.

vardämmeln, schw. v. Giebelhausen hat M. Sagen und Erzählungen init:

Was de lange schun verdammelt,
Iss hi wedder uffjesammelt

= vergessen; eigentlich = niedertreten. vergl. hessisch verdemmeln, durch häufiges Auftreten beschädigen; westerw.: dämmeln.

vardaust s. vulldjens.

vardeffendîren, sch. v., verteidigen, zu latein. defendere.

vardemmen, sch. v., verdammen.

vardewwern, sch. v. Kreidner hat in ,Schnaken·unn Schnurrn' S. 94:

Druff kamp'ch ann änne Schunkel
uff â jrûssen Jèstelle,
Janz nâche bein Felocipedskarresälle,
Dô fuern sê lûs, dass de Ärde·tât bewwern,
Unn dass cin de Ueru tâten vardewwern

= taub gemacht wurden; zu taub; bei Kloppstock Oden II, 153 findet sich täuben.

vardummeniron, sch. v., verprassen, vergl. bayr. demmen = prassen, s. b. W. 509.

varêr, varêr dass = bevor. Lpz. — auch varîr s. îr.

varewwel nâmen = übel nehmen, s. far.

varfîren, sch. v. 1. Lärm varf., ausüben; ir varfirt änne Wärtschaft = ihr treibt eine Wirtschaft (Unordnung), Lpz., schl. 2. Giebelhausen hat Hack und Mack I, S. 2.

Wenn dasse dich denn hatt varfirt,
Wû hast änn dich dermett traktirt,

doch wohl in dem Sinne, wenn das dir passiert ist; sonst heisst varf. auch erschrecken. s. Z. III, 425.

varflickt, varflickcht, varflickscht = verflucht. oberlaus.: varflückst; Z. III, 342.

varhäddern, sch. v., sich varh. = sich verwirren, besonders beim Reden. Lpz., Berlin; zu Héde = Werg.

varhimmeln, sch. v., ,sich gebärden, als ob man sterben müsste'. Kleem. vergehen vor Ungeduld. himmeln heisst im bayr. sterben; s. b. W. 1112, Z. VI, 150 und 260 III; zu beachten ist auch schl.: himpern, bimpeln, wonach verlangen, schluchzen, keuchen. Z. VI, 151.

varjaloppîren, sch. v., durch Übereilung etwas zustande bringen (absolut). Lpz.

varjân, st. v., vergeben, dann auch in dem Sinne, wie schon mhd. (s. Lexer III, 110) vergiften. s. Kreidner S. 83.

varjässelâren = vergesslich. Äusserst interessant ist die Endung

varjôkeln, sch. v., durch Unachtsamkeit verderben, zu gaukeln. s. kôkeln. b. W. 883.

varjuchhelen, sch. v., durch ein lustiges Leben durchbringen. Ähnliche Bedeutung haben: varpossementîren, varmêweln, varsimsen, varjûweln, varwicksen.

Varjunst, f., Erlaubnis. mett Varjunst, ,mit Erlaubnis', bayr.: der Vergunst, s. b. W. 925.

varkalbt wird eine Sache genannt, die nicht zum Ende, zum Austrag gekommen ist.

varklûmen und varjlûmen, sch. v., vor Kälte erstarren. nth.: verglummen, Lpz.: verklämen, bei Bürger Pfarrerstochter v. Taub. 32 das Partizip verklomt. s. W. unter verklomen; zu klimmen, klemmen.

varknûsen, sch. v., ausstehen, leiden.
ich kann dän Menschen nich varknûsen; eigentl. verkauen, verdauen.
s. b. W. 1355, Gr. W. V 1526. ahd.:
knusjan.

varkrickeln, sch. v., sich etwas verrenken. Pl.; bayr.: kräcken.

varkullen u. **varkillen,** sch. v., kühl
werden; de Henge verkullen mich,
ich binn janz varkullt (vor Kälte erstarrt), dr Kuchen iss varkullt (abgekühlt) Auch der- und erkullen. —
Fr. R.: sich verküllen. schl., s. W.

varkunfermîren, sch. v., konfirmieren.

varkunsemîren, sch. v., konsumieren.

varlächen u. **varlächzen,** sch. v.,
vor Trockenheit undicht werden, gesagt von hölzernen Fässern etc.
mhd.: lechen. s. Z. VI, 443.

varlänglij, adj, neugierig; ich binn
dach varlängl., ob se kummen.

varläsen, st. v., verlesen. Die Bergleute werden, um ihre Anwesenheit
festzustellen, verlesen, bevor sie in
den Schacht fahren. — Die Schichtenbücher werden verlesen = deni Oberbeamten zur Kontrolle vorgelesen. —
ä iss varläsen = er ist gestorben, s.
Giebelhausen: Alter M. S. 20. Dieselbe Bedeutung findet sich auch in
Hessen, Bremen und Westerwald.
Es scheint der Ausdruck aus dem
Leben der Bergleute genommen;
möglicherweise spielt auch das alte
forliosan = verlieren mit hinein.

var- und **zerlästern,** sch. v., etwas zu
Schande machen, corrumpere.

Varlaub, m., Erlaubnis, schl., Fr. R.,
bayr.: s. b. W. 1406.

varleicht = vielleicht, auch das deminutiv. **varleichtchen.** Lpz. u. schl.:
verleicht.

varlidern, sch. v. 1. liederlich werden-
2. durch liederliche Wirtschaft zu
Grunde richten, Lpz. s. varlûdern.

varlôwen, sch. v., dô varlôw ich mich
das Platzen — da lobe ich mir, ziehe
ich vor das Platzkegelspiel.

varlûdern = varlidern.

varlustîren, sch. v., sich lustig machen.

varmânen, sch. v., ermahnen.

varmêweln, sch. v. 1. durchbringen,
s. varjuchheien. 2. auszanken.

varmûten, einer Sache varmûten sinn
= eine Sache vermuten; där Frawalter, där sich des Wäckworfs jôr
nich varmûten war. Ebenso bei
Fr. R.: vermauden.

varmutzen, sch. v., verunstalten, z. B.
gesagt von Haaren, welche ungeschickt abgeschnitten sind; dän Rock
varmutzen. s. W. unter mutzen.

varpîpeln u. **varpêpeln,** sch. v., verweichlichen. s. pîpen, pêpeln.

varplämpern, sch. v., sich varpl. =
sich mit jemand in ein nachteiliges
Verhältnis einlassen, besonders von
jungen Leuten gebraucht, die sich in
ein Liebesverhältnis einlassen.
schl.: sich verplampen.

varpossemäntîren, sch. v., durchbringen, vergeuden, s. varjuchheien.

varquâr = der Quere, 's jît gar
quär.

varschimfîren, sch. v., etwas beschimpfend entstellen. Lpz.

varschlên, st. v., verschlagen. 1. ä
hatt varschlôn = sich erkältet. Lpz. --
Varschlôk, m., jede Erkältungskrankheit. 2. 's Wasser iss varschlôn auch ewwerschlôn = leidlich
warm, oberl.; b. W. II, 515. 3. wenn's
dich nich varschlett = wenn es dir
nicht unangenehm ist.

varschnuppen, sch. v., verdriessen, s
hatt'n varschnuppt; k iss varschnuppt,

eigentlich == er hat den Schnupfen
und übertragen: er ist ärgerlich.

varschrecken, st. u. sch. v., erschrecken,
trans. und intr.

Varschwind, m., Ausschlag im Gesicht,
krankhaftes Nässen der Haut, Flechte.
nth.; Lpz.: Schwinde.

varsèkern, sch. v., versiechen.

varslm(p)sen, sch. v., vergeuden, auch
varsum(p)sen; zu Summe.

varsölen, sch. v., prügeln. Lpz., Berlin.

varstäunert == versteinert, s. Giebelhausen, Hack und Mack II, 25.

varstärkern, sch. v., verstärken, s.
Giebelhausen, Berggeist 7.

varstollons, adv., verstohlener Weise;
auch bayr., s. b. W. II, 749.

varstreiten, st. v., abstreiten.

Värtejöse, m, Virtuos; auch Värtewöse.

Värtel, n.. Viertel. Auf die Frage:
Wie spät ist es? antwortet man,
wenn man jemand nicht berichten
will: Drei Värtel uff köle Ärwesen;
Lpz., Basel; schl.: über kalte Erbsen.

vartowwacken, sch. v., durchprügeln,
erst neuerdings eingedrungen.

vartrackt == verworren, verfahren.
's iss änne vartrackte Jeschichte, zu
trecken.

varwäck, varwäcken auch **varne-**
wäcken == vorweg, voraus.

varwichen == letzthin, neulich; schl.,
oberl., Lpz., bayr. s. b. W. II, 835.

varwingen, st. v., überwinden, über-
stehen; de pör Fennije wären var-
wungen, oberl.

varwunschen == verzaubert, b. W.
II, 961.

Väterchen, ach du liwes Vät.! Ausruf
der Verwunderung.

Vatter, m., Gevatter (aus compater),
sehr häufig reden sich diejenigen,
welche zusammen Gevatter gestanden
haben, mit Vatter an.

Vatteröde, Dorf westlich von Stadt
Mansfeld. a. 973: Faderesrod, ‚zur
Rodung des Fader‘.

Vedder- == Vorder-, s. Fedder.
‚verschmahen‘, im Chr. Isl. a. 1598,
S. 53: Solches hat denen v. Karssen-
brock heftig verschmähet == miss-
fallen, verdrossen. s. mhd. W. von
Lexer III, 237.

‚Viermann‘, pl., im Chr. Isl. a. 1530,
S. 9: (es) seynt die viermann eyn
iglicher in seynem virtel umbgangen,
dasselbe bedeutet ebendort s. 1611,
S. 88: Vierleute, a. 1619 S. 100:
viermannen (pl.). Die Viermänner
bildeten eine städtische Behörde.

Viktriol, m. Vitriol. Lpz.

virschretj == vierschrötig, stark gebaut,
untersetzt. schon mhd.

Visentator == Visitator.

visentiren, sch. v., visitieren; Fr. R,
vergl. über den Einschub des n:
profentiren, Praesendent, revendiren ==
revidieren.

Vitzenburg, s. Neu-Vitzenburg.

Vocht == Vogt. Stadtvögte heissen
die Bürgermeister in Eisleben bis in
unser Jahrhundert. Im Chr. Isl.
meist Voit.

vochtlännern, sch. v., vogtländern,
viel Umstände, viel Worte machen;
von Vogtlande, Lpz.

Volkstedt, Dorf im Norden von Eisleben == ‚Wohnstätte des Fulko‘.

Volkmaritz, Dorf nördlich vom süssen
See, slavischen Ursprungs ‚der von
den Nachkommen des Volcmir besetzte
Ort‘. s. Archiv für slavische Philologie V, 363.

voll, adj., de Jacke iss voll == beschmutzt.

Vorlass, im Chr. Isl. a. 1600 S. 54:
Welche Einem erbarn Rath zu
Halle Ihnen, derselben Vorlass nach,
zuzufertigen vbersandt worden

Festsetzung, Übereinkunft; mnd.: vorlät.

vornewäck = vorweg, voraus, zuvor, s. varwäck.

vortchen — vorhin, s. sachtchen. Rinkart, Indul. conf, 31: vuhr.

Vortel, m., Vorteil, schl.: Vurtel (vergl. Urtel und Urteil).

vorwandt, im Chr. Isl. a. 1602 S. 77: mit Pflichten vorwandt (sein) = zur

Pflicht verbunden sein. mnd.: vorwant, s. mnd. W. V, 496.

vulldjeus, vulldjent, vulldjen, vulldern, vulldaust, vardaust, vardaustern == vollends. Wegen des Einschubes des d vergl. mnd. W. I, 469,₂. Gleiche Reichhaltigkeit findet sich im nth. u schl.

vullkemmelij, adj., vollkommen.

W.

wä (kurz zu sprechen) — wie, sagt der Erwidernde, sobald er die Worte des Redenden nicht gehört hat; auch hä, wo s.

Wachte, f., im Chr. Isl. a. 1675 S. 248 — Wache; s. wak.

wäck, wäcken = weg; vornewäck(en), varwäck, in eineswäck(immer), immerwäcken (immer). — Ach ewwer én (Ihnen) wäcken—ei! was Sie sagen! —

Wacke, f., grosser Block, zumeist aus Erz oder Kohle, selten aus Stein.

wackeln, sch. v., wackeln, dann durchprügeln, zumeist dorchwackeln; hessisch. westerw., Lpz, Pfalz, Jülich.

wäckmachen = essen, vergl. heilén, spülen.

Wäcksel, n., seltener m., Wechsel, das Wäcksel inn Strümpen hann.

Wäckworf, m., Wegwurf. Das gewöhnlichste Schimpfwort der Bergleute, doch nur im Grunde und den anliegenden Bergmannsdörfern gebräuchlich; ä dreijeduppelter Wäckw.; Heidenwäckworf; su ä Wäckwärfchen (kosend). Nach einer Angabe aus Stadt Mansfeld bedeutet es eigentlich ,kupferloser Schiefer'. Auch in Lpz. bedeutet Wegwurf einen verächt-

lichen, nichtsnutzigen Menschen, vergl. engl.: an outcast. — Zu beachten ist übrigens die Allitteration: Wäckworf; vergl. Himmelhund, s. Lpz. S. 32.

Wadendräscher, m., Benennung des Frackes.

Waffeln, pl. auch Waffelkuchen, eine Art dünnen, weichen Kuchens, der zwischen zwei Eisenblechen (den Waffeleisen) gebacken ist. nd.: Waffel; auch am Rhein ein beliebtes Gebäck, s. b. W. II, 862.

wäjen == wegen, Präposition mit dem Dativ, zumeist steht das Kompositum vunn wäjen; vunn wäjen, weil (dass) sehr häufig statt des einfachen weil. — Chr. Isl. a. 1552, S. 21. derwegen — deswegen.

wâk, adj., wach. **Waktorm** — Wachturm. — In dem Substant. Wache ist mir das nd. k nicht bekannt. dän will ich de Wache schûne ánsán (ansagen) — ,den will ich's schon anstreichen'. s. Wander, Sprichwörterlex. IV, 1717.

Wâk, m., Weg. Redensarten: bei Wäje hann (in Bereitschaft), bei Wäje sinn, bei Wäje hölen (bereit halten); au schun su fri bei Wäje ze Wâje brengen (zu stande brengen), schon im Chr. Isl. a. 1549, S. 19: zu wegen bringen. — In bestimmten Redensarten ist das Wort femin.: jik mich aus dr Wâje, du bist mich inn dr Wâje, tritt' mich nich in de Wâje, auch wohl in: sehér dich deiner Wâje. Das Wort findet sich schon mhd. als weiblich. s. Bech XXV, kurhessisches Idiot. 448, auch oberl.; vergl. Lichte.

Walbeck, Dorf nordwestlich von Hettstedt, a. 965: Vualbecki — wallender Bach. Es befand sich hier ein Augustiner Kloster. s. Grössler, Zeitschrift des Harzver. XIX, 326.

walken, dorchwalken, sch. v., durchprügeln,

Wälle f. Reisigbüschel, Holzwälle, Wällholz, auch nhd.

Wällerwand f. Wand aus Lehmen, vom mhd. Verbum: wellen — runden, dann streichen, schmieren.

Walpurjlsnacht. Zu Walpurgis werden alle Bänder, Bindfaden etc. von den Fenstern etc. abgeschnitten. — Man soll zu W. die Kühe durch einen Kranz, den man auf den Stünzen legt, hindurch melken. Das hilft gegen Behexen.

Wammesärmel, m., Wamsärmel. Redensart: su dicke wî ä Wam., gesagt von einem grossen Stücke Brot etc.

wammsen, wammesen, sch. v., durchhauen. **Wammese,** f. pl., Prügel; zu Wams.

Wand, f. seine W. krein — Scheite bekommen, das iss je zunn Wengerutklettern — nicht zum aushalten.

wandelbar, im Chr. Isl. a. 1650 S. 24: das kleine Thurmlein, weil es sehr wandelbahr worden, ist abgetragen worden — schadhaft.

Wansleben, Dorf an der Südostecke des salzigen Sees — ,Erbgut des Wenzo, Wanzo oder Wando'.

Wanst, m., grob für Leib. Auch Schimpfwort. Lausewanst.

Wanzke f. Wanze, auch bayr. s. b. W. II, 963.

Wanzkenbêre f. schwarze Johannisbeere (Ribes nigrum). nth. s. Kleemann.

Wâpen, n., Wappen. Die Länge des a ist historisch berechtigt.

Wâpen, pl., für Wampen, dicke Fleischstücke.

wârend — während; zeigt sich noch häufig als Partizipium (die Präposition ist aus dem Partizip entstanden); inn wârenden Laufe; Chr. Isl. S. 58: In wehrenter Samenzeit, S. 119: Unter wehrenden Scharmitzell. —

wârendän — inzwischen, auch als Konjunktion (= während), wofür wärendän dass, innwâren (dass) und wären (dass) eintreten kann. s. innwâren.

Wârfchen, n., Würfchen; ä W. machen — ein Schnäpschen trinken, s. Giebelhausen, Berggeist 23. In diesem Sinne findet sich in Lpz.: Wurf.

Wârjel, m., unordentlich zusammengefaltetes Tuch, zu würgen.

Wârkeltach, m., Arbeitstag, Wochentag. mnd. oberl.

wârken, sch. v., den Teig zum Backen fertig machen. Erst wird der Teig jeknätt (geknetet), dann jewärkt. An der Isar: würchten, nhd.: wirken, s. W. Zu Werk.

Wârkscht, f., Werkstatt. Lpz.

warnen, im Chr. Isl. a. 1558 S. 24: schaden warnen und vorkohmen — verhüten und abwenden. s. Lexer III, 695.

wärrlich = wahrlich, wärrliehen Jotte — wahrhaftigen Gotte; thür., bayr., fränk., Lpz.

Wärrnisse f. Verwirrung.

-wärtzj = -wärts, in rickwärtzj, vorwärtzj etc. s. rickwärtzj.

wärtzchen, auch **wärtzch** = wahrhaft, wahrlich. Am Rhein, in Franken, Hessen: wärzig, nth.: wärksen. s. b. W, II, 967, Z. V, 136, 6.

wärwellicht = unrubig, von wirbeln, sich dreheo.

was = etwas, ich muss immer ä Linschen was iun dr Hand hann. — was haste, was kaunte = über Hals und Kopf, aus Leibeskräften, s. was jiwweste, was kannte, unter jån.

Waschlappen, m., Bezeichnung eines weichlichen Menschen.

Waschwelb, n., plauderbafte Persou.

Wase, f., bei Rinkart, Ind. conf. 53 für Base. Die Form ist nd. und niedersächsisch.

Wåsen, n, ä hatt sei schines Wåsen = sein gutes Besitztum s. Jeläjenheit. — 's hatt sei Wåsen — seine Schwierigkeit. — 's hatt mett jeder Suche sei Wåsen = jede Sache hat ihre Bedeutung. — das bise Wåsen — Fallsucht, Epilepsie; Lpz.

wasserhalwens auch **wesserhnlwens** = weshalb; s. dassertwågen.

wasserhart, adj., ‚so hart, dass das Wasser nicht eindringen kann'. ‚Ein Weg ist wasserhart, wenn ein Platzregen die erweichte Oberfläche weggespült und das Übrige festgeschlagen hat'. Lpz.

Wasserwók, m., Wasserwage.

wåtscheln, sch. v., schwankend gehen, Redensart: ä wåtschelt wi änne Ente.

wätschken, in Dunschken wätschken — Donnerwetter, s. dort und Fluchausdrücke.

---

wättern, sch. v., fluchen, schimpfen (ursprünglich wohl, wie ein Wetter einherziehen, oder ein Wetter fluchend herbeiwünschen), s. b. W. II, 1051.

Wauwau, m., Hund (in der Kindersprache).

wawwellj, wäwwellj, adj., übel, unwohl, sodass man Neigung hat, sich zu übergeben. nd., Lpz., Z. II 210,4.

wäwweln auch **wiwweln**, sch. v., sich hin- und herbewegen. Jewä(i)wwle, n. — Hin- und Herlaufen. Namentlich in der Zusammensetzung kräwweln unn wäwweln s. kräwweln; Henneberg: wabeln, b. W. II 830; W. unter webern. vergl. ‚In ihm leben, weben und sind wir'. Regel 284.

Wecke, f., Christstolle, hess.: Weck, m. Den Ausdruck Stolle kennt der M. nicht.

wecker = welcher; diese Form hat Giebelhausen regelmässig, sie ist jetzt im Verschwinden begriffen. Desgl. die Form wejjer. Überhaupt ist das Wort nicht beliebt beim Volke. wecker ist nd., vergl. sucker.

Wedder, m. Wieder.

Wéde, f.. ein e aus Weide oder Haselnuss etc. gedrehte Rute, welche zum Binden gebraucht wird. mnd.: Wéde = Strick. hessisch und Lpz.: Wide. ahd.: Wit.

Wédewinge, f., Wedewinde, volubilis alba. s. mnd. W. V. 648.

Wéhe, f., zumeist Schniwéhe, ein Haufen zusammengewehter Schnee; zu ahd.: vajan, mhd.: waejen, hessisch: Wéde oder Wéwe.

Weife, f., Instrument, um das Garn von der Spindel zu Deckchen (s. Docke) abzuwickeln, Garnhaspel, s. W. — Im Chr. Isl. a. 1605 S. 83: Er (hat) die Eiserne Weiffen am halse und henden entzwey gebrochen —

Schellen, Banden, vergl. ahd.: be-
wifen = bewinden, fesseln. s. Schade I,
58.
weil gebraucht der Volksmund nicht
bloss begründend, sond. auch zeitlich.
Ein Beispiel siehe unter Målhorn.
Weile, f., unger der Weile = mittler
Weile, auch metterweile; derweile =
unterdessen, derweilt dass = während (dum); alle Weile = soeben,
jetzt, auch alleweilt.
weisen, st. v., weisen, zeigen. ‚zeigen‘
wird im M. kaum gehört, was daher
kommt, dass ‚zeigen‘ ursprünglich
nur hd.
Weiser, m. 1. Zeiger an der Uhr.
2. Bienenkönigin. nhd.: Weisel, mhd.:
wisel. Weiser auch bei Gellert,
scheint nd. s. mnd. W. V 742.
welter und witter = weiter.
Weiwersommer, gewöhnlich öler(alter)
Weiwers. ‚die im Nachsommer flie-
genden, weissen Fäden einer Feld-
spinne‘. aestas volitans.
Weiwerstärwen, Wiwerstärwen,
heissen in Holdenstedt (nth. Gebiet)
eine Art Birnen.
Weiwesen, n., Weibsperson aus mhd.
wibesname. Dasselbe bedeuten im
M. Weiwesbild, Weiwesmensche. s.
Mannsen.
Welfesholz, Welwesholz, Gehölz
zwischen Hettstedt u. Gerbstedt, an
dem 1115 die berühmte Schlacht
stattfand. Die Sage über die Ent-
stehung des Namens findet sich in
Grösslers Sagen der M. Grafsch.
Nr. 100 S. 87.
Wellfleisch, n., ‚das dicke Fleisch vom
Bauch und Hals des Schweines, das
im Schlachtkessel aufgesotten, von
den Schlachtgästen gekostet und
dann würflicht geschnitten und in
die Würste gestopft wird‘; von

wellen = wallen, sieden. Dasselbe
bedeutet auch Kesselfleisch (was
möglicherweise eine volksetymolog.
Bildung aus Krêzelfleisch ist, s. kurh.
Idiot. 226).
wellwesch, adj., unangenehm (kalt)
wie im Gewölbe. das Zimmer ist welw.
wemmen, sch. v., mit aller Kraft stossen,
z. B. einen Stein, schieben. sich dorch-
wemmen = sich mit Mühe und Not
durchdrängen. Das Wort ist unver-
standen in Schlesien, Oberlausitz,
Rudolstadt; in anderen Dialekten,
ausser im M. u. nth. (auch bei Naumburg a/S.) habe ich es überhaupt
nicht gefunden. Zweifelsohne ist es
dasselbe Wort wie rammen (vergl.
Wocken, Rocken; Wasen, Rasen),
vielleicht wirft gerade die M. Form
einen Lichtblick auf die Urverwandt-
schaft des Wortes. s. Kluge unter
rammen.
wenk, wenek = wenig. zur wenijst =
zum wenigsten.
Wår do will sich érlich nåren,
Muss vél flicken, wenk varzåren.
wenken, sch. v., winken (Bornstedt).
wenn = wenn, steht auch für wann,
wenn wårst’n dö sinn. — wennste =
wenn du; wemmer — wenn wir, wenn
mir, wenn man.
wennêr = wann, hess.: wannehr, Fr.
R.: wennihr.
Wettfrau, f., Witwe, welches Wort
der M. nicht gebraucht.
wetzen, sch. v., schnell gehen, vergl.
das stammverwandte ags. hvat,
welches scharf = schnell bedeutet.
Wetzker im Chr. Isl. s. 1528 S. 7.
Gewandfach, Börse. schl.: Watschke
aus Watsack.
‚Wewelfennig‘ — Notpfencin, Pl.
Wicke, f., in Wivke, den jin = zu
Grunde gehen. Lpz., Fr. R.: in de

Wicken gahn — sich aus dem Staube machen. Das Bild ist hergenommen von der Jagd; wenn das Wild in die Wicken geht, ist es für den Jäger so gut wie verloren.

Wickel, m. 1. Knaul, ä Wickel Wulle; dann auch soviel an Flachs, als jedesmal zum Abspinnen um den ‚Wocken‘ gewickelt wird. 2. Schopf, jem. bein Wickel krein — beim Kragen. Lpz. Eigentlich wohl bei der Perücke. s. b. W. II, 847.

Wiederstedt, Dorf nördlich von Hettstedt, a. 944: Wederstede — Stätte des Widhar. Im Volksmunde Wedderstedt. Auf dem bei Wiederstedt gelegenen Jägersberge soll ein Bollwerk der Sachsen gestanden haben. In W. befand sich ein Nonnenkloster des Augustiner Predigerordens. Die Gründung des Klosters wird nach einer sagenhaften Nachricht mit der Zerstörung des Jodutto Bildes nach der Schlacht am Welfesholze in Zusammenhang gebracht. Das Dorf zerfällt in zwei Gemeinden, Oberund Unterwiederstedt, welche auch sprachlich verschieden sind. Oberwiederstedt ist der Geburtsort von Georg Philipp Friedrich (so stehen die Vornamen im Kirchenbuche) v. Hardenberg, der unter dem Namen Novalis als Dichter der Romantiker berühmt ist.

‚Wiederwertige‘, pl., im Chr. Isl. a. 1611 S. 87, — Feinde, adversarii auch mhd.

Wiehe, Städtchen im Unstrutthale. 's jit wi inn dr Wiehschen Apptêke — es giebt nichts gehöriges zu kaufen.

Wijlepp, ein Familienname—‚Kampfessohn‘. s. Heinze, die deutschen Familiennamen, Halle 1882, S. 222. Rdsart: ä schmunzelt a wi Wijleppen

sei Schwein, wi s' es hutten schlachten wulln. s. Kreidner 113.

Wils, Dorf westlich von Salzmünde, slavischen Ursprungs, zu poln. vilêa — Wolf.

Wimmelburg, Dorf westlich von Eisleben. Die Burg wurde vor dem Jahre 1088 in ein Mönchskloster des Benediktinerordens verwandelt und 1121 vom Berge propter excelsi moutis difficultatem et propter frequentem hostium incursionem in das Thal verlegt. Nach Grössler, Zeitschrift des Harzvereins 1883 S. 119 — Burg des Wigmod. Das Volk spricht heut zu Tage Weimelbork, eine Form die auch ‚bei Rinkart (Ind. conf. 186). u im Chr. Isl. sich findet.

Hanne Marie vunn Weimelbork
Hatt ä Schnäwel, wi ä Stork.

Wimmelrode, Ort westlich von Stadt Mansfeld. a. 992: Unihemannrode, also — arx virorum sanctorum — die Rodung heiliger Männer, mithin anderer Bedeutung als Wimmelburg. Im Volksmunde Weimelrode.

wimmerleichen, sch. v., klagen. jammern. von wimmern u. leichen, got.: laikan, nhd.: Leich — Gesang. vergl. nth. **Jammerjeleichze,** n., Wehklagen.

Wind, m. Där Wind, där Wind, där jit's wi's himmlische Kind. — Am Tage geht der Wind, des Nachts die Winden (Windin), Pl. Auch in Schlesien kennt man eine Frau Windin, die weit heftiger als ihr Mann ist, s. schl. W. 105. — Dr Wind hatt Junke, sagt man, wenn der Wind fortwährend von einer Richtung her bläst.

wingelweich, adj., so weich, wie eine Windel; ich schlöe dich wingelw.

Winkelholz, n., Winkelzug, Ausflüchte, Winkelbelzer machen. Lpz., Halle; auch ähnlich bei Luther.

Winterjrîn, n., Singrün, Epheu.

winzernklein, adj., sehr klein, aus winzigklein.

Wippchen, wie allenthalben jem. Wippchen vormachen == falsche Vorspiegelungen, eigentlich wohl Seiltänzerkünste, von wippen == sich auf und nieder bewegen. s. b. W. II 965, mnd. W. V 786.

wirdig im Chr. Isl. a. 1528 S. 7 — wert 1 groschen, der anderthalb gülden groschen wirdig.

Wissenschaft, f., Kenntnis. Die nhd. abstraktere Bedeutung ist dem M. unbekannt; hessisch u. s. w.

witter = weiter.

Wittfrau, neuere Form für Wettfrau.

Wittmann == Witwer.

wiwwelij, adj., beweglich, auch wiwwelicht, s. wäwwelij, s. b. W. II 832. **wiwweln** s. wäwweln.

Wocken, m., Rocken (am Spinnrad). ä junk su drälle, a wi ä frisch uffjemachter Flackswocken. vergl. wemmen.

Wöks, m., Wagnis, Wagestück, zu wagen. Dies Substantiv kann ich sonst nicht nachweisen.

Wolferode, Dorf, westlich von Eisleben. Im Volksmunde Wulwerode, es bedeutet Rodung des Wulfo (Eigenname). Ursprünglich waren es zwei Gemeinden (eine alt- und eine neupreussische).

Wolle, f., in dr Wolle sitzen (sinn) == sich in guten Verhältnissen befinden. Dieselbe Redensart bedeutet in der Oberlausitz ‚in Angst sein‘. — Vel Jeschrei, unn wenk Wolle == viel Worte und keine Thaten.

Worf, m. Wurf. jem. in Worf kommen == begegnen.

worjeln, sch. v., s. Workel. **worjen** und **wärjen,** sch. v., würgen (beim Schlingen). s. Wärjel.

Workel, Wurkel, Worjel, m., ein Gegenstand, der zusammengeballt, zusammengewürgt ist. Das Halstuch iss ä Workel. — **workeln, worjeln,** sch. v., ‚zusammenwursteln‘. Lpz. Wergel, wergeln. — Ein und dieselbe Form scheint murkeln zu sein, wovon murkelijt — zusammengeballt, s. Gr. W. VI 2, 2716.

wormen, sch. v., wurmen, 's wormt mich == ärgert mich. nth.

Wermeesmelok f. Wolfsmilch.

Wormsleben, Dorf am Nordwestrande des süssen Sees == ‚Erbgut des Wurmhari‘.

Worscht, f., Wurst. Rûtw., Lewwerw., Zippelw. (Zwiebelw.), Ristw., Knackworscht (die letzten beiden Arten bezeichnen dieselbe Wurst, nämlich Wurst aus gehacktem, rohem Schweinefleische, welche leicht geräuchert und dann der Luft ausgesetzt wird, um sie hart zu machen, dass sie beim Zerbrechen knackt). W. u. Zwäerbrût (ein kleines Brötchen aus Roggenmehl; in früherer Zeit Fenkbrût) ist das Lieblingsessen des Bergmannes. Dazu gesellt sich häufig als drittes eine ‚saure Korke‘. — es iss Schäle wî Worscht (einerlei), Lpz. — Mett dr Worscht nach dr Späckseite schmeissen — durch ein kleines Geschenk ein grosses zu erhalten suchen. s. Firm. I, 185. Wander, Sprichwörterl. V, 473.

Werwel f. ‚Wirbel, Haarschopf‘, bei Giebelhausen, M. Sagen u. Erzählung. S. 116, vergl. das angehängte Lexikon.

worzeln, sch. v., wurzeln, (übertragen) tüchtig und angestrengt arbeiten;

jedenfalls hergenommen von dem mühsamen Wurzelausgraben; feste derwedder worzeln.

wul = wohl. Das Wort wird auch als Adjektivum gebraucht: ä hatt wûle Zeit (viele, bequeme); Giebelhausen, Berggeist S. 101: se kennten mett rächt wûlen Dingen das Wasser wedder inn der Schlenze fingen = bequem, mit Bequemlichkeit. Ähnlich in Tirol. s. Z. III, 459.

wummern, sch. v., dumpf tönen, z. B. gesagt vom dumpfen Geräusch des heftigen Feuers im Ofen, oder von dem entfernten dumpfen Dröhnen der Kanonen etc., onomatopoietische Bildung.

Wummert, m., grosser Stein, Block. So wird wohl auch eine grosse Platz-kugel ein W. genannt. bayr.: Wimmer = knotiger Auswuchs, Knorren zu ahd., *wëman = quellen. s. b. W. II, 912.

Wunner, n., Wunder; sei blaues Wunner sân, derléwen = etwas ganz Uner-wartetes; ‚blaues Wunder‘ nannte man im 16. Jahrhundert die schöne blaue Farbe, die aus dem früher ver-

achteten Kobalt genommen ward.‘ Lpz., Ruhla. s. Wander, Sprich-wörterlex. V, 450. — ich denke wunner wär kimmet ‚aber — es war nichts Rechtes‘.

Wunnerfässer, m., Wunderpfeffer = ‚Nelkenpfeffer‘.

wurend anderscht = wo anders, hat Giebelhausen dreimal, Berggeist 86: se (die Eltern) keilen dün nase-weistchen Wensten nich gleich den Tabacksstengel inn Rachen nînn, dass ä wurend anderscht wedder rausfärt; Berggeist VII (Vorrede): wenn de Jrussemutter ins Dorf odder wurrend anderscht henn (‚irgendwo anders hin) jejangen woar; u. alter M. 37. Der Ausdruck ist: wu ärrend anderscht = wo irgend anders. vergl. in Fallersleben:‑ worens = irgendwo s. Z. V, 301.

wurum — warum; häufig zusammen-gestellt: wurumm unn wudorch. — In lebhafter Rede steht: denn wu-rumm? als Einleitung einer Be-gründung: ä kimmet niche — denn wurumm? ä iss sire varjässelâren.

Z.

Zabenstedt, Dorf im Südwesten von Gerbstedt = ‚Wohnstätte des Zaban‘. s. Grössler, Zeitschr. des Harzvereins 1883, S. 110.

Zabitz, Dorf südöstlich von Gerbstedt, slavischen Ursprungs, zu poln: zbechy.

zach, adj., zähe; 's iss zach wî Hosen-lädder, gesagt von Fleisch etc. Lpz.

zachbeitelij, adj., zähe im Geben, geizig.

‚**Zagen‘,** pl., Pl.: se frässen wî de Zägen. Ich kenne die Redensart nicht; = die Ziegen? vergl. ntb. Zäje = Ziege, oder zu bayr,: Zag = Zugochs. s. b. W. II, 1089.

Zälle f. Zoll, hat Giebelhausen, Hack und Mack I, 30.

zälle, sch. v., zähle.

Zälleri, m., Sellerie; wetterauisch, Lpz.

Zân, m.. Zahn. Die Milchzähne, welche die Kinder verlieren, werden in ein

Mauseloch gesteckt, weil man glaubt, die Maus werde einen neuen Zahn wachsen lassen. Man sagt nach Pl. dabei:

Hir breng ich meinen klânen Zân,
Du Meischen,
Schaff mich bôl ä jressern ân,
Aus dein Heischen.

(Wortfolge unsicher). — Mich bleiwet was inn Zânen ätecken == die Sache gedeiht nicht bis zum Ende, bekommt übel; schon im Chr. Isl. a. 1631, S. 127. — De Zâne huch hêwen == langsam kauen, weil die Speise nicht schmeckt.

zange, zänge, adj., begerlich. mhd.: zanger == beissend, frisch, munter, lebhaft.

Zanken, m., Zacken, Zweig; bayr., Lpz.: schl.: Zanke, f., got.: tains.

Zappendorf, Dorf südlich von Salzmünde == ,Dorf des Zaban'.

zärjen, sch. v., böswillig machen. nd.: terjen, poln.: targá, bayr.: zarn. s. b. W. II, 1146.

Zaschwitz, Dorf bei Wettin, slav. Ursprungs, zu čech.: častkovici, s. Archiv für slav. Philologie V 349.

zauen, nur: sich zauen, sch. v., sich beeilen; hessisch, fränkisch. s. kurhess. Idiot., Regel 290. got.: taujan.

Zeik, n., Zeug, im speziellen die Kleidung. Redensarten: uffen Zeie sinn == gesund und kräftig sein, oberl., Lpz., bayr. — Was das Zeik helt == soviel als möglich, mit grosser Anstrengung, ä loff, was das Zeik hûi. — Inn's Zeik jîn == an eine Sache eifrig. lebhaft herangehen; dâr odder junk wärrlich bein Skâte hellsch inn's Zeik (riskierte waghalsige Spiele), Lpz. — Schnell inn's Zeik fâren == die Kleidung anziehen.

Zeit, m., zeite und frizeite == zeitig; bei Zeite und bei Zeiten == zur rechten Zeit, jem. die Zeit bieten == grüssen, Lpz., Fr. R. — Du meine Zeit == o Himmel! (stammt vielleicht aus der katholischen Zeit). Die Zeit wurde insbesondere die Zeit zum Gebet (die kanonischen Horen) genannt.

zent, zenter s. sent, senter.

zererschte, adj., zuerst.

zerknillen, sch. v., zerdrücken, zerknittern, ist vielleicht erst neuerdings ins M. eingedrungen.

zerlästern, sch. v., durch mutwillige rohe Behandlung verderben. ä Buch zerlästern. Lpz.

zerletzte, adj, zuletzt, s. zererschte.

zerteppern, sch. v., zerbrechen, Geschirr, Glas etc., Lpz., Berlin; in Schmalkalden: töpfern.

zesammen == zusammen; dâr leift was zesammen (viel, sehr). Lpz.

zesammenläppern, sch. v., sich zusammenl. == sich nach und nach häufen. s. leppern. Lpz.

Zicke f. Ziege. Lpz. s. W.

Ziegelrode, Ort südlich von Stadt Mansfeld a. 1480: Czigelrode == ,Rodung, auf welcher Ziegeln gebrannt werden'.

Zijel, f., der Dachziegel, pl.: de Zijeln.

zimpern, sch. v., sich z. == sich affektiert benehmen; zimperlij, adj., Zimperlink == eine Person, die sich zimpert. In derselben Bedeutung auch sich ziren.

,Zindelbintten' ,im Chr. Isl. a. 1578, S. 45: der Ratt hatt 150 burgernn Zindelbintten gegeben == seidene Binden zur Trauer; mad: sindel, mittellat.: cendalum.

Zinken, m., der Zinke, hervorstehende besonders abgezweigte Spitze; dann == Nase, Lpz.

Zinnôwer, m., rût wî â Zinnôwer = sehr rot (nach dieser Ausdrucksweise scheint das Volk den Zinnôwer als lebendes Wesen anzusehen), vergl. **Zinnshân,** m., â worre su rût wî ä Zinnshân. nth. Im ersten Teile steckt nicht ‚der Zins‘, sondern der Stamm, der sich findet im ahd.: zinselod (fomes), zundera == Zunder, bayr.: zünzeln — flimmern. Also Zinshân = Hahn mit rotem Kamme.

zipen, sch. v., = zufen, w. s.

Zippel, f., Zwiebel, mhd.: zwibolle = doppelte Bolle, s. Andr. 189. — **Zippelworscht** ist eine in M. sehr beliebte Wurst.

Zippel, m., Züpfel, bei allen vir Zippeln krein = eine Sache vollständig anfassen. — Das reicht wedder inn Zippel noch in Sack (ist unzulänglich). — das kann mer mett dr Zippelmitze schmeissen = ist sehr leicht zu schmeissen.

zitscheln, sch. v., zwitschern.

Zitterfedder, vor jemand uffsetzen = sich fürchten. Pl. vergl. Schwansfedern tragen.

Ziwwe, f., eine junge weibliche Ziege. In Hessen = Hündin.

Ziwwecken, pl. in Hettstedt Schiwecken = Holunderbeeren, Früchte von sambucus nigra. nth.: Zwöbbesten, Zwöbbecken, Zwölsken, Zisseken, Zibbeken; Lpz.: Schibicke, Halle: Schiebchen. Ich führe das Wort zurück auf mhd. zibôrje = ‚Hostienkelch mit baldachinartigem Deckel, einer ‚baldachinartigen Krönung‘. Dies Wort geht zurück auf griech. — lateinisch ciborium == Fruchtgehäuse der ägyptischen Bohne.

Zopp, m., Zopf. dich rappelts wûl ungern Zoppe. — jem. änn Zopp machen

= etwas anhängen, seinen Spass mit ihm treiben.

Zörnltz, Dorf westlich von Wettin, slavischen Ursprungs, poln. černice = schwarz.

zu, ze, Präposition u. Präfix. zu ist betont, ze unbetont; zun = zu dem, den, zor und zer = zur, zoricke (zurück), zesammen = zusammen. — zu Hause jîn = nach Hause, so allenthalben in Deutschland. — zu = allzu, findet sich häufig an ungewöhnlicher Stelle: das iss zu was Dummes he iss zu ä dummes Lûder, (ähnlich wird ganz gestellt: das iss ganz was Schînes; ähnlich: das fârd frisst noch änne jressere Masse Kli). — zu wird auch als Adjektiv gebraucht und dekliniert: â zûer Sâl, änne zue Štowwe etc.; ebenso schl., Lpz., Bayern, am Rhein.

Zucht, f., das iss änne schine Zucht = eine grosse Liederlichkeit, Unordnung. Lpz.

Zuckerkant, m., Kandiszucker. Lpz.

zûfen, sch. v., vor Schmerz ächzen, wobei der Ton derart hervorgebracht wird, dass man die Luft einzieht und die Unterlippe unter die obere Reihe der Zähne zieht. uth.: vergl. schl. u. oberl.: zifern. Z. VI, 91.

zufudderst, im Chr. Isl. a. 1560 S. 27. zuvörderst.

Zujebrîte, n. Zubrot.

Zulp, m., Saugbeutel für kleine Kinder. nbd., Lpz. s. W.

Zûn, m., die Zehe, pl.: di Zîne.

zund, zundert, zundern, auch **jetzund, jetzundert, atzundert, atzunnera** = jetzt. mhd.: ieze.

Zuschlâk, m., Zuschlag, Prügel, â hatt â jûten Zuschlak = er kann tüchtig Prügel austeilen; ä kreit Zuschlak.

zuschustern, sch. v., ,zuschiessen zu etwas, namentlich Geld, auch einem heimlich etwas zustecken'. Kleemann; hessisch, westerw., bayr., bremisch s. kurhess. Idiot. 375.

zusseln, sch. v., zausen, s. nusseln.

Zuversicht, f., das iss änne schine Z. = ,eine schöne Geschichte', gesagt bei etwas, was plötzlich eintritt.

Zuvertrauen, n., Zutrauen.

zuvilesiren, sch. v., civilisieren.

zwacken, sch. v., zwicken.

Zwark, m., Zwerg.

Zwassel, f., Gabel und zwar die insbesondere, welche Äste eines Baumes miteinander bilden, dann auch die Krone eines Baumes. — herauszwasseln = mit einer Zwassel heraustreiben. ahd.: zwissla, mhd.: zwisele. bayr : zwisel, hessisch, Lpz.: Zwiesel. Halle: Zwaschel.

zweie, zwäe = zwei. mir zwä bâde = wir beide.

zwengen, sch. v., sich dorchzwengen = mit Mühe sich zwischen zwei Gegenstände durcharbeiten.

Zwisselsbêre, f., Vogelbeere s. b. W. II, 1183. In Thondorf: Zweiwelsbêre.

zwiweln, sch. v., zwiebeln, hart behandeln. Nach Andr. 259 eigentlich zwirbeln (circumagere, quälen). mhd.: zwirben.

zwôrzj, zwôrzjen, zwôrzjens = zwar. Im Chr. Isl. a. 1642 S. 204: zwarten.